北京大学"双一流"建设成果
方李邦琴北京大学人文学科文库出版基金赞助

| 北京大学人文学科文库 | 北大中国哲学研究丛书 |

王夫之的易学世界

Wang Fuzhi's Study on the *Changes*

张学智 著

图书在版编目(CIP)数据

王夫之的易学世界 / 张学智著. -- 北京：北京大学出版社, 2025.6. -- (北京大学人文学科文库).
ISBN 978-7-301-36225-9

Ⅰ.B221.5
中国国家版本馆CIP数据核字第20250DV943号

书　　名	王夫之的易学世界 WANG FUZHI DE YIXUE SHIJIE
著作责任者	张学智 著
责任编辑	吴　敏
标准书号	ISBN 978-7-301-36225-9
出版发行	北京大学出版社
地　　址	北京市海淀区成府路205号　100871
网　　址	http://www.pup.cn　新浪微博 @ 北京大学出版社
电子邮箱	编辑部 wsz@pup.cn　总编室 zpup@pup.cn
电　　话	邮购部 010-62752015　发行部 010-62750672 编辑部 010-62757065
印刷者	北京中科印刷有限公司
经销者	新华书店
	650毫米×965毫米　16开本　21印张　321千字 2025年6月第1版　2025年6月第1次印刷
定　　价	99.00元

未经许可，不得以任何方式复制或抄袭本书之部分或全部内容。
版权所有，侵权必究
举报电话：010-62752024　电子邮箱：fd@pup.cn
图书如有印装质量问题，请与出版部联系，电话：010-62756370

总 序

袁行霈

  人文学科是北京大学的传统优势学科。早在京师大学堂建立之初，就设立了经学科、文学科，预科学生必须在5种外语中选修一种。京师大学堂于1912年改为现名，1917年，蔡元培先生出任北京大学校长，他"循思想自由原则，取兼容并包主义"，促进了思想解放和学术繁荣。1921年北大成立了四个全校性的研究所，下设自然科学、社会科学、国学和外国文学四门，人文学科仍然居于重要地位，广受社会的关注。这个传统一直沿袭下来，中华人民共和国成立后，1952年北京大学与清华大学、燕京大学三校的文、理科合并为现在的北京大学，大师云集，人文荟萃，成果斐然。改革开放后，北京大学的历史翻开了新的一页。

  近十几年来，人文学科在学科建设、人才培养、师资队伍建设、教学科研等各方面改善了条件，取得了显著成绩。北大的人文学科门类齐全，在国内整体上居于优势地位，在世界上也占有引人瞩目的地位，相继出版了《中华文明史》《世界文明史》《世界现代化历程》《中国儒学史》《中国美学通史》《欧洲文学史》等高水平的著作，并主持了许多重大的考古项目，这些成果发挥着引领学术前进的作用。目前北大还承担着《儒藏》

《中华文明探源》《北京大学藏西汉竹书》的整理与研究工作，以及《新编新注十三经》等重要项目。

与此同时，我们也清醒地看到，北大人文学科整体的绝对优势正在减弱，有的学科只具备相对优势了；有的成果规模优势明显，高度优势还有待提升。北大出了许多成果，但还要出思想，要产生影响人类命运和前途的思想理论。我们距离理想的目标还有相当长的距离，需要人文学科的老师和同学们加倍努力。

我曾经说过：与自然科学或社会科学相比，人文学科的成果，难以直接转化为生产力，给社会带来财富，人们或以为无用。其实，人文学科力求揭示人生的意义和价值、塑造理想的人格，指点人生趋向完美的境地。它能丰富人的精神，美化人的心灵，提升人的品德，协调人和自然的关系以及人和人的关系，促使人把自己掌握的知识和技术用到造福于人类的正道上来，这是人文无用之大用！试想，如果我们的心灵中没有诗意，我们的记忆中没有历史，我们的思考中没有哲理，我们的生活将成为什么样子？国家的强盛与否，将来不仅要看经济实力、国防实力，也要看国民的精神世界是否丰富，活得充实不充实，愉快不愉快，自在不自在，美不美。

一个民族，如果从根本上丧失了对人文学科的热情，丧失了对人文精神的追求和坚守，这个民族就丧失了进步的精神源泉。文化是一个民族的标志，是一个民族的根，在经济全球化的大趋势中，拥有几千年文化传统的中华民族，必须自觉维护自己的根，并以开放的态度吸取世界上其他民族的优秀文化，以跟上世界的潮流。站在这样的高度看待人文学科，我们深感责任之重大与紧迫。

北大人文学科的老师们蕴藏着巨大的潜力和创造性。我相信，只要使老师们的潜力充分发挥出来，北大人文学科便能克服种种障碍，在国内外开辟出一片新天地。

人文学科的研究主要是著书立说，以个体撰写著作为一大特点。除了需要协同研究的集体大项目外，我们还希望为教师独立探索、撰写、出版专著搭建平台，形成既具个体思想，又汇聚集体智慧的系列研究成果。为此，北京大学人文学部决定编辑出版"北京大学人文学科文库"，旨在汇集新时代北大人文学科的优秀成果，弘扬北大人文学科的学术传统，展示北大人文学科的整体实力和研究特色，为推动北大世界一流大学建设、促进人文学术发展做出贡献。

我们需要努力营造宽松的学术环境、浓厚的研究气氛。既要提倡教师根据国家的需要选择研究课题，集中人力物力进行研究，也鼓励教师按照自己的兴趣自由地选择课题。鼓励自由选题是"北京大学人文学科文库"的一个特点。

我们不可满足于泛泛的议论，也不可追求热闹，而应沉潜下来，认真钻研，将切实的成果贡献给社会。学术质量是"北京大学人文学科文库"的一大追求。文库的撰稿者会力求通过自己潜心研究、多年积累而成的优秀成果，来展示自己的学术水平。

我们要保持优良的学风，进一步突出北大的个性与特色。北大人要有大志气、大眼光、大手笔、大格局、大气象，做一些符合北大地位的事，做一些开风气之先的事。北大不能随波逐流，不能甘于平庸，不能跟在别人后面小打小闹。北大的学者要有与北大相称的气质、气节、气派、气势、气宇、气度、气韵和气象。北大的学者要致力于弘扬民族精神和时代精神，以提升国民的人文素质为己任。而承担这样的使命，首先要有谦逊的态度，向人民群众学习，向兄弟院校学习。切不可妄自尊大，目空一切。这也是"北京大学人文学科文库"力求展现的北大的人文素质。

这个文库目前有以下 17 套丛书：

"北大中国文学研究丛书"
"北大中国语言学研究丛书"
"北大比较文学与世界文学研究丛书"
"北大中国史研究丛书"
"北大世界史研究丛书"
"北大考古学研究丛书"

"北大马克思主义哲学研究丛书"
"北大中国哲学研究丛书"
"北大外国哲学研究丛书"
"北大东方文学研究丛书"
"北大欧美文学研究丛书"
"北大外国语言学研究丛书"
"北大艺术学研究丛书"
"北大对外汉语研究丛书"
"北大古典学研究丛书"
"北大古今融通研究丛书"
"北大人文跨学科研究丛书"

这 17 套丛书仅收入学术新作，涵盖了北大人文学科的多个领域，它们的推出有利于读者整体了解当下北大人文学者的科研动态、学术实力和研究特色。这一文库将持续编辑出版，我们相信通过老中青学者的不断努力，其影响会越来越大，并将对北大人文学科的建设和北大创建世界一流大学起到积极作用，进而引起国际学术界的瞩目。

"北大中国哲学研究丛书"序言

王 博

如果从老子和孔子算起，中国哲学已经有两千多年的历史。先秦子学、两汉经学、魏晋玄学、隋唐佛学、宋明理学，每个时代都留下了古代先哲思想的轨迹，代表了中国人对于人生、政治、社会和宇宙的深刻理解。降及近现代，随着中国和西方的相遇，知识和思想的拓展使传统哲学经历了严峻的挑战，现代意义上的中国学术也开始建立，中国哲学学科也在这个背景之上开始诞生和确立。

中国哲学学科的诞生和确立与北京大学哲学门（1919年后改称哲学系）密不可分。1912年哲学门成立，即设置了中国哲学门、印度哲学门和西洋哲学门。由于师资的缘故，最初的哲学门主要就是中国哲学门。陈黻宸、陈汉章、马叙伦等讲授中国哲学史等课程。1917年，胡适回到北大讲授中国哲学史，《中国哲学史大纲》卷上的出版，标志着现代意义上中国哲学研究的开端。其后，梁漱溟、熊十力、冯友兰都曾经在北大开设中国哲学方面的课程。1930年，汤用彤开始在北大讲授中国佛教史等，在佛教、玄学等领域的研究堪称典范。西南联大时期之后，1952年的院系调整，使北大聚集了全中国最优秀的中国哲学学者，包括冯友兰、汤用彤、张岱年、任继愈等。

北大的中国哲学研究，既重视文献和历史，又强调问题和理论。哲学资料和历史线索的梳理具有基础的意义，而问题关怀和理论兴趣则体现出哲学的本性。和西方哲学一样，中国哲学追问关于宇宙人生的根本问题，但同时也有其自身的特点。譬如对于政治世界的特殊关注，以及对于人生境界的思考。在中西知识的会通中，北大的中国哲学研究努力发掘中国哲学的特殊精神和世界意义，并努力探索面向当代和未来世界的文化根基。

作为北京大学人文学科文库的一部分，中国哲学研究丛书力图反映当代中国哲学研究的最新进展。在冯友兰和张岱年先生等之后，朱伯崑、汤一介、楼宇烈、陈鼓应、许抗生、陈来、李中华、魏常海、张学智、王中江等先生的研究在很多领域都做出了开拓性的或者延伸性的贡献，给后学提供了进一步前行的指引。比较而言，青年学者有着更好的知识储备和学术环境，也有着更好的跨学科和跨文明的知识自觉。无论在理论框架、问题意识，还是在方法和视野方面，新一代学者的研究都表现出自己的特点。我们希望通过中国哲学研究丛书的出版，让更多的读者可以了解北大人文学术的特点。我们也愿意与中国和国际学术共同体一起，推动中国哲学研究的进步。

目 录

导言：王夫之的周易诠释与明清学术嬗变 …………… 1

第一章　则图画卦与揲蓍之数 ………………………… 17
　　一、则图画卦，易象以成 ……………………………… 17
　　二、揲蓍中数的重要作用 ……………………………… 26

第二章　观象玩辞与三十六象 ………………………… 33
　　一、观象玩辞：象的基础地位 ………………………… 33
　　二、筮与卦：人为与自然两种成卦之法 …………… 36
　　三、三十六象：乾坤并建为体，错综合一为用 …… 40

第三章　本体思维与卦序 ……………………………… 48
　　一、乾坤并建与本体思维 ……………………………… 48
　　二、对卦序中相因、相成、相反的驳难 …………… 53
　　三、卦序中的时间与空间 ……………………………… 58

第四章　大象诠释与成德之教 ………………………… 66
　　一、卦德为说 …………………………………………… 68

二、卦象为说 …………………………………………… 73

三、卦名为说 …………………………………………… 79

四、对司法刑狱的重视 ………………………………… 82

第五章　乾坤并建与阴阳向背 …………………………… 86

一、乾坤并建——周易诠释总纲 ……………………… 86

二、知能、易简与纯杂 ………………………………… 91

三、体用相持：太极有于易以有易 …………………… 98

四、"阴阳向背"：幽明与隐显 ……………………… 107

第六章　占学一理，即占是学 …………………………… 113

一、易非卜筮之书 ……………………………………… 113

二、占学一理，即占以示学 …………………………… 118

第七章　太和中的诚与变合 ……………………………… 134

一、太和与诚体 ………………………………………… 134

二、变合 ………………………………………………… 141

第八章　《周易内传》的解释学 ………………………… 150

一、程颐、朱熹的解易传统 …………………………… 151

二、王夫之的周易解释学 ……………………………… 159

第九章　乾卦阐释的几个维度 …………………………… 168

一、主有、主动及健顺一体 …………………………… 168

二、元亨利贞：德与智 ………………………… 173

　　三、对功利的阐释：儒家与道释 ……………… 179

　　四、对乾卦时位的阐释 ………………………… 185

第十章　坤卦与史事鉴戒 ………………………………… 199

　　一、易之赞坤，必赞其行：以健为顺 ………… 199

　　二、履霜而知坚冰：辨之须早 ………………… 205

　　三、坤之为美：以礼乐文章配天 ……………… 208

第十一章　无妄、震卦的阐发及其时代关切 …………… 214

　　一、"无妄"：存在的真实 …………………… 214

　　二、"震"：对动的表彰 ……………………… 223

第十二章　大有卦诠释与南明政治 ……………………… 231

　　一、弱君如何御强臣 …………………………… 231

　　二、君子隐遁之道 ……………………………… 236

　　三、对佛道体用论的批判 ……………………… 240

　　四、孚信德威与输诚为国 ……………………… 248

第十三章　既济卦阐发中的时代关切 …………………… 253

　　一、既济与未济 ………………………………… 253

　　二、自然与人文 ………………………………… 257

　　三、清浊与安危 ………………………………… 260

　　四、顺遂与危乱 ………………………………… 267

第十四章　未济卦阐发的几个维度 …………………… 277
　　一、乾坤并建与"未济" …………………………… 277
　　二、未济何以可做终卦 …………………………… 281
　　三、小人之"亨"与"贞吉悔亡" ………………… 286

附录　王夫之衍《老》的旨趣及主要方面 ……………… 291

　　王夫之《庄子解》《庄子通》对庄子的改铸 ………… 309

导言：

王夫之的周易诠释与明清学术嬗变

十七世纪是中国历史上一个"天崩地解"的时期，这主要表现为明清两朝的更迭及其带来的学术形态的改变。这种改变首先在顾炎武、黄宗羲、王夫之等明清之际杰出思想家的学术实践中表现出来。王夫之对这种改变的发展趋势是清醒的、自觉的，他以他的周易诠释应和、推动了这种改变。

王夫之的易学诠释突出地表现在以下方面：第一，以经典注释扭转明代语录之学，为儒学树立新的学术典范；第二，以主有、主动、主生生之化育的哲学批判佛老的虚无和邵雍的先天学，重建儒学刚健笃实的面貌；第三，以物本论批评阳明后学，恢复朱子学的正统地位；第四，吸收宋明理学重视价值传统，重视人格修养，重视身心体验和形上关怀的特点，将它灌注于经典注释中。这些方面表现出他深切的牖世之心。

一、语录之学与经学传统

王夫之痛感明代经学衰敝，学者以理学取代经学的弊端，力图恢复经学、奠立价值方向，规范礼乐制度，保存知识系统，指导修身治世的作用。本来经学在儒家各种学问中处于核心地位，并且有鲜明的实用特点。近代著名经学家皮锡瑞曾论述汉代经学的作用说：" 武宣之间，经学大昌，家数未分，纯正不杂，故其学极精而有用。以《禹贡》治河，以《洪范》察变，以《春秋》决狱，以三百五篇当谏书，治一经得一经之益也。"① 自汉至唐，经学始终是儒家各种学问的中心。至北宋理学崛起，经学尚与理学并行，当时第一流的理学家多兼治经。虽然重视通过经学的形式发挥理学，但周敦颐、张载、二程、朱子，皆重视注经，不单以语录之学名世。此时因学术风气所关，主要注目的是他们的理学。他们讲理学的语录因有亲切直接、不拘时地、随机指点等优点，逐渐为学者尤其是他们的学生所重。特别是朱子，对语录之学的兴起与发展起了最为重要的作用。他编集二程和上蔡语录，又辑录周、张、二程文集与语录中的重要话语为《近思录》，而此书自编定后一直是进入理学堂奥的重要入门书。《朱子语类》的编定，更是把语录之学提升到前所未有的高度。元代人学问崇实，除讲学语录外经学著作也颇为可观。至明初，朱元璋特别表彰儒学，喜读宋儒性理之书，理学的地位遂以升级。永乐间颁行三部《大全》，作为科举之辅助。但此三部《大全》，识者嗤之，以为陋劣之书。② 明代科举，沿用元代之制，以朱子学为功令，渐渐变注重"经明行修，博通古今，文质得中，名实相称"为注重四书中的义理与文辞。顾炎武说："夫昔之所谓三场，非下帷十年，读书千卷，不能有此三场也。今则务于捷得，不过于四书一经之中拟题一二百道，窃取他人之文记之，入场之日，抄誊一过，便可侥幸中式，而本经之全文有不读者矣。率天下而为欲速成之童子，学问由此而衰，心术由此而坏。"③ 可谓"四书彰而五经晦，语录兴而经学亡"。明初诸儒，重实行而略著述。有所著述，皆其读理学诸书之札记，重在书中大意，及对诸语录的体验。最

---

① 皮锡瑞：《经学历史》，中华书局1959年版，第90页。
② 参见顾炎武《日知录》卷十八《四书五经大全》条："而制义初行，一时人士尽弃宋元以来所传之实学，上下相蒙，以饕禄利，而莫之问也。呜呼！经学之废，实自此始。"又《书传会选》条："自八股行而古学弃，《大全》出而经说亡，十族诛而臣节变。洪武、永乐之间，亦世道升降之一会矣。"
③ 《日知录集释》卷十六《三场》，花山文艺出版社1991年版，第734页。

著名的有吴与弼的《日录》，胡居仁的《居业录》，薛瑄的《读书录》等。薛瑄甚至认为诸经之注疏和理学大意之发挥，至朱子已尽，后人只须依朱子所言切实躬行即可，无须再有撰作。王阳明崛起，力攻朱子支离，认为"六经者，吾心之记籍也，而六经之实则具于吾心"。[①] 甚至以弟子读经书为厉禁。[②] 又认为朱熹悔其早年所作《集注》《或问》："晚岁固已大悟旧说之非，痛悔极艾。"[③] 王阳明的《传习录》以语录形式讲述他的哲学思想，阳明后学以《传习录》为师门之教典，专意于语录之学。明中晚期以后，讲会活动日益活跃，讲者皆用语录形式，所讲内容多致良知之义，经学益以晦亡。明代经学所可称述者，如季本、郝敬、丰坊等，所造皆不如宋元人。皮锡瑞即以宋以后为"经学积衰时代"，而明代之经学尤敝，"明时所谓经学，不过蒙存浅达之流，即自成一书者，亦如顾炎武云：'明人之书，无非盗窃。'弘治以后，经解皆隐没古人名字，将为己说而已。其见于《四库存目》者，新奇谬戾，不可究诘。五经扫地，至此而极。"[④]

明代语录之学之盛，亦由于明代科举最重四书；四书取代五经，实有其必然。《四库全书总目提要》说："（《四书大全》）初与《五经大全》并颁，然当时程式以四书义为重，故五经率皆皮阁。所研究者惟四书，所辨订者亦惟四书。后来四书讲章浩如烟海，皆是编为之滥觞。盖由汉至宋之经术，于是始尽变矣。"[⑤] 与《五经大全》《四书大全》同颁者为《性理大全》，此书广采周、程、张、邵及朱子等所著之书，分理气、鬼神、性理、道德、圣贤、诸儒等名目，这些都是宋明人语录经常论及的话题。故语录之学很大程度上是由科举所推动而趋于极端的。

明代经学衰敝是中国学术演变的事实，学者多有此论，确乎不诬。但理学的兴起，理学代经学而为学术中心，亦有其历史与逻辑的依据。理学的兴起，首先是为了将日益昌炽的佛道二教逐出思想舞台，恢复儒学的

---

① 《稽山书院尊经阁记》，《王阳明全集》，上海古籍出版社1992年版，第255页。
② 参见《与黄宗贤》，《王阳明全集》，第152页。
③ 《朱子晚年定论序》，《王阳明全集》，第128页。
④ 皮锡瑞：《经学历史》，第278页。
⑤ 《四库全书总目提要》，中华书局1997年版，第473页。

中心地位。而恢复儒学思想统治，首先要恢复的是儒学的精神价值。五经、四书虽皆儒学精神价值的载体，但五经繁重，四书简明，儒学之核心从四书中比五经中更容易见出。朱熹曾说："《语》《孟》功夫少，得效多；六经功夫多，得效少。"①"《语》《孟》《中庸》《大学》是熟饭，看其他经，是打禾为饭。"②朱熹在编辑《近思录》时也强调，四子是六经之阶梯，是学习儒学的实下手处。《近思录》是后来流传最广的理学读物，朱熹以上思想对语录之学的流行起了极大的推动作用。

韩愈是宋代理学的先驱，倡道统之说，而道统的实质是仁义等儒家基本价值。其为古文革新运动，又大力倡导"文以载道"，道不必专在经书。唐中期以后至五代末，社会动荡，士习卑陋，也需要儒家的精神价值作为修身治学之道使之振刷。更为重要的是，唐宋之改换，是中世到近世的转移，其中一个极其重要的现象是学术文化之重心下移。由于书院的发达，雕版图书的出现，学术为更多的中下层读书人所掌握，非贵胄子弟的特权。③而四书主要是一套修身成德的学说，不像五经那样包罗广泛。五经中所蕴含的政事纲维、礼乐制度乃至历史文化意识、知识性的名物度数，都被化约成了人格修养的不同方面。而人格修养所需要的对宇宙人生的觉解与体验，更适于用直抒胸臆的灵动活泼的语录形式来表现，而不必借手繁重艰深的经典注疏形式。这一点在明代表现得尤其典型。黄宗羲谓明代文章、事功皆不及前代，惟理学超越前修。而理学最典型的承载形式是语录之学。明代学术重心更加下移，甚至出现了泰州学派这样将儒学推展到普通劳动者的学术派别。明代书院更加发达，士人讲会更加频繁，规模亦更加扩大，④这都为语录之学的发达准备了土壤。由明代前期薛瑄的读书札记，到明中期王阳明的讲学语录，到阳明后学特别是"二溪"（王龙溪与罗近溪）的笔舌交胜，讲学雷动风行，再到东林、蕺山的裁量人物，訾议国政，语录之学发展到烂熟。而经学反倒成了少数专家之业，沦

---

① （宋）黎靖德编：《朱子语类》，中华书局1992年版，第428页。
② 《朱子语类》，第429页。
③ 参见柳诒徵：《中国文化史》，上海古籍出版社2001年版，第570页。
④ 参见吴震：《明代知识界讲学活动系年》，学林出版社2003年版。

为主要是知识的活动，丧失了作为儒学基础的重要地位。

以四书诠释为代表的语录之学直切人的价值关怀，直切修身治世的现实问题，直切修身成德所需要的对宇宙人生的觉解与体验，所以主要是一套关于价值的学说，一套以尊德性为主的学说。[①]对平民文化发达的明代社会来说，它是最适切的学术形式。但对于欲恢复儒家道问学与尊德性并重，价值传统与知识传统兼容，修身成德与制礼作乐不偏废之传统的思想家来说，语录之学偏重于尊德性，偏重于价值传统、个人修身而削弱了道问学的知识传统，削弱了儒家制度文化、历史人文意识等重要方面。黄宗羲就曾说："儒者之学经纬天地，而后世乃以语录为究竟。仅附答问一二条于伊洛门下，便厕儒者之列，假其名以欺世。"[②]清代乾嘉学者江藩也说："有明一代，囿于性理，汩于制义，无一人知读古经注疏者。自梨洲起而振其颓波，亭林继之，于是承学之士知习古经义矣。"[③]全祖望论到黄宗羲对于清代学术转型的功绩时也说："公谓明人讲学，袭语录之糟粕，不以六经为根柢，束书而从事于游谈，故守业者必先穷经。经术所以经世，方不为迂儒之学，故兼令读史。"[④]在明清递嬗之时，自觉担负文化传承、文化重建之责的思想家所考虑的是，如何能将宋明理学重视价值传统，重视人格修养，重视身心体验和形上关怀的优点保存下来，且能恢复儒家的注经传统，使两者统一于一个载体上——既有儒家经学的形式，又有理学的内容，兼取二者之长而弃各自之短。王夫之的《周易》诠释便是这样一个系统。

二、王夫之易学诠释的特点

王夫之身处明清鼎革之际，遭亡国之痛，在抗清活动失败，南明政

---

① 参见余英时：《清代学术思想史重要观念通释》，载《文史传统与文化重建》，生活·读书·新知三联书店2005年版，第196页。
② 《黄宗羲全集》第十册，浙江古籍出版社1993年版，第421页。
③ （清）江藩著，钟哲整理：《国朝汉学师承记》，中华书局1983年版，第132页。
④ 《梨洲先生神道碑文》，《全祖望集》，上海古籍出版社2000年版，第219页。

权无可为的情势下，隐居著书，将突出的爱国精神和强烈的文化关怀灌注在学术活动中。他的志愿是，恢复儒家以经学为价值之源，为制度之本，为实用根柢的传统，批判地吸收佛道思想的合理成分，以经学为纲领，子史为辅翼，重建中国文化健实、正大、昂扬的面貌。这一志愿首先表现在他的学术规模之广大、深邃上。仅以经部著作而言，《易》类有《周易外传》《周易内传》（附发例）、《周易稗疏》（附考异）、《周易大象解》；《书》类有《尚书稗疏》《尚书引义》；《诗》类有《诗经稗疏》（附考异）《诗广传》；礼类有：《礼记章句》；《春秋》类有《春秋稗疏》《春秋家说》《春秋世论》《续春秋左氏传博议》；四书类有《四书稗疏》《四书考异》《四书笺解》《四书训义》《读四书大全说》。这些著作的特点可用一句话来概括：致广大而尽精微。即，既有字义文句、名物度数的训诂考证，又有意义的发挥。而意义的发挥，既有以原文之片断为因由广为阐说自己见解的，又有根据严格的义例原原本本解经的。王夫之的著作规模表现出一个明显的意向，这就是，纠正宋明以来特别是明代儒者以语录为学，蔑弃经注，以理学掩蔽、代替经学的做法，又吸收理学重视价值之源，重视义理发挥，在体验和思考中展开修身治世活动等长处。从这一点看，王夫之仍是个理学家，他是在理学总体框架中强调经学传统的。他不同于顾炎武以经学代理学。顾炎武主要是在文字训诂、名物制度的考证上彰显儒家经学实证性、知识性、实用性的原貌。而王夫之这方面的内容只体现在他为诸经所作的《稗疏》《考异》上，除此之外更有大事在，这就是广为揭示儒家经书所包含的价值性、义理性内容。这部分内容体大思精而又紧扣时代脉搏。王夫之将他重建儒家文化的鸿愿主要寄托在这类著作中。四库馆臣以乾嘉学者的去取标准选录前者而弃去后者，故收诸《稗疏》而不收阐发义理的著作。《四库全书总目提要》认为诸《稗疏》"言必征实，义必切理……卷帙虽少，固不失为征实之学焉""确有依据，不为臆断""大抵辞有根据，不同游谈，虽醇疵互见，而可取者较多"，[①]但对王夫之《稗疏》之外发挥义理的著作未收一字。个中原因，除书中多违碍之语外，更重要

---

① 参见《四库全书总目》诸《稗疏》之提要。

的恐怕在于这些著作不合乾嘉学者的脾胃。这也从另一个侧面说明，王夫之在注经中灌注了理学的基本内容。明清之间学术转换的一个主要方面，就是替去语录之学，恢复儒家经学传统。但在王夫之这里，经学并非乾嘉学者那样的经学，而是合经学理学为一，容纳了理学优良成分的经学。乾嘉时期的经学，是在明代学术演进内在逻辑的制约下，在明清之际诸大师所倡导、所身体力行的经学的基础上，由于外部（如文字狱）、内部（如经学中实用传统、知识传统的强调与恢复）诸因素共同作用才出现的学术形态。这种学术形态与儒家重价值之源，重人格修养，重实际事功的传统距离较远，不是王夫之所理想、所希望出现的经学形态。

　　下面以易学著作为例说明王夫之新经学的特点及这种特点在明清学术嬗变中的意义。王夫之实际钻研易学始于南明隆武二年（1646），是年王夫之28岁。后二年避兵于莲花峰，越加讲求，服膺易理。37岁时，在晋宁山寺中开始写《周易外传》（以下或简称为《外传》）。58岁时，完成《周易大象解》。迟至67岁，写成《周易内传》（以下或简称为《内传》）。《周易稗疏》与《周易考异》大概作于他避居莲花峰越益讲求易理之时。王夫之对于自己的易学著作，最重视的是《外传》《内传》《大象解》三书。在晚年所写的《周易内传发例》中，王夫之总括地交代了自己的治易经历和诸书要旨："《外传》以推广于象数之变通，极酬酢之大用。而此篇（按，指《内传》）守象爻立诚之辞，以体天人之理，固不容有毫厘之逾越。至于《大象传》，则有引伸而无判合，正可以互通之。"[①]这是说，《外传》并非系统的解经之作，而是就各卦中某些象数、义理片断，引申为说。主要是指点、标举、发挥儒家主有、主动、主生生之流行的学说，批评佛老之空虚寂静，批评受佛老影响的儒家派别，特别是邵雍的先天学，为以儒家为主导的中国学术之重建奠立精神方向，间以评论历代人物和史实，借以总结明亡教训。严格说来，这是一部"六经注我"的著作。在易学本身，特重其中的象与数所可引申发挥之处，卦爻之间无连贯，一卦中可有数义，随机阐发，纵横捭阖，以说理透辟为高。而《内传》

---

① 《船山全书》第一册，岳麓书社1996年版，第684页。

则是"我注六经"的著作,固守卦爻辞之本义,视各卦为一整体,卦爻之义相连属,共述一卦之义;阐说不就孤立之一辞一句,卦爻辞之间有逻辑关联,各卦为周易总体的一个局部。而阐说之内容,以天人不二、天人合德为宗。至于《周易大象解》,则纯就一卦的象辞引申发挥,不与卦爻辞有直截关联,也不理会卦爻辞中吉凶悔吝筮占之辞,惟以君子效法大象辞中含蕴的天理而兴起德行为着眼点。这就是他说的"惟大象则纯乎学易之理,而不与于筮。……若夫学易者,尽人之事也。尽人而求合乎天德"[①]之义。

王夫之关于周易的三部著作,有据首尾一贯的义例对经典的逐句解释,有对经义的引申发挥,有对经中字句、事数的考证。这种新的经学范式之导向,在于融理学于经学中,破除语录之学的狭窄拘隘,返于经学的广大健实,对理学突显价值传统,重视成德之教诸优良成分,仍保存于经学中。它可以克服经学的繁重渊浩、重视家法、以名物度数的考证淹没对精神价值的提扬等弊病,以精神价值的求索带出通经致用的效果。这是王夫之心目中的经学,与乾嘉时期的经学固大有不同。

三、以主有、主动精神批评佛道

出于总结明亡的教训,为未来中国文化奠立健实、中正、阔大之基调的需要,王夫之大力张扬主有、主动的精神,并以之批判佛道及象数学,特别是邵雍的先天学。以上宗旨在《外传》的乾、坤、大有、无妄、震、既济、未济诸卦及《系辞传》的发挥中表现得最为明显。首先,王夫之借乾坤两卦总论天地之道,将自己的宇宙观和盘托出,这就是,天地万物是实际的存有,它最根本的性质是动,是化育流行。天以此为德性,人以此为效法对象。《外传》开篇即说:"道,体乎物之中以生天下之用者也。物生而有象,象成而有数,数资乎动以起用而有行,行而有得于道而有德。因数以推象,道自然者也,道自然而弗借于人。乘利用以观德,德不容已者也,致其不容已而人可相道。道弗借人,则人与物俱生以俟天

---

① 《周易大象解序》,《船山全书》第一册,第695页。

之流行，而人废道。人相道，则择阴阳之粹以审天地之经，而《易》统天。"①这里的道，即宇宙整体，即天地间互相发生作用的具体事物的集合，故道体乎物之中而能生天下之用。王夫之的道不是老子"道生一，一生二，二生三，三生万物"那样的宇宙发生论的道，而是本体论的道。宇宙发生论的道必推至一能生万物而不为他物所生的绝对，而此绝对必非虚无莫属。本体论的道，即万物的存在及其发用、流行，道与万物皆实在。实在之物必有象有数，必有自己的性质。这样的道不因人而存在，故可曰自然；因其实在之性质，人可掌握此性质而辅相道。王夫之借大有卦对这种实有的哲学意义给予高度肯定："天下之用，皆其有者也。吾从其用而知其体之有，岂待疑哉？用有以为功效，体有以为性情，体用胥有而相需以实，故盈天下而皆持循之道。故曰：'诚者物之终始，不诚无物。'"②这是从具体事物功用之实有推论其存在之实有。功效者现实作用，性情者本有属性。事物的存在及其功用、属性相依持而有，天地间之存在及其功用就是"诚"。诚是本体性存在，人可持之循之而利用其性情功效。"大有"，即崇尚、张大此种存有。在无妄卦的解说中，王夫之以存有为无妄，性情功效为无妄，他说："其常而可依者，皆其生而有，其生而有者，非妄而必真。故雷承天以动，起物之生，造物之有，而物与无妄，于以对时，于以育物，岂有他哉？因是论之，凡生而有者，有为胚胎，有为流荡，有为灌注，有为衰减，有为散灭，固因缘和合自然之妙合，万物之所出入，仁义之所张驰也。"③这是说，凡存在之物，皆是实有；实有之物就有其生成、壮大、衰减以至散灭的历程。其生命靠外部条件与内部性质而存续，这些都是真实无妄的。物之性质不容改换，物之生发不会消歇，事物皆按其无妄之诚运化流行。

王夫之在树立尚有、尚动哲学的同时，也对佛道崇尚的空虚寂静和受佛道影响的邵雍先天学进行批评。他指出，老子的"有物混成，先天地生"，以先天地而有的混成之物为道，此说推至极处，必至有道而无天

---

① 《船山全书》第一册，第821页。
② 《船山全书》第一册，第861页。
③ 《船山全书》第一册，第888页。

地之日，如此则道为何物，寓于何处？邵雍先天学的"无极而太极"，"无极""太极"皆是无，必不能体万物而起造化，必无乾健坤顺的性质，必无择善固执利用厚生之用。王夫之认为，佛道两家的理论可以说是索真不得，据妄为宗；妄无可依，别求真主。势不得不以生命为幻妄而厌弃世间，以人伦为幻妄而寻求超脱，最后必至"裂天彝而毁人纪"。王夫之的结论是，有为无妄，动为无妄："阴阳奠位，一阳内动，情不容吝，机不容止，破块启蒙，灿然皆有。……其不得以有为不可依者而谓之妄，其亦明矣。"① 王夫之还据乾坤健顺之德对佛老的懦弱谦下、知白守黑之术进行批判，他说："自老氏之学以居锌处后玩物变而乘其衰，言易者惑焉。乃曰：阳刚不可为物先。夫雷出而花荣，气升而灰动，神龙不为首而谁为首乎？德不先刚，则去欲不净；治不先刚，则远佞不速；妇乘夫，臣干君，夷凌夏，皆阳退听以让阴柔之害也，况足以语天德乎？"② 这仍是以天地之有，以乾阳之健动为万事万物的原理，为儒家修身治世的基本原则。

所有这些，在明清学术嬗变上的意义在于，以周易尚有、尚动、尚生生之流行的哲学重建儒家思想，澄汰儒学中的释老影响，为未来中国文化建立学术典范。王夫之对明代整体上较为孱弱、阴柔的学术形态多有不满之言。就明代儒学发展的历程来看，其前期，由于学者皆朱子之支与流裔，大多重道德实践，不重学理发挥。故明代前期多践履笃实之人，其修持多遵循"涵养用敬"一路，大率清苦自持，把捉甚严。其学多从五更枕上、汗流泪下得来，学问造诣不够深广，其学行中的佛道因素尚不多。至陈献章，以诗人的胸襟治理学，重境界体验，重自然意趣，喜洒落超迈一路，其学中有较多的禅学因素，当时人也多以陈献章类禅。王阳明崛起浙中，其深厚的学问造诣，显赫的事功，乃至和乐坦易、活泼多方的教学风格，深得士子推重，阳明学迅速成为席卷大半个中国的学术思潮，门派众多，影响巨大。王阳明的学说中容纳了相当多的佛道思想。他的弟子王龙溪以禅学发挥先天正心之学，是王门弟子中的翘楚。泰州学派以平民哲学为特点，从王艮到罗汝芳、周海门，其思想中皆有很强的禅学因素。在泰

---

① 《船山全书》第一册，第887页。
② 《船山全书》第一册，第830页。

州后学这里，禅学一方面促成他们向社会下层宣讲儒学通俗内容，另一方面给了他们赤手以搏龙蛇的勇气。而耿定向、焦竑师弟二人中的佛道因素尤多。明中期以后儒释道三教道一教三、本同迹异的说法十分流行，民间的佛教讲唱活动，善书宝卷的印制传播相当普遍。整个社会从学者到普通民众，和会三教的趋势十分强劲。明末刘宗周纠正此种风气的意愿很明显，他的弟子黄宗羲也身体力行，在《明儒学案》中多处斥儒者浸淫佛老。王夫之虽然主要是从哲学理论上批评佛老，但他对儒家经学诠释典范的创立，对儒学中佛道因素的澄汰，无疑为建立新的儒学形态和内容，树立了榜样。其后如清代前期儒者，名物度数的讲求更多，心性之学，特别是明儒那样独任心宗的心性之学的比重，大大下降。虽然儒释道的交融与互相影响已是学术文化中不可逆转的趋势，但为保持儒学的独立地位，防止在交融和会中混漫和失去基本的立说基础和核心理论，却是入清以后儒家学者所思考的主要问题，所采取的基本路向。这种情势的出现虽不能归于某个学者一人之力，且王夫之的著作隐而不彰，社会影响不大，但他对佛道的批评是和这种时代思潮相应和的，对未来儒学的发展方向也不能不说有某种先见之明和摧陷廓清之功。

四、解易主要体例的建立及其意义

前已提及，《周易内传》是王夫之晚年最重要的著作，此时《外传》《大象解》都已完成，他研究易学四十年的学思成果皆萃聚于《内传》中。此书体例完备，义旨精严，首尾一贯，合笃实解经与义理阐发为一，是他的经学诠释思想和方法最集中的体现，并有《内传发例》详述全书内容、义例之大端，其中对解易的主要原理提揭甚为明白："大略以乾坤并建为宗，错综合一为象，彖爻一致、四圣一揆为释，占学一理、得失吉凶一道为义，占义不占利，劝诫君子、不渎告小人为用。畏文、周、孔子之正训，辟京房、陈抟日者黄冠之图说为防。"[①] 此处所言义例，《外传》早

---

① 《船山全书》第一册，第683页。

已开其端，不过《内传》更为系统，更为严整，更为一贯和自觉而已。

王夫之解易原理中，乾坤并建最为重要，最富于哲学意味，且对前此易学传统颠覆性最强。王夫之认为，伏羲始画卦，八卦平列，乾坤两卦虽较其他卦象征的事物为重要，但伏羲有卦无辞，乾坤之统宗义无法显现，更非生出其他事物的本原。文王突出乾坤两卦的作用，以天地为雷、风、山、泽等所由产生的本原，将伏羲有而未彰的乾坤为宗的意思明白标揭出来，此为文王的特识。此后周公作爻辞、孔子作系辞，也承继了文王突出乾坤两卦之意。此所谓"四圣一揆"。乾坤并建的重要意义是，标揭乾坤是父母，其余六卦乃至六十二卦是子，乾坤生其他卦；乾坤代表天地，其他卦代表万物，天地是万物的本原；乾坤代表天地间的根本道理，其他卦代表具体事物的道理，两者是理一分殊的关系。《周易内传》卷一写道："周易之书，乾坤并建以为首，易之体也；六十二卦错综乎三十四象而交列焉，易之用也。纯乾纯坤，未有易也，而相峙以并立，则易之道在，而立乎至足者为易之资。屯、蒙以下，或错而幽明易其位，或综而往复易其几，互相易于六位之中，则天道之变化，人事之通塞尽矣。"① 乾坤为体，其余六十二卦为用；由体达用，乃乾坤相交相摩所起之变化，天道人事皆可由此变化中见出。

天地为万物之根本，乾坤为六十二卦之父母，但乾坤两卦在产生其子的过程中所起的作用不同，《周易外传》以"乾知太始，坤作成物"② 两语释之，说"夫天下之大用二，知能是也；而成乎体，则德业相因而一。知者天事也，能者地事也，知能者人事也。"③ 这是说，乾的作用是给予万物以开始，使其具备生长、展开其生命之潜能，乾并自觉此种给予。坤的作用是把天给予的开始使之完成。就是说，乾坤并建以生万物，是本其德行，外不由于物，内不由于己，此可谓"天地之大德曰生"。潜能发展、彰著出来而具一物之用。人则继天述事而与天地相参。乾坤两者

---

① 《船山全书》第一册，第 41 页。
② 王夫之对"乾知太始"之"知"字，与传统的解释不同，说见《周易稗疏》，《船山全书》第一册，第 782 页。
③ 《船山全书》第一册，第 983 页。

同成乎其体，知能两者共生其用，两者同时而相借相因。

在王夫之看来，"乾知太始，坤作成物"是自然而然的，故所谓知能亦是强名之而已。王夫之说："清虚者无思，一大者无虑，自有其理，非知他者也。而恶得以知名之？块然者已实而不可变，委然者已静而不可兴，处于地上者功归于天，无从而见其能为也。"① 此处"清虚""一大"指天，"块然者""委然者"指地，天地之产生万物是自然而然的，且各司其职，不相逾越。这是"自然""不易"之旨。

由乾坤并建而自然引出天地间之实体——气。乾坤并建，其物质性的载体是气，乾坤是阴阳二气的健顺之德。王夫之说："乾，气之舒也。阴气之结，为形为魄，恒凝而有质。阳气之行于形质之中外者，为气之神，恒舒而毕通，推荡乎阴而善其变化。无大不届，无小不入，其用和煦而靡不胜，故又曰健也。"② 这是说，由天地间事物的构成和运动变化看，阴气主凝结，阳气主流动。阴气凝而为质，阳气神妙不测。阴靠阳之推荡变化，阳靠阴之配合回应。阴阳实只一气，而有性情功效之不同。而物生之阶段，则有元、亨、利、贞。元亨利贞实际上是气的不同形态、不同阶段：元，即气之兴起、畅达，于事物，乃从无肇有之义；而此肇始，则具备此后发展之潜能。亨，即气之通彻、成熟，于事物，则情达而交合之义。利者，气浃洽万物而无隔碍，疏通适宜而正物，使物有取用之利。贞者，正也，气通彻万物，变化万类而无偏私，成物成事而自然无为，取正而固之义。故元、亨、利、贞又可与仁、义、礼、智相类比。乾阳四德，坤阴顺承而配合之。所以阳有独运之神，阴有极成之实。阴阳两者，"阳之始命以成性，阴之始性以成形，时无先后，为变化生成自无而有之初几，而通乎万类，会嘉美以无害悖，其德均也"。③

乾坤首出，则乾坤为极顶，在它之前无更高的本体。若以"太极""无极"为本体，则乾坤并建即太极，乾坤并建之自然而然即无极。释老以空寂为本原，邵雍之先天学以为画前有易，《连山》《归藏》以艮、以坤为首

---

① 《船山全书》第一册，第983页。
② 《船山全书》第一册，第43页。
③ 《船山全书》第一册，第74页。

卦，其说皆不能成立。王夫之批评这几种否定乾坤并建的观点时说："太极立而渐分，因渐变而成乾坤，则疑夫乾坤之先有太极矣。如实言之，则太极者乾坤之合撰，健则极健，顺则极顺，无不极而无专极者也。无极，则太极未有位矣。未有位，而孰者为乾坤之所资以生乎？"① "无不极"，则乾坤并建为最高最先之体；"无极"，则无释老、邵雍之无中生有之太极。从乾坤首出其余之卦而为其体开始，到乾坤之载体——气弥漫交贯止，王夫之突出的是他的哲学思想中的物本论。这个物本论是对张载"太虚即气""一物两体"思想的继承，同时是对象山、阳明心学的纠正。就明清学术转换的视角看，王夫之的物本论更有总结明亡教训，从哲学上批评阳明后学的深意在。

从明代后期开始，兴起了一股批判、纠正阳明后学的思潮，这股思潮在哲学上表现为以气本论或心气合一代替心本论。刘宗周承东林顾宪成、高攀龙而起，着力纠正王门后学"虚玄而荡""情识而肆"两种弊病。他认为"天地间一气而已"，有气才有物质基础，才有物的数量和形象规定，才有现实的物。由物的现实存在和运动构成"道"，所以道是后起之名。一切以气为基础，心是有灵知的气——"知气在上"，作为性体的仁义礼智四德，也可以用气来解释。四德皆心中气机流行的不同状态：心之气盎然而起，于情谓喜，于德为仁；心之气油然而畅，于情谓乐，于德为礼；心之气肃然而敛、愀然而止，于情谓怒、谓哀，于德为义、为智。"一性也，自理而言，则曰仁义礼智；自气而言，则曰喜怒哀乐。"② 性理皆还原为心之气流行的不同状态，故"性只是气质之性，而义理者乃气质之本性"。黄宗羲在这一点上继承了乃师，认为"天地间只有一气充周，生人生物，人禀是气以生，心即气之灵处，所谓'知气在上'也。心体流行，其流行而有条理者即性也"。③ 所以黄宗羲虽承阳明而来，强调心的重要作用，倡"盈天地皆心"之说，但此说多从心是人一切活动的根据，特别是体证天地万物之道德价值的根据而来，与"盈天地皆气"并不

---

① 《船山全书》第一册，第990页。
② 《子刘子学言》，《黄宗羲全集》第一册，浙江古籍出版社1994年版，第288页。
③ 《孟子师说》，《黄宗羲全集》第一册，第60页。

矛盾。顾炎武也以气为天地间唯一实体，认为："盈天地之间者，气也。气之盛者为神。神者，天地之气而人之心也。"① 并用张载的"太虚不能无气，气不能不聚而为万物，万物不能不散而为太虚"和邵宝"聚以气聚，散以气散。昧于散者，其说也佛；荒于聚者，其说也仙"来解释《易传》的"游魂为变"。② 明清之际的其他思想家也多以气来代替阳明后学所谓心。当然，以心为本与以气为本，在着眼点和学说义理上完全不同，但由批评王门后学学风空疏延展到批评王学的哲学根源，并倡导由心学返归以气为本的哲学，这在明清学术转换上是一个非常重要的方面。这对学风上的重征实、道德上的重践履和经世致用上的重礼乐兵农之实事实物是一种呼唤。王夫之是一个形而上学家，对实用之学虽有所论列，但他最大的贡献在于通过经学诠释对转换明代学风所做的切实努力。虽然是承接明代后期以来的整体学术风气而起，但他杰出的学术成就对这种转换是一种推波助澜，一种总结提炼，一种树立典范。他对气本论的褒扬，对佛道和阳明后学的批评，以及对朱子学的张扬，处处都与明末的时代风气相呼应，对清代的学术形态也具有某种诱导作用。

---

① 《日知录集释》，第29页。
② 《日知录集释》，第29页。

第一章

则图画卦与揲蓍之数

　　王夫之易学广大悉备，象与数作为易学的基本要素，是他解易的重要工具。王夫之解易，首重观象玩辞，象数与义理结合，相互依持，互为解说。特别是他身处明清鼎革之际，欲纠正明代语录之学盛行，凿空说理之弊，故用象数的实证性去说明义理，使义理阐发建立在坚实的基础之上。王夫之作为杰出的思想家，哲思颖异，义理宏深，又擅长论证，广征博引，尝多处批评历史上的各种象数易学，甚至对朱子亦多有批评。故人多以为王夫之主义理解易，摒弃象数。实际上王夫之象数义理并重，在成卦原理、揲蓍过程以及对特定卦爻的解释上，经常象数义理并举，以象数为义理发挥的基础，以义理为象与数必有的包蕴和引申，象数义理，共生共成。而象与数虽统称"象数"，但两者既有统一的地方，又有分别的地方；既互相倚靠，又为独立系统，呈现出丰富、复杂的面向。

一、则图画卦，易象以成

　　王夫之自学易之初，就确立了解易原则，这就是以《系辞》为根本，为基准，为依据，尝说："《易》之精蕴，非《系传》

不阐。观于《系传》，而王安石屏《易》于三经之外，朱子等《易》于《火珠林》之列，其异于孔子甚矣。"①他的象数学，也以《系辞》中的则《图》画卦和"大衍"说为依据。王夫之晚年在概述他的易学宗旨的《周易内传发例》中说：

  《传》曰："河出《图》，洛出《书》，圣人则之。"《河图》者，圣人作《易》画卦之所取则，孔子明言之矣。则八卦之奇偶配合，必即《河图》之象。圣人会其通，尽其变，以纪天地之化理也明甚。②

这是说，周易之成卦，根据在《河图》，而《河图》是圣人概括天地万物的原理而创制的。《河图》之名在《尚书》《论语》《管子》《大戴礼记》中都提到过，但究为何种图式，至北宋初年始确定。《河图》是用不同数目的黑白点组成的矩阵，朱熹《周易本义》将《河图》《洛书》列在卷首，并引《系辞》中的"河出图，洛出书，圣人则之"和"天一地二，天三地四，天五地六，天七地八，天九地十。天数五，地数五，五位相得而各有合，天数二十有五，地数三十。凡天地之数五十有五，此所以成变化而行鬼神"来代表天地之数，用来说明万物的起源。王夫之首先认为，《河图》既是八卦的来源——伏羲依照《河图》画出八卦；也是揲蓍之数的来源——后人依"大衍之数"而成卦以卜测未来。《河图》之白点一三五七九代表阳，其和为二十五；黑点二四六八十代表阴，其和为三十。《河图》之数共五十五，而大衍之数五十，其五虚而不用，王夫之解释其原因："不全用者，筮以筮人事之得失吉凶，天之理数非人事所克备也。天地之广大，风雷之变动，日月之运行，山泽之流峙，固有人所不可知而所不与谋者。五位之体，天体也，人无事焉，则筮不及焉。故筮唯大衍以五十，而虚其体之五。虽曰圣人法天而德与天配，而岂能尽有其神化哉！"③画卦则肖天地万物之全体，五十有五全用。天地无心，阴阳

---

① 《船山全书》第一册，第683页。
② 《船山全书》第一册，第655页。
③ 《船山全书》第一册，第656页。

之气在缊缊聚散中自然形成多寡之势。如用数刻画之，阳之体一，阴之体二；阳之用三、五、七、九，阴之用四、六、八、十。阳的性质为专为直，阴的性质为翕为辟。阳以其专直为主导，行乎阴之翕辟之中，所谓"成变化而行鬼神"。王夫之以《说卦传》的"天地定位，山泽通气，雷风相薄，水火不相射，八卦相错"为依据，与以上"天一地二"等相配，作为八卦的建立依据。具体说来，因七、五、一三白点（阳）而画《乾》，因六、十、二三黑点（阴）而画《坤》，因左八、三、十两阴夹一阳而画《坎》，因右九、四、五两阳夹一阴而画《离》，因一、三、二两阳承一阴而画《兑》，因二、四、一两阴承一阳而画《艮》，因九、八、六两阴乘一阳而画《震》，因八、七、九两阳乘一阴而画《巽》。八卦由此而画，皆因《河图》之数而成。王夫之因此总结说：

> 圣人始因《河图》之象而数其数，乃因其数之合而相得、以成三爻之位者著其象，故八卦画而易之体立焉。阴阳自相类聚者为合，阴与阳应、阳与阴感为相得。圣人比其合，通其相得，分之为八卦，而五位五十有五之各著其用于屈伸推荡之中，天道备而人事存乎其间。然则《河图》者，八卦之所自出，灿然眉列，《易》有明文，《图》有显象。①

王夫之把《河图》作为圣人画卦的取则对象，但反对把《河图》也作为五行的来源。在这一点上他与朱熹相同，认为五行来源于《洛书》。故首先必须把刘牧以《河图》为《洛书》的错谬纠正过来；其次，必须把《河图》与五行的联系斩断。关于第一点，王夫之说：

> 乃说《河图》者但以配五行，而不以配八卦，不知旷数千年而无有思及此者，何也？故取则于《河图》，以分八卦之象，使圣人则《图》以画卦之旨得著明焉。说详《系传》第九章。其以五行配《河图》者，盖即刘牧易《洛书》为《河图》之说所自出。《易》中并无五行之象与辞，五行特《洪范》九畴中之一畴，且不足以尽《洛

---

① 《船山全书》第一册，第 546 页。

书》，而况于《河图》！①

此点与朱熹同。朱熹在《周易本义》卷首《河图》《洛书》图象下特别点出："蔡元定曰：图书之象，自汉孔安国、刘歆、魏关朗子明、有宋康节先生邵雍尧夫，皆谓如此，至刘牧始两易其名，而诸家因之，故今复之，悉从其旧。"恢复原本《河图》之象，才能由黑白点相间推演出八卦，与"河出图，洛出书，圣人则之"之经典中的语句相符合，而《洛书》的"戴九履一，左三右七，二四为肩，六八为足"的龟象则不易从中画出八卦。

关于第二点，历史上重要的注《易》者皆以"天数五，地数五，五位相得而各有合"之"五位"为金木水火土。如韩康伯之《系辞》注："（天数五，）五奇也。（地数五，）五偶也。天地之数各五，五数相配，以合成金木水火土。"②孔颖达《周易正义》疏："若天一与地六相得，合为水；地二与天七相得，合为火；天三与地八相得，合为木；地四与天九相得，合为金；天五与地十相得，合为土。"③朱熹《周易本义》注此句："二十有五者，五奇之积也；三十者，五偶之积也。变化，谓一变生水而六化成之，二化生火而七变成之，三变生木而八化成之，四化生金而九变成之，五变生土而十化成之。"④王夫之则反对此说，认为"天一生水而地六成"等，于典籍无本，乃后世相传为解，数千年来无敢纠正者。《周易》的创作者文王、周公、孔子，与《洪范》的创作者大禹、箕子，所谓"四圣一仁"，都没有一与六、二与七等配合及生之、成之的思想。这些都是后世的杜撰。他说：

> 乃自汉以后，皆以五位五十有五为五行生成之序者，舍八卦而别言五行，既与《易》相叛离，其云"天一生水而地六成……"，不知其多少相配之何所征，一生一成之何所验，《图》无其理，《易》

---

① 《船山全书》第一册，第 655 页。
② 参见楼宇烈校释：《王弼集校释》，中华书局 1980 年版，第 548 页。
③ 李学勤主编：《周易正义》，北京大学出版社 1999 年版，第 281 页。
④ （宋）朱熹著，廖名春点校：《周易本义》，广州出版社 1994 年版，第 175 页。

无其象，六经之所不及，圣人之所不语，说不知其所自出，而蔓延于二千余年者，人莫敢以为非。①

他又驳斥五行相生相成之理，认为《河图》乃天道之数字概括，而《洪范》九畴皆言人事。又，五行为最基本的五种民用之资，故《尚书》可加谷为"六府"，都非天道本身。即以天道言，五行也有说不通的地方。如金为矿石所炼，矿石本质属土，金实际上是土生之，人成之，其本质也不能与水、火、木、土相类而匹配为五。故五行非天自然之行，与《河图》专言天非为一类，两者不能相参合。此说实为战国时术士私智穿凿之物，其为邪说无疑。王夫之总结说：

> 河图著其象，圣人纪其数，八卦因其合，六十四卦穷其变，要以著一阴一阳之妙用，而天化、物理、人事之消长屈伸、顺逆得失，皆有固然一定之则，所谓"卦之德方以智"也。②

意谓《河图》是天地万物阴阳、多寡的自然显现，圣人以数字阐发其道理。八卦是《河图》之数相合而来，六十四卦是对其中包含的变化之道的展开，目的在彰著阴阳之理，为人事树立可取法的规则。卦之"方"重在其理则，卦之"智"重在其活用，其"方"、其"智"皆在襄助人事之用。

以上五位十象画三爻之八卦似顺理成章，而画六画之卦则稍费思量，尤其乾坤二卦，六阳六阴，如何取则《河图》画出，王夫之亦有其法。他的理论根据是，《系辞传》言易"为道也屡迁，不可为典要"，故不可拘泥于五位，而可合天地而言乾坤六位。他认为，《河图》中外之象可析为三重，第一重，七八九六为天，五与十为地，一二三四为人。其中，七与九为阳，八与六为阴，合乎"立天之道，曰阴与阳"之意。七八九六，合天之四象，而天包地外，天圆地方，地仅得天之半，故只有五与十两位。两位中五为奇、为刚，十为偶、为柔，合于"立地之道，曰柔与刚"之意。人成位于天地之中，秉天立极，故也有四象，其中阴阳各

---

① 《船山全书》第一册，第546页。
② 《船山全书》第一册，第547页。

半，而仁为阳，义为阴，合于"立人之道，曰仁与义"之意。就数来说，天之七八九六，其和为三十；地之五与十，其和为十五，少于天之数。人之一二三四，其和为十，又少于地之数，与天地人之数之递减符合。就乾坤两卦之构成说，乾阳坤阴，故天之七八九六皆阳，加地之五、人之或一或三，为六阳爻之乾。地之五与十皆阴，五本为刚，但地为阴，故可视为阴中之刚，加天之八六、人之二四，为六阴爻之坤。如是乾坤两卦成。

至于其余六十二卦，王夫之也取则于《河图》而画。他的解决之道是，以《河图》之五位十象相重，推演出六十四卦。他说："圣人则图以画卦，八卦在而六十四卦亦在焉，'因而重之'，五位十象交相错焉，六十四象无不可按《图》而得矣。"① 这里须注意王夫之的重卦之法。他不是将两个三画卦重叠，而是在每一爻上加一画而成。他的根据在《易传》本身：八卦之三爻，象天地人，而天有阴阳，地有柔刚，人有仁义，故天地人可用六爻表现。《系辞传》也有"八卦成列，象在其中矣。因而重之，爻在其中矣"之说。王夫之糅合这两者而形成他的重卦之法：

> "因而重之"者，因八卦之体，仍而不改，每画演而为二，以具阴阳、柔刚、仁义之道也。爻者，效也，重三为六，则天地之化理，人物之情事，所以成万变而酬酢之道皆呈效于其中矣。三画者，固然之体；六画者，当然而必然之用。人之所以法天而应物者，非三百八十四爻莫尽其用。阴阳具而后天效其神，柔刚具而后地效其化，仁义具而后人效其德。重一为二，合二于一也。②

王夫之当然熟稔传统的两个三画卦重叠为六的画卦之法，而且在解卦中也多用内外、贞悔、上下、来去解说卦爻之义。特别是他的《周易大象解》，专以上下两个三画卦所象征的事物为说。但在则图画卦中，则另是一法，即三画卦之每爻加一画而成。他的理论根据是易六爻为天地人三才，三者有阴必有阳，及《系辞传》的"八卦而小成，引而伸之，触类而长之，天

---

① 《船山全书》第一册，第 657 页。
② 《船山全书》第一册，第 573 页。

下之能事毕焉"。他对这一句的诠释说出了此重卦之法的根据：

> 自始画而言，三画各重而六。增一为二，以天之有阴必有阳，地之有柔必有刚，人之有仁必有义，触其所与类合者，以长三为六，则三极六位之道在焉。①

八卦之小成必引申为六十四卦之大备，才能摹拟、刻画天道人事之繁赜；而所触之类，阴阳、柔刚、仁义必对立而又合一。但王夫之又特别提出，三极六位六十四卦已足，不必加多，多亦无益。如汉焦赣之四千九十六卦，徒为卦数之增加，非道理之引申，类别之必有。况且其解说只有吉凶而无得失，只有功利考量而无价值揭示，烦琐累赘，实无可取。

不仅如此，王夫之根据他的易学观，认为八卦重在象，即天、地、雷、风、水、火、山、泽，而六十四卦重在爻，即阴阳、时位、势能、动向等刻画具体境遇之要素。故两个三画卦重叠为六画卦，其解释、摹画能力，较三才而两之之重卦法要弱得多。因为后者突破了仅以卦象、卦德为解的局限，最大限度地调动了各种解释资源，因而解释的灵活性、圆融性皆大为加强。此与《象传》《大象传》不同，而别为一义，合于周易"为道屡迁"，不为一种解释方法所限的原理。所以王夫之说："易之所以以天治人，而非以人测天也。故于八卦言象，而于重言爻。重卦但备爻以该三才之道，初不因象而设。爻备而复有象，象在爻后。"②"象在爻后"者，三爻各加一爻为六，六爻重新分为两个三画卦，非两个三画卦合为六画卦，这样可不废以卦象、卦德解卦之大端，而又增加了解释维度。

王夫之重卦之法的首要之点是突破了象的拘限，具体方法是，以三画卦的原三爻为本位，各爻加一以为二、四、上。重爻的次序是，由下往上，阳卦先加阳爻，再加阴爻，阴卦先加阴爻，再加阳爻。加爻后形成的卦，不求其顺序之合理，如先《屯》后《蒙》、先《需》后《讼》等意义解说，而是自然成列。此谓"象成而后义见"。这样，王夫之的卦象观与

---

① 《船山全书》第一册，第550页。
② 《船山全书》第一册，第576页。

前人大异：六十四卦不是人造出来摹拟天道的，而是天道阴阳相推相摩自然产生的，易是天道的自然显现，不是人测度天道的工具；人的首要工作是通过天道的显示——卦爻，求得知天、同天、与天合一；不是首先通过测天、卜天而求得愿望的实现。与天为一自能满足人的合理需求。所以王夫之特别重视天的"刚柔相推，变在其中矣。系辞而命之，动在其中矣"之义，说：

> "推"即所谓相摩相荡也。刚以乘刚，柔以继柔，常也。其摩荡而相间者，天之化、人之事变所由生也。六十四卦具，而中有阴阳互杂之爻，则物理人事之变，皆其所备著矣。"命"，以告占者也。因爻之动，而系之以辞，则人之进退作止，所以善其动者，皆其中所蕴之理矣。①

阴阳、刚柔相推荡，由此产生六十四象所代表的天道、物理。人通过卜问具体境遇，观象玩辞，体悟其中包蕴的天道、物理，作为人正确行动的指导。

至此，王夫之则图画卦的原理及构成方式遂呈显无遗。不仅八卦，而且六十四卦；不仅阴阳交杂之六十二卦，而且纯阳纯阴之乾坤两卦，所有卦象，皆以《河图》为其根据：八卦由《河图》之黑白点直接构成，六十四卦由八卦通过阴阳摩荡、"参两因重"的曲折方式得到，而乾坤两卦因它的本体地位，且有两套构成义理。所以王夫之说："圣人则《图》以画卦，非徒八卦然也，六十四卦皆《河图》所有之成象摩荡而成者。故曰'圣人则之'。"②

王夫之为什么特别强调则图画卦？这是因为，明清鼎革，中华文化废坠、改易、行将不保之虞。身处此"天崩地解"之际，出于延续文脉、重张道统的强烈担当意识，王夫之须对六经为圣人制作有坚定的信仰，须在新的时代条件下对开发六经之新生面有切实的行动。他的"四圣一

---

① 《船山全书》第一册，第576页。
② 《船山全书》第一册，第657页。

揲""占学一理"等解易宗旨意皆在此。故首先须将《易》视为圣人根据天道而创制，《易》既有天道的客观性、法则性，又有圣人与天为一，依天理而创造人的行动法则的能动性。虽然欧阳修之后各代都有人对《周易》为圣人制作存疑，但王夫之对此深信不疑，而且强化了圣人作《易》之说：不仅延续了"人更四圣、世历三古"之说，而且将经传视为一体；不仅批评朱熹"有伏羲之易，有文王周公之易，有孔子之易。不可便以孔子之说为文王之说"割裂了四圣一揆，中断了道统之传，而且批评邵雍依"易有太极，是生两仪，两仪生四象，四象生八卦"的"加一倍法"所作的先天诸图是因任自然而无圣人之创制。特别是其中的象数学，王夫之说：

> 象数一依于道，故曰"易与天地准，故能弥纶天地之道"。邵子挟其加一倍之术以求天数，作二画之卦四，四画之卦十六，五画之卦三十二，于道无合，于数无则，无名无象，无得失之理，无吉凶之应，窃所不解。加一倍之术，无所底止之说也。①

此中"于道无合，于数无则"即批评邵雍易学不体现"一阴一阳之谓道"的基本原理，其数不取则于《河图》。其强烈的道统意识灼然可见。

此外，王夫之作为一个思想深刻缜密，以天人合德为根本原理，形上意趣浓烈高迈的哲学家，对天道阐发的深度与广度在同时代哲学家中无出其右。天人之际是他时时究心的。这就需要把天道符号化，以获得最广阔的解释空间。而《河图》这样一个代表万物之数，阴阳对反、有层级排列、能诱发人"观象玩辞"的象数思维神秘图式，恰好满足了王夫之的多方面诠释需求。王夫之不反对象数，象数作为具体事物的时空呈现与数量性质，是他的哲学思想的基础。他反对的是对干支的机械排列、线性推演，一切皆在框定的架构中挪移。离开了万物灵动无方、"不可为典要"的本来面目的所谓"象数之学"，王夫之斥之为"排甲子死数"，在著作中多处批判。周易能最大限度地把"六经责我开生面"的宏大志愿和深刻的

---

① 《船山全书》第一册，第679页。

天人之学两者结合起来，所以王夫之对它投注了最多思考与精力，终生以之，转注转精。而《河图》是蕴藏多种诠释维度的基础图式，则图画卦是他的易学哲学的开端。

二、揲蓍中数的重要作用

王夫之出于其天人合一之学，认为《河图》乃天道的体现，而人揲蓍以得卦，正是与天为一的实际做法。故王夫之主张区分取则《河图》所画之卦和揲蓍所得之卦：前者是天地万物的抽象化、符号化，后者是按揲蓍步骤所得之卦；前者是自然的，代表天地万物本身，后者是人为的，是为卜问吉凶而偶然所遇。王夫之说：

> 以筮言之，则由三变以得一画以为初，渐积至十八变而成卦，疑初为始而上为终。然卦者，天地固有之化，万物固有之理，人事固有之情，筮而遇之则占存焉，非因筮而后有卦也。[1]

意谓，揲蓍得卦是有步骤的，由下而上逐爻而得。而本然之卦是天地万物化理的符号表现，代表某种境遇的卦一时六爻皆有，无逐渐之过程。如性质为刚健的《乾》，全体皆健，非渐次以盛大然后向弱；性质为柔顺的《坤》，全体皆柔，亦非积累以至柔顺且将逆转为健。《周易》"占学一理"，本然之卦供人"观象玩辞"，是讨究、学习的对象，揲蓍所得为占卜、测探的工具，通过卜问趋吉避凶。须先占卜，然后知卦爻所告之理。两者不同，天道广大，无所不包，人无法完全测知天道，故在代表两者的数上须有差别。此即上文所引之河图之数五十有五，大衍之数五十，"天之理数非人事所克备也"之说。王夫之解释此意："河图分五十有五于五位，天地所设也。画其象，名其卦，系以辞而断以占，著变化于云为，圣人成之也。"[2] 又说："易之由大衍而生数，由数而生爻，由爻而生卦，由卦而生变、占，由变、占而生天下之亹亹。有源故不穷，乘时故不悖，皆

---

[1] 《船山全书》第一册，第 666 页。
[2] 《船山全书》第一册，第 615 页。

即此道也。"① 则图画卦，以人为之创制，求肖自然之理数，可谓以"人谋"合"鬼谋"。关于人谋鬼谋，王夫之有清楚的解说：

> 大衍五十，而用四十有九，分二挂一，归奇过揲，审七八九六之变以求肖于理，人谋也。分而为二，多寡成于无心不测之神，鬼谋也。人尽其理，鬼妙其变。……圣人之制作所以不可及也。②

特别强调其中的"自然"之义：人之则图画卦，乃人根据天地之理数创设此简易符号系统以知天、合天。而知天合天又全非人之拟议，其中必有天之无心成化暗中参与，使人不致僭妄过甚，随其私意而不遵天的法则，致使此符号系统失去指导人行动的意义，变成一套有人谋无鬼谋的既成话语的机械推演，和有鬼谋而无人谋的神秘的天意窥测。前者如壬遁、纳甲等，后者如龟卜等。故则图画卦，其意义是深远的，贯穿于《周易》诠释的整个过程中。

则图画卦的意义，已如上述。下面论述王夫之以《河图》为据诠释揲蓍之数。《周易》揲蓍之法，莫详于《系辞传》之大衍章，其中详细叙述了成卦之理数及其步骤。此章首先说："大衍之数五十，其用四十有九。"汉儒以月日、节气数等解释五十，说法极多，此处不备述，只叙其影响较大者。郑玄谓天地之数五十有五，而五行之气通于各处，故减五，大衍又减其一，故为四十九。王弼注"衍"为推演，"大"指天地，此句意谓"推演天地之数，所赖者五十也"，四十九为数之极，不用之"一"指太极，太极为众物之宗，不用而众用得以运行。朱熹谓大衍之数五十，是以《河图》中宫天五乘以地十得之，而筮时只用四十九，"盖皆出于理势之自然，而非人之知力所能损益也"③。而王夫之解"衍"为流行，"大"指天道，"大衍"即天道流行，万物各显其性质与时位。圣人与天地合德，但不能全肖天地之大用，故于五位之中各虚其一，其数只五十，为"人用"之全体。其中不用之"一"，代表人所占之事，为

---

① 《船山全书》第一册，第530页。
② 《船山全书》第一册，第615页。
③ 《周易本义》，第175页。

体；所占之事无穷，皆以此一代表。四十有九动而不已，为大衍之用，以应和此不动之一。这一解释不同于汉儒之以日月、节气之数坐实五十之数，也不同于孔颖达、朱熹归之于"自然之理势"，而实受王弼体用之说的影响。

下句"分而为二以象两，挂一以象三，揲之以四以象四时，归奇于扐以象闰。五岁再闰，故再扐而后挂"，此中之二、三、四，象征两仪、三才、四象，与朱熹同，揲蓍得卦之步骤也同遵《系辞》大衍之法。但他在筮数上又有不同于朱熹的地方，最大的不同在以何者确定爻之阴阳、老少。朱熹视揲四之余数即归奇之数而定，他解释此法说："揲蓍之法，则通计三变之余，去其初挂之一，凡四为奇，凡八为偶。"①意为，一变之后，过揲所余之数，不五则九，去掉所挂之一，则为四或八，四为奇，八为偶。三变之后所余总数，如为三奇，则余十三，过揲之数为三十六，为老阳。如为二奇一偶，则余十七，过揲之数为三十二，为少阴。如为二偶一奇，则余二十一，过揲之数为二十八，为少阳。如为三偶，则余二十五，过揲之数为二十四，为老阴。这样的计算方法，是以归奇之数为准，因其数简单好记，故为多数筮者所遵从。

王夫之则视揲四之本数而定。他在解说释易体例时说："揲蓍之法，当视过揲之七八九六四数之实以定阴阳老少，而不当论归奇。"②在对乾卦"用九"的解释中也明言："筮法，归奇为不用之余，过揲为所用之数。六爻过揲之策皆四其九。归奇之十三，不成象数而不用。其所用以合天道、占人事者，皆九也，故曰'用九'。"③这都是说，所用之数，是经过分二、挂一、揲四、归奇四个步骤数过的能被四整除的数，如二十四、二十八、三十二、三十六，而非二十五、二十一、十七、十三这些余数。乾卦六爻所用者为过揲之三十六，而非归奇之十三。王夫之还解释说："其揲四之数，六揲而二十四，七揲而二十八，八揲而三十二，九揲而

---

① 《周易本义》，第176页。
② 《船山全书》第一册，第682页。
③ 《船山全书》第一册，第49页。

三十六。六七八九，《河图》之成数，水、火、木、金之化也。"①揲蓍之数，与代表天地之化理的《河图》吻合。并且用《系辞传》中之"乾之策二百一十六，坤之策百四十四"为证：乾六爻共二百一十六策，每爻三十六策，坤六爻一百四十四策，每爻二十四策，皆不以归奇之数为算。基于自己此揲蓍之法，他批评后世归奇之术："圣人之言炳如日星，而崇后世苟简之术，取归奇之易于数记，谓但论归奇之五四九八，乱奇偶之成象，诬过揲为赘旒，非愚所知也。"②

王夫之并且推广到整体的解易方法，批评只看某爻不看此爻在卦中的地位与势能，只看卦爻辞不看《系辞传》的弊病，特别标揭《系辞传》在解易中的总纲、方法论地位，说："后儒谈易之敝，大抵论爻则不恤象，论象、爻则不恤《系传》，不知三圣之精蕴非《系传》二篇不足以章著。此乃孔子昭示万世学易、占易之至仁大义，昭回于天者。而往往以日者苟简邪淫之说为师。"③他虽然对朱子尊崇有加，但认为《周易本义》拘泥于"易本卜筮之书"，过用象数，义理阐发较弱，解易中但就卦爻为说，不能旁征博引《系辞》《彖传》《象传》广为论证；多局限于原文，貌似求真，而不能畅论其中之价值内容，说"朱子师孔子以表彰六艺，徒于《易》显背孔子之至教。""朱子之于《易》，舍周孔以从术士"。④甚至说："善宗朱子者，舍其注《易》可也。"⑤从此中可以看出他的象数学与义理的紧密关系。

王夫之的"数"学还有一特出之处，他认为，揲蓍之数虽源自天地，但更重要的是圣人对观察所得的经验事物的数字创设，及对此数字的哲学解释。在《周易稗疏》中解释"参天两地"时他说：

> 三、二者，本数也。参、两者，参之、两之，从而分析以数之也。天本无三，地亦非二。以形言之，天包地外，天大而地小；

---

① 《船山全书》第一册，第1020页。
② 《船山全书》第一册，第682页。
③ 《船山全书》第一册，第682页。
④ 《船山全书》第一册，第682页。
⑤ 《船山全书》第一册，第682页。

> 以气言之，阳盈而阴虚。地得天三分之二，故谓之二，由地之二而见天之三。此圣人所以以三数天，以二数地，而为九，为六，为三十六，为二十四，为二百一十六，为百四十四，皆倚此以立也。其画之为象，则阴爻--，三分而缺其一；阳则兼有二而实其中，以成乎三，其画—，所谓以一函三，亦函地二而更盈其一也。圣人因阴阳已然之迹以起数，而非天地之有数。参之、两之者，人也。故数不可以穷神。①

这是说，周易的揲蓍之数，是圣人根据天道阴阳、仰观俯察而创造的，并非本然有数如此。既然是人创造的符号系统，就是高度抽象的，与人对世界的总体认知密切相关，也就不会与经验世界完全相肖。完全相肖者是术士不知周易之数的本质及其起源而有的机械推演、排列。既然是数字性的摹拟、抽象，就必须加入哲学的洞观。如对气的性质的认识，阳气盈满，故画—，阴气虚歉，故画--。从数上说，阳之一，太一函三，兼阴之二而中实。阴因中虚，只得阳三分之二，故阳爻为九而阴爻为六，乾之数三十六而坤之数二十四，乾之策二百一十六，坤之策一百四十四。又如"参天两地"，三、二是天地本有的差别之自然表达，所谓"本数"；参、两是人在对天地仰观俯察之后的数字给与。在对《说卦传》"参天两地而倚数"一句的解说中此义更加显豁：

> 天地之理气，不可以象象，故任数以为之象。"参两"云者，圣人参之两之也。天地浑沦之体，合言之则一，分言之则二。圣人以其盈虚而拟天之数以三、地之数以二。卦画之奇阳偶阴，既明著其象，而揲蓍之法，用九用六，四其九而三十六，四其六而二十四，阳十二其三，阴十二其二，一以参两之法行之，数可任而象可立，道因以著。②

因人为之参、两而有数之三、二，阴阳、老少都是三与二的倍数。而"参

---

① 《船山全书》第一册，第794页。
② 《船山全书》第一册，第620页。

两"在《河图》上的根据即代表阴阳之黑白点,"参"者阳之数,"两"者阴之数。

王夫之在解释周易之卦之策数时,也据《河图》为说。如乾之策二百一十六,坤之策一百四十四,是因为揲蓍之数用老阳、老阴而不用少阳、少阴,即易言九、六,不言七、八。而七八九六之数皆来自《河图》之最外一层。二百一十六者,乾卦六爻皆阳,阳之数为九,而每一爻经分二、挂一、揲四、归奇四个步骤而得,故一爻之策数为三十六,六爻之策数为二百一十六。坤卦六爻皆阴,阴之数为六,故一爻之策数为二十四,六爻之策数为一百四十四。两者相加,为三百六十,约合一年之日数。照此算法,周易六十四卦共三百八十四爻,其中阳爻阴爻各一百九十二。其策数为阳爻六千九百一十二,阴爻四千六百零八。两者相加,为一万一千五百二十,为"万物之数"。王夫之认为,天地万物虽有无穷之多,但用以说明人之得失吉凶,教人立身行事之法则,此数已足用。而所谓四营而成易、十八变而成卦,王夫之的解释是,分二、挂一、揲四、归奇四个步骤而成一变,三变而成一爻,一卦六爻共十八变。四营,效法于四时之运行;十八变,合二阳、三阴,亦阴阳互乘之象。

王夫之认为,以上揲蓍之数,皆效法《河图》所表现的天地之理数,而此理数之根据,则天地、阴阳之神妙莫测的本性;此神妙莫测,正所以表现天道之诚,他说:

> 分之合之,错之综之,进之退之,盈虚屈伸一因乎时,而行其健顺之良能以不匮于充实至足之理数,则功未著、效未见之先,固非人耳目有尽之见闻、心思未彻之知虑所能测,而一阴一阳不测之神可体其妙用。[①]

这是说,《周易》卦爻所表现的,都是天道本身所具有的;筮法所依据的,都是阴阳本身所内蕴的。一阴一阳之道神妙莫测,而万物皆是其本性之体现;天地之理数,人之智虑取则之以为功效。以人的创造性解释去测

---

① 《船山全书》第一册,第551页。

天、知天而求与之合一，是人应取的道路。王夫之这一思想，是对《中庸》《孟子》的"诚者天之道，诚之者人之道"的鲜明贯彻。

王夫之以上关于天之理数、以人合天的观点，完全是理智的、正大昂扬的，其中神秘主义的成分极少，并且多处批判他认为不正确的象数系统，如京房、邵雍之易数，及道士之丹灶、日者之生克之说。目的在张扬道统，延续文脉，义理与象数融合，为未来中国文化树立天人一体之正学。他的象数根据主要在《河图》，也紧密结合《易传》中的相关章节。虽以"四圣一揆"之道统思想为出发点，将《周易》经传理解为一个整体，且在具体阐发中有过信圣人的地方，但总的说，他的象数之学是深刻的，是与他的义理之学统一的，因而是他的易学哲学的有机构成部分。这一点在《周易内传》对《系辞》大衍章的总结中表露得很清楚：

> 此章由《河图》以著卦象，由大衍以详筮法，而终叹其神，以见卦与筮之义深，而不但倚于数。今所释经意，有全置旧说不采者，非敢好异先儒，以矜独得，实以术数之言，滥及五行、律历、支干、星命之杂说，殊为不经，圣门之所不道，不可徇俗而乱真。君子之道简而文，天人、性道，大正而无邪。故曰："洁净精微，易教也。"[①]

这是王夫之为何以《河图》为根据创立其"数"学的明白表达。

---

① 《船山全书》第一册，第551页。

第二章

观象玩辞与三十六象

　　象数是王夫之易学的重要方面。数在则图画卦、揲蓍成卦及刻画卦爻的数量方面意义重大，象则在展现易学各方面的深刻含蕴上作用非凡。本章分三个方面讨论王夫之的易象思想：其一，观象玩辞方法中象的基础地位；其二，"由数生象"的筮得之卦与模拟万物所成的自然之卦的不同成象原理，及两者在卜测和刻画事物中的不同功用；其三，由对事物的向背隐显和上下往来的不同视角所造成的三十六象，它代表了王夫之易学的重要思想：乾坤并建为体，错综合一为用。

一、观象玩辞：象的基础地位

　　《易·系辞传》曰，易有圣人之道四：辞、象、变、占，将象视为周易关键要素。历来的易学家都很重视象，尤其是以象数为主解释周易者，但对象的理解和诠释不同。王夫之数十年研究周易，认为象在周易的诸要素中地位最为重要。他认为，文王制作周易，最重"观象玩辞"；孔子作易传，亦以象为基础。他在解释上述四者关系时说："设卦观象，设卦画于前而观其成象也。辞者，象之义也；吉凶，象之所固有而所以然之理，非辞不明。……彖爻之辞，必因乎象之所有，即有戒占者之辞，亦因象之所当戒与其可戒而戒之。"①此明言圣人设卦之初，即寓理于象之中待人知之。八卦卦象简单，不能寄寓复杂的道理，如只有三画，则无上下、内外，阴阳之时位，其势能、出入、承乘、升降、来去诸复杂蕴含皆无法成立，观象玩辞所具有的诠释力度将大打折扣，诸要素间的关系亦难以得到圆融、深刻的解释。故伏羲画八卦之后即重为六十四卦。卦辞是卦象内蕴意义的总体表达，卦爻辞中的吉凶，是卦象包含的道理的展现。周易之功用，观象玩辞为学易之事，观变玩占为筮易之事，两者皆重视卦象。他还说："数以生画，画积而象成，象成而德著，德立而义起，义可喻而以辞达之，相为属系而不相离，故无数外之象，无象外之辞，辞者即理数之藏也。"②这是说，每卦六爻，每爻皆由七八九六之数生成，积六爻而成一卦。卦爻皆有其象。卦象代表一个境遇，爻象代表一个境遇中变化着的具体态势，此即王夫之所说"象，一卦全体之成象；变，九六发动之几应也"③。卦象成，一卦的性质就确立了，卦象即显示了它的性质，有了性质及其呈现，就自然包含了某种义理，卦爻辞就是对所涵义理的文字表达，它内在于象数所决定的义理中。通过观象玩辞即可把握此性质。这里王夫之明确表示，象是基础，辞是象所包含的道理的文字点示。

在此基础上王夫之批评了王弼的"得象忘言、得意忘象"说。王弼是典型的义理解易，其首重者在意，意由卦象而得，但得到其中的意后必须忘掉卦象；卦象由卦爻辞而得，但得到卦象后必须忘掉卦爻辞。王弼的意思是，言、象是得到意的工具，把握了意之后必须抛弃言象，以免拘泥于言、象而窒限了意的引申。意代表一种意境，一个道理，可以表现此道理的物象无穷之多，必须忘掉具体的言、象，才能充分展现周易的诠释场域："触类可为其象，合义可为其征。义苟在健，何必马乎？类苟在顺，何必牛乎？……忘象以求其意，义斯见矣。"④并批评互体、卦变、五行

---

① 《船山全书》第一册，第513页。
② 《船山全书》第一册，第505页。
③ 《船山全书》第一册，第516页。
④ 楼宇烈校释：《王弼集校释》，中华书局1980年版，第609页。

等汉儒象数学。

王夫之在批评汉儒象数学上同王弼一致，但他也批评王弼的得象忘言、得意忘象的玄学解易方法，而肯定象的基础地位，通过观象玩辞来确定一卦的基本意义，用触类旁通的方法来扩充卦的诠释效用。如王夫之对观卦的解释。观䷓二阳爻在上，四阴爻在下，有往上看可观之物之义，也有阙门巍峨之楼观（去声）义，象征正法在上，下民以观。王夫之解释此卦之彖传"大观在上，顺而巽，中正以观天下"曰：

> "大"谓阳也，阳居五、上，以不媟于下，则阴且顺而巽之，以观其光。所以能然者，唯其履中而刚正，不失其可为仪象者于天下也。①

在解释卦辞时也说：

> 可观之谓《观》，以仪象示人，而为人所观也。阙门悬法之楼曰观，此卦有其象焉。可瞻而不可玩，饬于己而不渎于人之谓也。此卦四阴浸长，二阳将消，而九五不失其尊以临乎下。于斯时也，抑之而不能，避之而不可，唯居高而不自媟，正位以俯待之，则群阴瞻望尊严而不敢逼。②

王夫之并从观卦之卦象上解释君子处乱世之道：

> 君子之处乱世，阴邪方长，未尝不欲相忮害，而静正刚严，彼且无从施其干犯而瞻仰之，乃以爱身而爱道，盖亦若此。德威在己而不在物，存仁存礼而不忧横逆之至，率其素履，非以避祸而邀福，而远耻远辱之道存焉矣。③

后来在总结自己出处大节时也提到，自学易之初，即重视观象之法，"初得观卦之义，服膺其理，以出入于险阻而自靖，乃深有感于圣人画象系

---

① 《船山全书》第一册，第201页。
② 《船山全书》第一册，第199页。
③ 《船山全书》第一册，第200页。

辞，为精义安身之至道。"①从对观卦的解释中可以清楚看到王夫之的解卦之法：从卦象说到其所象征的事物，从象征物上说到其所包含的义理，从卦义上说到见此卦象而悟得的自处之道。这是他对"观象玩辞"的极好说明，全面展示了王夫之对象的基础地位的肯定和重视。

又如颐卦䷚，卦象为初上二阳夹四阴爻，卦辞为"颐，贞吉。观颐，自求口实"。王夫之运用观象玩辞之法为之解曰：

> 上下二阳，上腭下颔之象也。四阴居中，齿象也。颐之为体，下颔动以啮，上龈止而断之。震动于下，艮止于上，亦颔象也。颐所以食，而生人之养赖此为用，故为养也。……颐卦之象，中虚而未有物，静以待养，初无纵欲败度之失。因乎其所必养，亦何患乎无饮食之正？而小体为大体之所丽，养小体者忘其大体，养大体者初不废小体，颐之贞何弗吉也？乃以其虚以待养，在可贞可淫之间，故戒之曰：所谓贞者，存乎观与求而已。观所可养而养之以养人，于可求而求之为口实以自养，则贞也。贞斯吉也。②

这里王夫之从卦象引出口颊之义，以口颊引出啮物养人之义，以养人之物无分善恶，善恶在人之选择引出孟子区分大体小体之义，以人应养其大体而带动小体为养之正道。行养正之道，斯为贞吉。可以看出，王夫之是以"养其所当养则正，正则遍给天下之欲而非滥。以天下养一人而非泰，咸受其福"③为理想，既有据卦象而推出的事物之理，又有据卦辞推出的道德教训，据天道以言人事，以物理为人的行为准则。就中王夫之观象玩辞之方法论灼然可见。

二、筮与卦：人为与自然两种成卦之法

既然观象是王夫之易学的基础步骤，那接下来的问题是，所观何

---

① 《船山全书》第一册，第683页。
② 《船山全书》第一册，第248页。
③ 《船山全书》第一册，第248页。

象？这是王夫之象数学的重要问题。传统的见解，认为伏羲画八卦，文王重卦并作卦辞，周公作爻辞，孔子作十翼。但这个说法历代都有学者质疑，特别是六十四卦究为何人所画，说法不同。王弼认为伏羲画八卦，然后自重为六十四卦。孔颖达也认为，八卦小成，爻象未完备，不足以刻画万物，故伏羲画八卦后自重为六十四卦。[①] 王夫之从"乾坤并建"的解易原则出发，认为八卦为伏羲所画，重为六十四卦也是伏羲所为。他说：

> 伏羲之始画卦也，即阴阳升降、多寡隐现，而得失、是非形焉。其占简，其理备矣。后圣因之，若《连山》，若《归藏》，皆引伸画象之理而为之辞，使民晓然于吉凶之异，以遵道而迪吉。至于文王，益求诸天人性命之原，而见天下之物、天下之事、天下之变一本于太极、阴阳动静之几，贞邪、诚妄、兴衰、利害，皆刚柔六位交错固然之理。乃易其序，以乾坤并建为之统宗，而错综以成六十四卦，举万变之必形者可以约言而该其义，则周易之象辞所由折衷往圣而不可易也。周公复因卦中六位阴阳之动而为之象辞，则以明一时一事之相值，各有至精允协之义，为天所祸福于人，人所自蹈于吉凶之定理，莫不于爻之动几显著焉。彖与象皆系乎卦而以相引伸，故曰"系辞"。[②]

其中"彖"指卦辞，"象"指爻辞，卦、爻辞皆系属在卦象之后，并与卦象所蕴含的意义有关，故称"系辞"。这一长段关于卦爻的论说表达出王夫之的重要意思：六十四卦为伏羲所自重，因为八卦太少，且每卦只三爻，不足以刻画复杂的事物；六十四卦，可蕴涵天地万物的复杂道理。伏羲之后夏、商的卜筮之书《连山》《归藏》皆六十四卦，但卦序和解说与《周易》不同，其卦爻辞也从卦象引申而出。文王所做的工作是，基于对天人性命之理的体察，特别重视卦爻中所包含的阴阳动静之理，与其中的贞邪、诚妄的伦理意义，按照非覆即变原则对卦序作了重新安排，并作卦

---

① （魏）王弼注，（唐）孔颖达疏：《周易正义》，十三经注疏标点本，北京大学出版社1999年版，第6页。

② 《船山全书》第一册，第505页。

辞；突出乾坤两卦的地位，以之为其余卦的统宗。周公继此而作爻辞，揭示卦所代表的境遇中的具体态势，及其呈现的道理。卦爻系统至此完备。这里需要注意的是，王夫之认为"乾坤并建"之义创始于文王，为这一解易根本原则找到了道统上的根据。

为了说明乾坤并建，王夫之区分了两种成卦之法，一是卜筮得卦，即由"大衍之数"经四营、十八变而成之六画卦。一是始画卦之时，先画三爻，然后每一爻加一画而成。王夫之在注《系辞传》"八卦而小成，引而伸之，触类而长之，天下之能事毕焉"一句时对这两种方法有清楚说明：

> 筮者九变而三画定，八卦之象见，小成矣。乃又九变而六画之卦乃成，六十四之大象、三百八十四之动象见焉。自筮而言，数自下积，则小成乎贞，而引伸以成悔，故八卦相因之理在焉。是以《屯》言"云雷"，《蒙》言"山泉"，《坎》言"洊至"，《离》言"两作"。自始画而言，三画各重而六，增一为二，以天之有阴必有阳，地之有柔必有刚，人之有仁必有义，触其所与类合者，以长三为六，则三极六位之道在焉。①

这是说，就揲蓍成卦言，六画之卦由爻累积而成，三画为小成，此为"贞"，又三画为完成，此为"悔"。一卦内贞外悔，故每卦皆可由贞悔相因引申为说。如屯卦䷂，贞为震，象征雷；悔为坎，象征云。其大象曰："云雷屯，君子以经纶。"王夫之用贞悔结合为说，认为屯为始生弱稚之象，故雷以震动开启晦蒙，云以翕合联结阴阳。云雷合，故能同心一体，经营世道。其余《蒙》《坎》《离》等皆仿此为说。

而从始画卦来说，卦是为了彰显天道运行的法则，故始画三爻，即以天地人三才及一阴一阳之道、阴阳不相离之说，每爻加一画而为六画之卦。这里王夫之明确区分自然之卦与人为之卦：自然之卦是一阴一阳之天道的显现，人为之卦是为卜测的目的揲蓍以成。前者可径称为卦，后者可

---

① 《船山全书》第一册，第550页。

称为蓍。对此两者的区别意图王夫之说得很明确,在解释《系辞》"显道神德行,是故可与酬酢,可与佑神"一句时说,"酬酢"是尽人事之智,"佑神"是体会天道,与天合德,两者皆卦之功用。前者重在蓍,后者重在卦;前者重在窥测天意,后者重在体会天道,与天为一。作为一个杰出的哲学家和典型的理性主义者,王夫之特别重视后者,屡屡以识认天理,以之为行为法则作为论说基础,他说:

> 天道之流行于事物者,卦象备著,而其当然之理皆显于所画之象,健顺以生六子,皆《河图》之天道也。蓍策用大衍,四营而变化尽,则所以修德而制行者因时以合道,而仁不愚,智不荡,无所据非德之执滞,则其德亦非人之所易测矣。酬酢以尽人,而立德佑神以合天而体道。卦方而显,蓍圆而神,易之所以广大而切于人用也。①

揲蓍成卦为人之谋,而揲得之卦为天道之理的显现。不是以人窥测盈虚之理,如道家所谓"盗窃天机",而是通过观象玩辞,将天道之诚与人道之思诚融贯为一,通过对天道自然之理的人文性解释,即占即学,辞、象、变、占皆为天道之理的显发,目的在《易传》所谓"开物成务,冒天下之道",即以一阴一阳之道变化所成之卦象示人以天地之理,使人据此理修养道德,成就事业。故六十四卦可通天下之志,定天下之业,断天下之疑。王夫之以此为易道之正,离开了这一正道,则陷入邪妄:

> 文王乃作周易,一本诸天人之至理,止其冗诬。唯君子谋道,乃得占以稽疑,理定于一而义严焉,以此立教。后世之窃易者,或滥于符命,如《乾凿度》;或淫于导引,如《参同契》;或假以饰浮屠之邪妄,如李通玄之注《华严》;又其下,则地术星命之小人皆争讬焉。恶知易之为用但如斯而已乎?②

---

① 《船山全书》第一册,第 551 页。
② 《船山全书》第一册,第 557 页。

知天理、顺物情以崇德广业，其象、其理、其辞、其占皆易道之一端，舍此则为邪妄!

三、三十六象：乾坤并建为体，错综合一为用

王夫之解易既重卦象，则卦象的数量是一个重要问题。王夫之区别卦与象，认为《周易》共六十四卦，三十六象。他在《周易内传发例》中说：

> "易有太极"，言易具有太极之全体也。"是生两仪"，即是而两者之仪形可以分而想像之也。又于其变通而言之，则为四象；又于其变通而析之，则为八卦。变通无恒，不可为典要，以周流六虚，则三十六象、六十四卦之大用具焉。乾极乎阳，坤极乎阴，乾坤并建，而阴阳之极皆显，四象八卦、三十六象六十四卦摩荡于中，无所不极，故谓之太极。阴阳之外无理数，乾坤之外无太极，健顺之外无德业。①

在注释《系辞传》"原始反终，故知死生之说"时也说：

> "原"，有本而生也。"反"，归诸其故也。阴阳之见乎卦象者，其自下生，而来也非无本；极于上而且终，其往也非消散而灭。八错二十八综，具乾坤之全体，以互相屈伸，故资始无穷，而要归可以继起。易言往来，不言生灭，"原"与"反"之义著矣。②

此中"八错二十八综"，即三十六象。

王夫之言三十六象，并非无本，邵雍即说："卦之反对皆六阳六阴也。在易则六阳六阴者，十有二对也，去四正，则八阳四阴、八阴四阳者，各六对也，十阳二阴、十阴二阳者，各三对也。"③意谓互相对反之

---

① 《船山全书》第一册，第 658 页。
② 《船山全书》第一册，第 520 页。
③ 郭彧整理：《邵雍集》，中华书局 2010 年版，第 106 页。

两卦共十二爻，其中六阴六阳者共二十四卦，十二对，如否与泰、咸与恒、丰与旅等。八阳四阴者六对十二卦，如遁与大壮、需与讼、无妄与大畜等。八阴四阳者六对十二卦，如临与观、明夷与晋、升与萃等。十阳二阴者三对六卦，有姤与夬、同人与大有、履与小畜。十阴二阳者亦三对六卦，有复与剥、师与比、谦与豫。以上共三十对六十卦，去其重复计算之否、泰、既济、未济，共二十八对五十六卦。加上无对之乾、坤、坎、离、颐、大过、中孚、小过八卦，共三十六对六十四卦。此中对即综，可反复其观。如正观则夬䷪，反观则姤䷫；正观则晋䷢，反观则明夷䷣之类。朱熹曾总结邵雍此法云："康节只说六卦：乾、坤、坎、离四卦，震、巽含艮、兑。又说八卦：乾、坤、坎、离、大过、颐、中孚、小过。其余反对者二十八卦。"① 此中前一句就三画卦说，其中震与艮、巽与兑为综卦。后一句就六画卦说，八个无对的卦，其余有对者为二十八象五十六卦，共三十六象六十四卦。此法为后世许多易学家所吸取。

宋元之际易学家俞琰继承了邵雍易学的许多方面，但不重视数而重视象，他的反体、覆体即错综，说：

> 反体、覆体皆原于先天图卦位之相对。乾与坤刚柔相反，坎与离刚柔相反，如颐大过、中孚小过皆是也。覆体者，屯颠倒翻转则为讼是也。六十四卦，唯乾、坤、坎、离、颐、大过、中孚、小过不可倒，余皆一卦倒转为两卦。故上经三十卦约为十八，下经三十四卦亦约为十八。三画卦亦然。②

此中明确说周易六十四卦错综为三十六象。

明中期易学家来知德亦主三十六象，他说：

> 伏羲象男女之形以画卦，文王系卦下之辞，又序六十四卦，其中有错有综，以明阴阳变化之理。错者，交错对待之名，阳左而阴

---

① （宋）黎靖德编，王星贤点校：《朱子语类》，中华书局1986年版，第1648页。
② （元）俞琰：《读易举要》，上海古籍出版社1990年版，第24页。

右,阴左而阳右也。综者,高低织综之名,阳上而阴下,阴上而阳下也。虽六十四卦止乾、坤、坎、离、大过、颐、小过、中孚八卦相错,其余五十六卦皆相综而为二十八卦,并相错八卦,共三十六卦,如屯蒙之类。①

又从上下篇卦爻之阴阳平均着眼,说:

> 若以综卦两卦作一卦论之,上经十八卦成三十卦,阳爻五十二,阴爻五十六,阴多于阳者凡四。下经十八卦成三十四卦,阳爻五十六,阴爻五十二,阳多于阴者亦四。上经阴多于阳,下经阳多于阴,皆同四焉,是综卦之阴阳均平也。上下经之篇义,卦爻其精至此!②

皆认为周易六十四卦可为三十六象。

王夫之之三十六象继承了以上诸家,但以其深湛的本体论思维给出了独特的论证。王夫之认为,乾坤为体,其余六十二卦都是它的用。也可以说,乾坤阴阳十二位,六十二卦是它的变体。此变体,为阴阳交杂而成。交杂有两种情况:错与综。错者横向相反,综者纵向相反。《周易》之《杂卦传》,即将六十四卦分为三十二对,对的情况是非覆即变,如"乾刚坤柔,比乐师忧,临观之义,或与或求"之类。其中变即错,覆即综。王夫之据其乾坤并建之义,认为三十六象即乾坤本体的错综表现,他说:

> 阴阳互建,而道义之门启焉。故自伏羲始画,而即以相杂者为变易之体。文王因之,而以错综相比为其序。屯蒙以下四十八卦、二十四象往复顺逆之所成也。③

而乾、坤、坎、离、大过、颐、小过、中孚八个卦综而仍为自己,否与

---

① (明)来知德撰,王丰先点校:《周易集注》之自序,中华书局2019年版,第7页。
② (明)来知德撰,王丰先点校:《周易集注》之《上下经篇义》,第75页。
③ 《船山全书》第一册,第638页。

泰、随与蛊、渐与归妹、既济与未济八个错综同体之卦归为四个综卦，因为《周易》以综为主，不可综而后从错。故总为六十四卦三十六象。

为什么错综同体者以综为主？王夫之解释说："天有全象，事有全理，而人之用之者但得其半，天道备而人用精。是以六爻之中，阴阳多寡，即就此而往复焉，则已足备一刚一柔之用，善一退一进之几，成一仁一义之德矣。"①意思是，自然界的天象人事向人呈显的是现象之全体，但人用符号表达它时只用精简之六爻，是谓"天道备而人用精"。所以六爻之卦通过阴阳之多寡，时位之态势，来去升降之动能，已涵蕴了其刚柔、进退之全部意义，并于中彰显出伦理意蕴，人用之理已尽含其中。而错者用明则知幽，综者皆用其明。错者仅表示阴阳对反，而综除对反之外，还表达了时位、来去、升降等复杂内容，虽皆有夹杂之义，但综在重要性上高于错。故王夫之说："知其异乃可以统其同，用其半即可以会其全，故略于错而专于综，实则错综皆杂也。错者幽明之迭用，综皆用其明者也。周易六十四卦，为三十二对偶之旨也。"②这里王夫之不单从卦象之简单呈现看六十四卦可为三十六象，而且从现象表现本体之多寡、浅深上看综卦之功用，其解释高于以往之象数学家。

在解说《系辞》的"易之为书也，原始要终以为质也"一句时王夫之显明地表达了他的体用一源的方法论：

> 以全易言之，乾坤并建以为体，六十二卦皆其用。以一卦言之，象以为体，六爻皆其用。用者，用其体也。原其全体以知用之所自生，要其发用以知体之所终变。舍乾坤无易，舍象无爻。六爻相通，共成一体，始终一贯，义不得异。③

错综之根源，在于乾坤并建之天道本身。天道即太极，其性质即贞常。天道可从具体事物说，也可从最后的物质归结——气来说。王夫之说：

---

① 《船山全书》第一册，第639页。
② 《船山全书》第一册，第639页。
③ 《船山全书》第一册，第607页。

> 刚柔之定体，健顺之至德，所以立本，变而不易其常者也。吉凶之胜，天地之观，日月之明，人事之动，皆趋时以效其变，而必以其至正而太常者为之本也。……若其所自来，则皆二气絪缊，迭相摩荡，分而为两仪者，同函于太极之中，莫非此贞也。阴阳之外无太极，得失顺逆不越于阴阳之推荡，则皆太极浑沦之固有，至不一而无不一者，此贞也。是以乾坤立本，而象爻交动以趣时，莫不出于其中也。①

这也是说，在本体论视域下，一切皆本体之表现，六十二卦可视为本体之具体境遇，而每一境遇中的六爻，皆有其特定的时位，时位代表态势。每一卦皆在本体所展开的运动中，每一爻皆在特定境遇所展现的运动中，此所谓"乾坤立本，象爻交动以趣时"，亦即"乾道变化，各正性命"。运动着的事物的样态千差万别，有的顺，有的逆，有的来，有的去，有的融结，有的分散。若从构成乾坤本体的物质微粒说，则是阴阳二气的絪缊摩荡，二气之运动本无所谓顺逆、来去。故代表具体事物的卦象若从其根源处说皆可上下其观，皆是本卦与其综卦合一的。

王夫之的三十六象，不是从机械推演可正反其序看，而是从事物运动的样态万千、不可典要、无有整齐划一的规则着眼，具有本体论思维的宏大、灵动。王夫之就此说：

> 天下之动万变不齐，而止此刚柔之屈伸因时位而异其用，不为典要而周流于六虚以通之，则天地之刚柔交入以成文者在是。……其错也，一向一背，而赢于此者诎于彼；其综也，一升一降，而往以顺者来以逆。天下之器，其象各异，而用亦异，要其形质之宜，或仰而承，或俯而覆，或微而至，或大而容，或进而利，或退而安，要唯酌数之多寡以善刚柔之用，合异以为同，分同以为异，皆此一往一来、一赢一诎以成之象，象成体定，而用以利矣。②

---

① 《船山全书》第一册，第 578 页。
② 《船山全书》第一册，第 554 页。

此中说得很清楚，万物皆此本体的表现，而表现万物之象则唯乾坤刚柔参伍交互以成。同一象有或错或综之不同读法，错代表阴阳之向背、隐显，综代表阴阳之升降、来去，错综包含了事物在时间空间中的各种呈现，如同异、俯仰、承覆、微宏、进退等内容，错之综之则为异象，合之同之则为一卦。或分或合、或异或同，皆是阴阳往来屈伸之运动。这是王夫之主三十六象的根本理据，它是以乾坤并建之阴阳屈伸往来为基础的。

若揲蓍以成卦，则由下往上，积为六爻，所谓"十有八变而成卦"，成卦有一定之规。而摹写天地万物以成之象，表现的是阴阳之多寡、往来、屈伸、交互、参伍，象一时而有，无爻之渐次积累，王夫之以此区分"象"与"数"，象指摹写阴阳多寡等所成的自然之象，数指由揲蓍之数而成的人为之象。前者的爻位顺序是自上往下，后者的顺序是自下往上，所谓自上往下，实际上是统观，因无逐爻而数之故。他说：

> 象自上昭，数由下积。夫象数一成，咸备于两间，上下无时也，昭积无渐也，自然者无所谓顺逆也。而因已然以观自然，则存乎象；期必然以符自然，则存乎数。人之仰观俯察而欲数之，欲知之，则有事矣。有事则有时，有时则有渐，故曰象自上昭，数由下积。[①]

自然之象"上下无时""昭积无渐"，无顺逆，无累积，故一象而错综同时皆有，由此六十四卦可精简为三十六象。

由错综义而有三十六象，故王夫之特别重视表现错综之义的《杂卦传》，在《周易》内、外传中，皆对《杂卦传》给予充分的诠释和论说。在《内传》中，他对"杂"字给了明确定义，认为是圣圣相传诠解周易之密钥：

> 杂者，相间之谓也。一彼一此，一往一复，阴阳互建，而道义之门启焉。故自伏羲始画，而即以相杂者为变易之体。文王因之，而以错综相比为其序，屯、蒙以下四十八卦二十四象往复顺逆之所

[①] 《船山全书》第一册，第1079页。

成也。……杂卦者，言其道同，而易地则忧乐安危、出处语默，各因乎往复循环之理数，而无不可体之以为道也。①

万物莫不相入相间、交互参差而共成一天，其总为道、为诚，其分为具体事物。阴阳合撰、乾坤合德为其体，具体事物中阴阳之隐显、往复为其用。"彼此"即错，"往复"即综。其总、其体为一，其分、其用为多。在体用、一多的阴阳互建中，道义于此展开。《杂卦传》彰显的是，互相对反、非覆即变之错综的性情功效，"错综皆杂"，它们表现整体的道的复杂展开状况。此义王夫之在早年的《周易外传》中即明确道出：

> 错因向背，同资皆备之才；综尚往来，共役当时之实。会其大全而非异体，乘乎可见而无殊用。然则卦杂而德必纯，德纯而无相反之道，其亦曙矣。而《杂卦》之德恒相反者，何也？道之所凝者性也，道之所行者时也，性之所承者善也，时之所乘者变也。性载善而一本，道因时而万殊也。②

这是说，从体上看，错与综来源于同一个根源——道；从用上看，错与综表示的是同一个个体。从根源上看，两者并非出于不同的本体；从个体上看，两者表现的是同一事物。《杂卦传》中两两相对之卦其象虽不同，但表现的皆是一阴一阳之体。这是因为，周易的根本原理是："一阴一阳之谓道，继之者善也，成之者性也。"这一根本原理体现于每一个具体事物，也表现在摹画具体事物的卦象上，成为此个体事物的性质。而道同时是一阴一阳之气构成的具体事物的流行，此流行必然呈现为具体的时空环境，此即为"时"。具体事物的性质中凝结的是至善的道，而它所凭借以运动变化的是具体的时空境遇。道为一本，具体时空境遇为万殊。万殊中之错与综，都是其体在同一物上的表现，因人之视域不同而有向背、往来之不同，但皆同一本性的表现。故王夫之说：

---

① 《船山全书》第一册，第638页。
② 《船山全书》第一册，第1112页。

> 天之生斯人也，道以为用，一阴一阳以为体。其用不滞，其体不偏。向背之间，相错者皆备也；往来之际，相综者皆实也。迹若相诡，性奚在而非善？势若相左，变奚往而非时？……是以君子乐观其杂以学易，广矣、大矣，言乎天地之间则备矣。充天地之位，皆我性也；试天地之化，皆我时也。……圣人赞易以俟后之君子，岂有妄哉！①

周易之杂，正是其义理借以开显的重要场域。卦象是事物的符号表现，其向背、往来表现的是同一个事物，但视角不同。故六十四卦可规约、浓缩为三十六象。

---

① 《船山全书》第一册，第1114页。

第三章

本体思维与卦序

乾坤并建是王夫之易学诠释的第一要义，此义中本体与其现象一时并有，是为"捷立"。王夫之据此反对《序卦传》，认为传统卦序的机械排列破坏了周易的"神无方而易无体"，滞塞了阴阳屈伸往来的自然状态，卦序不是时间上的次序而是空间上的条理。并据此对卦序中的相因、相成、相反等逻辑关联方式进行驳难，对八经卦与十二辟卦、错与综、三十六象等重要易学问题作了阐明，表现出在总体与个体、时间与空间、知识与价值、自由与分定等方面的哲学思考。

一、乾坤并建与本体思维

王夫之把乾坤并建作为他的易学哲学的根本要义，乾坤是体，六十二卦是用；而一卦之六爻，卦是体，爻是用，体是用的基础，用是体的展现。在传统的象数解易中，许多著作把乾与坤看作与其他卦并列的两个卦，并无特别的重要地位。如在卦气说中，乾坤只用来刻画阴阳之气的多寡。王夫之多处批评汉儒象数学是"排甲子死数"，即将六十四卦按干支机械排列，窒息了天地万物生动活泼、气象万千的运动过程及其呈现。在王夫之看来，"易与天地准"，易象符号系统是对天地万物的模拟，天地为体，万物为用，代表天地的乾坤两卦是体，其余六十二卦为用，必须确立乾坤两卦的首出地位、本体地位，才能更好地贯彻天地之理是根本之理，具体事物之理是天地之理的体现，两者是理一分殊的关系这一理学根本观念。

此外王夫之还据乾坤并建的本体论、价值论思维，批评汉代象数学解易只论利害、不论是非的"去道德论"，他认为，《连山》《归藏》之类的卜筮易学，不讲天人性命之理，只讲利益上的得失，失去了《周易》模拟天地万物之理、即占即学的根本功用，沦为任何人可占、可占任何事的卜筮工具。王夫之说：

> 顾自《连山》之后，卜筮之官各以所授受之师说而增益之，为之爻辞者不一，如《春秋传》所记，附会支离，或偶验于一时，而要不当于天人性命之理。流及后世，如焦赣、关朗之书，其私智窥测象数而为之辞，以待占者，类有吉凶而无得失。下逮《火珠林》之小技，贪夫、淫女、讼魁、盗帅，皆得以猥鄙悖逆之谋，取决于易，则唯辞不系于理数甚深之藏，而又旁引干支、五行、鬼神、妖妄（自注：如青龙、朱雀之类，妖妄也。）以相乱。若夫文王、周公所系之辞，皆人事也，即皆天道也；皆物变也，即皆圣学也；皆祸福也，即皆善恶也。其辞费、其旨隐，藏之于用，显之以仁，通吉凶得失于一贯，而帝王经世、君子穷理以尽性之道，率于此而上达其原。[①]

此处王夫之将其批评汉代象数学，伸张易学正理，宣示《周易》正确诠释方向的苦心明白道出。观象玩辞以呈现天地万物根本道理，天理与物理、人事为一，价值之善恶与人事之功利一致，天地万物生生不息之仁道与人之利用厚生的功用合一等是他的易学的根本原理。

王夫之的乾坤并建思想来源于《易传》中天地为首出的观念。王夫之在注释易传"天尊地卑，乾坤定矣。卑高以陈，贵贱位矣"一句时明确说："此明周易并建乾坤以统六子，而为五十六卦之父母。在天之化，

---

① 《船山全书》第一册，第506页。

在人之理，皆所由生。道无以易，而君子之盛德大业，要不外乎此也。"①在他看来，《系辞传》本身已经明确了乾坤并建为其他卦之母、之体，其他卦都是乾坤所产生而为之用的根本要义。而乾与坤亦构成一阴阳和合之体，乾作为阳气之总称，代表舒开、流动、给予之义；坤作为阴气之总称，代表翕聚、静定、接受之义，乾坤互相辅助，成就天地之总体，此总体即《中庸》所谓"诚者天之道"。故王夫之说："天地，一诚无妄之至德，生化之主宰也。"②天地成就自身的性质，也成就万物的性质：

> 天尊地卑，而得其定性之必然矣。唯其健，故浑沦无际，函地于中而统之，虽至清至虚，而有形有质者皆其所役使，是以尊而无尚；唯其顺，故虽坚凝有实体之可凭，而静听无形之持挠，不自擅而唯其所变化，是以卑而不违。……奇偶至纯而至足于两间，故乾坤并建而统易，其象然，其数然，其德然，卦画之所设，乃固然之大用也。③

一阴一阳、一健一顺绾合构成本体，一切皆此本体的表现，具体事物的形体、性质及由此而有的时空关系、数量关系皆于此成就，易象这一模拟万物的符号系统也于焉成就。

这里显示出王夫之的哲学慧识——本体论思维方法。体和用一时皆有，非宇宙发生论的生成关系。这里他继承张载的地方很明显。他的两种象：揲蓍而成的后天之象与体现乾坤本体的先天之象并有，后天之象由蓍数决定，故可说"数生象"，如大衍之数所开出的；先天之象由乾坤六阴六阳生发、变化而有的内在理数决定，故可说"象生数"。本段引文中先有"其象然"，后有"其数然""其德然"，明确显示出象决定内在的数量关系、由数量关系决定其内在性质的思维路向。这一路向王夫之确定甚早，在早年所作的《周易外传》中论乾卦的性质时即说：

> 道，体乎物之中以生天下之用者也。物生而有象，象成而有

---

① 《船山全书》第一册，第506页。
② 《船山全书》第一册，第507页。
③ 《船山全书》第一册，第507页。

数，数资乎动以起用而有行，行而有得于道而有德。因数以推象，道自然者也，道自然而弗借于人。乘利用以观德，德不容已者也，致其不容已而人可相道。①

道即一阴一阳之本体，万物是道的体现，有其现实的作用。有物即有物象，有物象即在中体现出其数量性质。数量关系借万物的运动本性展开其功用，每一物的具体功用都是从道得来的内在性质的展现。故可就数量推论其象，因为它是体的自然规定。而在万物的功用中即可观察其性质，因为其象、其数、其性质是具体事物的不同方面的规定性。他就此总结说："乾坤二卦统六阳六阴于六位之中，健顺之理备，贵贱之位陈，刚柔之节定，孚应之情通，两仪并建，全易之理，吉凶得失之故已全具，其体用则由此而变化焉，又岂圣人之故为损益推荡以立象哉！……乾之所始而流形，坤之所生而化光者，变化自著于两间，六阳六阴往来于向背十二位之中，而发见于六位，交相错以利时乘之用。阳之变，阴之化，皆自然必有之功效，故六子兴焉，以为六十二卦之权舆，而易道备矣。"②易为天道之昭示，把握此道此理即学易之根本，学易首在明乾坤并建之义，明此本体论的思想方法，有总体以昭示"大德敦化"之境界，有个体以昭示"小德川流"之物情。既可就个体以格物致知，又可就总体以尽性知天；既可把握具体之理以尽裁成辅相之用，又可把握总体大道以成尽性至命之修为。易主要是天人性命之书，而非卜测吉凶之小技，其功用大矣哉！在王夫之易学思想中，乾坤并建的重要性怎样强调也不为过，故王夫之说：

> 学易者能体乾坤之易简，则理穷性尽，而与天地合德也。……故周易并建乾坤十二位之阴阳，以听出入进退，成六十四卦、三百八十四爻之象占，所以尽天道，昭人极，为圣学合天之轨则。③

这是王夫之解释《易传》"乾知太始，坤作成物。乾以易知，坤以简能。易

---

① 《船山全书》第一册，第821页。
② 《船山全书》第一册，第508页。
③ 《船山全书》第一册，第512页。

简而天下之理得矣，天下之理得而成位乎其中矣"的极为重要的一段话，从中可以看出，乾坤并建的思想，最主要的来源即《易传》对乾坤两卦功用的强调。所不同者，《易传》着重的是天地阴阳的自然哲学，而王夫之则强调天人合一，在自然哲学的基础上引申出以人合天，天道即人极，穷理即尽性之义。并处处批评周易诠释中离开此正道的各种术数之学，如《连山》《归藏》，窥测气机、占利不占义的术数小技，如纳甲、世应、复姤为小父母等，斥之为背离了伏羲、文王、孔子三圣人"乾坤并建"的大中至正之道。王夫之作为一个深刻而全面的理学家的形象于此昭然而见。

　　以上可以看出王夫之的解释学方法，即通过穷理尽性至命等知行活动，奠立哲学的识度，通过哲学的全方位深度思想活动，把对天地万物、人生的理解贯彻于对周易卦爻符号系统的阐释中，既有思想的自由创进，又有符号系统对思想活动的规范。在易学方面，既有卦爻的参伍错综所代表的人情物理的旁午交杂，又有卦名、卦义、卦德所代表的整合与规范；既有对前人的踵武，如对王弼、程颐义理解卦多种义例的继承，又大大加强了对周易代表的天地万物的独特体悟；既通过四圣一揆、乾坤并建、占学一理等，保留了中华文化的核心价值，又通过终生以之、转学转精的详细研究，有了许多实证方面的创获，如《周易稗疏》《考异》中极富新义的学术观点。他把价值上的善和科学上的真融为一体，认为求真的活动如果离开了哲学家的境界、识度对天道本身"神无方而易无体"的体认必定会窒息诠释性的求善活动。如朱子的《周易本义》，拘泥于"易本卜筮之书"之性质，对卦爻辞大多只解释字面意思，对观象玩辞未能充分展开，尤其对何以有如此之象占未能给予充分解释，故整个注释显得缩手缩脚，貌似严谨，实则拘挛，未能通过具体卦爻的解释而畅论天地万物的内在含蕴。又如程颐撰《程氏易传》，王夫之对他在具体卦爻上的说理透辟表示赞赏，但他略去《易传》不作解释，从而遗漏了对天地万物尤其是乾坤所代表的本体之神化、由体发用之灵动迅捷方面的发挥，故批评此书"有通志成务之理，而无不疾而速、不行而至之神"。[①] 王夫之是一个杰出的形

---

① 《船山全书》第一册，第653页。

上学家，对"用"所以发生的根据——"体"所内蕴的原理、机制的探究非常注重，对"小德川流"与"大德敦化"两者的关系尤所重视，故对作为周易总原理的《系辞》阐释十分详尽，并和六十四卦及相应的《象传》《彖传》相呼应。这不仅是"四圣一揆"的道统观的必然要求，也是他重视"体"甚于重视"用"的表现。他在关于周易诠释的概括性说明《周易内传发例》中说：

> 学易者能体乾坤之易简，则穷理尽性，而与天地合德也。知无不明，则纯乾矣；行无不当，则纯坤矣。以之随时变化，唯所利用，而裁成辅相之功著焉，则与天地参。故周易并建乾坤十二位之阴阳。[1]

这是王夫之所以反复强调"乾坤并建"的重要性的深义所在：因为易是对天地万物的模拟与符号化说明，它立足于观象玩辞之上的形上学发挥。

二、对卦序中相因、相成、相反的驳难

十翼中有《序卦传》，对《易经》六十四卦的排列顺序作了说明，历代注易名著，于卦序多所注目，大多认为，卦序为伏羲、文王所定，孔子作《易传》时仍其旧贯，故为圣人之言，不敢妄议，沿袭旧说而已。王弼作易注，只注六十四卦，韩康伯补注十翼，认为《序卦传》所言乃后人根据卦的意义对卦的次序的说明，并非六十四卦原来包涵的内容，所谓"《序卦》之所明，非易之缊也，盖因卦之次，托象以明义"。[2]程颐的《程氏易传》，肯定《序卦传》的价值，将《序卦传》打散，置于每一卦中，在解卦前，先引序卦传之文，再解释卦名与卦序。朱子作《周易本义》，以《序卦传》为完整之一篇，但以其文义大明，不注一字，各卦注文中多以卦象、卦德为说，不及卦序。至王夫之，则径言"《序卦》非

---

[1] 《船山全书》第一册，第512页。
[2] （魏）王弼注，（唐）孔颖达疏：《周易正义》，十三经注疏标点本，北京大学出版社1999年版，第334页。

圣人之书",不承认《序卦传》的价值。此义王夫之是一以贯之的。早在《周易外传》中,王夫之即说:"《序卦》,非圣人之书也。"[①]并给出详细的理由。在晚年的《周易内传》中,仍说:"(《序卦传》)两篇必非圣人之书,即以文义求之,亦多牵强失理,读者自当辨之。"[②]理由一如《外传》所言。在概括《内传》主旨的《内传发例》中,王夫之仍单辟一节,言《序卦传》之非,并自为十翼之篇目:《彖传》上下、《小象传》上下、《系辞》上下、《文言》《大象传》《说卦传》《杂卦传》。以《序卦传》为赘余,摒之于十翼之外。王夫之排斥《序卦传》的理由,《外传》说得最为详细、显明,《内传发例》又有补充。细察其说,可见王夫之一依"乾坤并建"之纲宗。

王夫之不言卦序立基于他的实在论与体用不二之上,他说:"乾坤并建而捷立,周易以始。盖阴阳之往来无淹待而向背无吝留矣。故道生于有,备于大,繁有皆实而速行不息,太极之函乎五行二殊,固然如斯也。"[③]这是说,不言卦序的根据在乾坤并建,在乾坤所代表的本体与万物的体用关系。"繁有"即万物,道即太极。道为万物总体,它是有,生出同样为有的万物。构成万物的实体是二气五行,而道即在万物中,太极即包含二气五行。具体事物各据其本性的必然性运动,变化万端,或隐或显,无一息或停。故体用同时而有,体表现于用中,用适所以显体。体用关系无时间属性,它表示的是总体和个体、普遍和特殊的关系。无时间属性则无次序,只有体上呈现的条理。王夫之就此说:

> 有所待非道也,续有时则断有际,续其断者必他有主,阴阳之外无主也。有所留非道也,存诸无用则出之无力,出其存者必别有情,往来之外无情也。是故六阴六阳十二皆备,统天行地,极盛而不缺,至纯而奠位,以为之始,则万物之生,万物之化,质必达情,情必成理,相与参差,相与夹辅,相与补过,相与进善。其情

---

① 《船山全书》第一册,第1091页。
② 《船山全书》第一册,第638页。
③ 《船山全书》第一册,第1091页。

其才,其器其道,于乾坤而皆备。……天地不先,万物不后。[①]

万物皆独立存在于世间,各为总体的道中之一物,虽各有其时间、空间,但皆为阴阳五行之流行所构成,往来无息。故无所淹待,无所吝留。代表本体的乾坤之六阴六阳十二位既已完备无缺,为天地万物的基础,其所产生的万物,有其质地,有其性质,有其存在,有其机理。万物在大道之流行中,互相依存,互相辅助,互相成就。故就道之总体说,体不在先,用不在后。王夫之为人们描述了一幅万物的运化情状图,也明确地用本体论思想方法代替了宇宙发生论。

王夫之重点驳斥了《序卦传》中所表现的事物的三种时间性依存关系:相因、相成、相反。相因者,如蒙卦因于屯卦而有:"屯者,物之始生也。物生必蒙,故受之以蒙。蒙者蒙也,物之稚也。"相成者,如蒙卦成之于需卦:"物稚不可不养也,故受之以需,需者饮食之道也。"相反者,如噬嗑与贲:"嗑者合也。物不可苟合而已,故受之以贲,贲者,饰也。"王夫之认为,《序卦传》主要依据这三种次序理由,但皆牵强附会,强与说通之辞。大多是先以因说,不通则用成说,再不通则用反说。王夫之对因、成、反三种方式,皆据其道与物之体用关系予以驳斥,说:"天地之间,皆因于道。一阴一阳者,群所大因也。时势之所趋,而渐以相因,遂私受之以为因,亦无恒而统纪乱矣。"[②]这是说,就因来说,道是一切事物最终的因、公共的因;具体事物或因时势之聚,可以彼此相因相资,这是个体的因、私己的因。具体事物的相互因缘、相互资借是纷乱的、暂时的、无序的。一阴一阳之道是具体事物的存在及其秩序的给予者,因而是真正的因、大因。对于六十四卦来说,《序卦传》说的是事理之因,不是卦之因,纯从事理上着眼,如此则卦为赘余。还有的两两相对之卦,如随与蛊、渐与归妹,本属反,序卦传归于因,这是伦类不严,故而因义不成立。

又如成义,成是完成,物体的完成必有其材质,先有材质后有成

---

① 《船山全书》第一册,第 1092 页。
② 《船山全书》第一册,第 1092 页。

器。而周易卦象所表示的，皆是已成之器物，无需材质。且前后两卦体象已成，无需前卦作为后卦的成就者，也无需后卦作为前卦的承接者。如履卦和泰卦，"履而泰然后安，故受之以泰"，革卦和鼎卦，"革物者莫若鼎，故受之以鼎"。而《序卦传》往往认为两者有授受之义。又如无妄卦承复卦，萃卦承姤卦，皆无承接相成之象，反而有报复相仇之象，而序卦传说"复则不妄""相遇而后聚"，象与义相矛盾，故相成之义不成立。

王夫之对相反之义攻驳尤为有力。《序卦传》中多有相对之两卦互相补救之语。王夫之认为，乾坤为万化之本，万化皆乾坤本然之运，无期必，无计度，其中必有各自之不足。不足是自然的、必然的。如盛世有逸顽之臣，丰年有夷稗之种，皆阴阳五行构成的事物的本来样态。但"不足"皆有其用，不可替代，"险而险用以见功，驳而驳用以见德，胥此二气之亭毒。险易纯驳，于彼于此，不待相救而过自寡"。[①] 各卦皆有其独立性，哪怕本身有不足。并且所谓不足是在与他卦的比较中得出的，论其本性，皆无所谓"不足"。如前举贲卦补噬嗑，王夫之认为，贲之饰义并不能补噬嗑之"苟合"，并且何为苟合也难以判定。又如遁卦与恒卦，《序卦传》说："恒者久也，物不可以久居其所，故受之以遁，遁者，退也。"王夫之反诘道，遁一定能使恒放弃其久居之所吗？遁改变恒的状态是必然的吗？王夫之就此问难所谓"补救"之义："以此卦之长补彼卦之短，因前卦之屈激后卦之伸，然则南粤之暄致北胡之冻，诘旦之风解今日之暍乎？"[②]《序卦传》着眼的是两者的相斗相争，与其艰难之际。推论开来，甚至有乱时不宜迁徙以避，与强矫自然之寒暑以就人之意。故反义亦不成立。

此三义不成立，那么周易之卦以何为次序呢？王夫之说：

> 周易者，顺太极之浑沦而拟其动静之条理者也。故乾坤并建而捷立，以为太始，以为成物。资于天者，皆其所统；资于地者，皆其所行。有时阳成基以致阴，有时阴成基以致阳，材效其情而情

[①] 《船山全书》第一册，第1093页。
[②] 《船山全书》第一册，第1093页。

无期，情因于材而材有节。有节则化不溢于范围，无期则心不私于感应。①

这是说，易即万化变易之总体，易卦是在浑沦之总体中拟出其动静条理。这里要特别注意"捷立"这个概念，这是王夫之不言卦序、三十六象诸思想观点的基础。捷立者，乾与坤两者一时并有，无有先后，阴阳十二位奠位，从中产生出万物。同时乾坤与万物一时并有，非先有乾坤，后有万物。这个产生是本体论的，不是宇宙发生论的。体用一如，显微无间，不具时间属性，故"捷立"。捷立则无开端。此"太始"是就某一时间点而言，有物开始，有物成遂，实是大化流行之总体的一个剖面，是"大德敦化"中的"小德川流"。就剖面中的个体说，乾坤并建，天出其生，地出其养。出其生者为其统领，出其养者为其长成之时空环境，皆阴阴五行之化生、流行。每一个体事物，有时以阳为基础招致阴的配合，有时以阴为基础招致阳的配合。不管何者为主，都是阴阳五行自然而然的运动。事物皆以材质为载体，而材质皆有性质与功能，其性质自然地产生功能，其功能是材质的自然效用。性质依赖于材质，材质规定其功能。有规定则功能之发挥不出其范围，功能自然发生因而无私于感应。这就是易所代表的天地万物的运化实际，其根源在乾坤并建，重点在卦之自然与有节之义。

王夫之接着说：

乾坤有向背，六十二卦有错综，众变而不舍乾坤之大宗。阖于此阖，辟于此辟，节既不过，情不必复为之期。消长无渐，故不以无心待天佑之自至；往来无据，故不可以私意邀物理之必然。岂必乾左生夬、下生姤，坤左生剥、下生复之区区也耶？②

这是说，在大易阖辟成变的大流行中，具体事物皆出于乾坤之本体，具体事物有性质为之内在规定，事物按内在规定性而自然展开，故不必对之有时间性的期望；而事物的消长无固定的时间性之逐渐来临，故不必放弃人

---

① 《船山全书》第一册，第 1093 页。
② 《船山全书》第一册，第 1094 页。

为努力而待其自然达至。事物之往来无法确定其凭据，故无法以人之私意给出物理之必然。天地万物如此，模拟、刻画万物之运行的易卦，也应表现此"捷立"性质，不应机械地以乾最上一爻变而生夬，最下一爻变而生姤，坤最上一爻变而生剥、最下一爻变而生复。捷立则无线性之机械推演。在这一观法之下，象数学如京房八宫世应之术、邵雍八八相乘之数皆在批判与抵制之列，因为它们有一定之区、一形之范，离开了乾坤并建之"捷立"所具有的体用一如之神妙，是"执一以贼道"。

三、卦序中的时间与空间

那如何看待六十四卦之排列顺序？王夫之主张，将之视为事物总体流变中的条理而非相生之次序。他说：

> 虽然，博观之化机，通参之变合，则抑非无条理之可纪者也。故六十四卦之相次，其条理也，非其序也。夫一阖一辟而情动，则皆道之不容已。故其动也，极而正，不极而亦正。因材以起万变，则无有不正者矣。乾坤极而正者也，六十二卦不极而亦正者也。何也？皆以其全用而无留无待者、并建而捷立者也。[1]

所谓正，即大化流行中万物据其本性的必然性而表现出的各种样态。乾坤二卦如此，六十二卦也如此，不过前者为能生者，后者为被生者，前者为本体，后者为派生，但皆据其本性，而为捷立中的不同位分而已。万物皆化机中的一个节点，皆有自己参伍之变的独特性质与呈显，故表现为总体的条理。有条理就有时间上的序列和空间上的区隔，故卦序是必然会有的，就看如何解释它。条理而非次序，这就是王夫之对卦序的独特看法。

王夫之还就天地自然与人效法天地兴起民用两者间的关系进行论说，以阐明条理之必然性。他说：

> 天地自然，而人之用天地者，随其隐见以为之量。天地所以资

---

[1] 《船山全书》第一册，第1094页。

人用之量者，广矣大矣，伸于彼者诎于此，乃以无私；节其过者防其不及，乃以不测。故有长有消，有来有往，以运用于隐见之殊，而人觉其向背。易以前民用，皆言其所向者也，则六位著。而消长往来，无私而不测者行焉。消长有几，往来有迹，而条理亦可得而纪矣。①

天地乾坤自然运行，有隐有显，有向有背，各有十二位。但人用恒取其显者、向者，故只有六位，但其隐者、背者为其自然包含。天地因其自然，故无私无欲而神妙不测，屈伸消长、倏忽往来行于其间，消长有其几微之苗头，往来有其运行之迹象，这就是它的条理。卦是人模拟、刻画宇宙万物运行之迹的符号，故有其必然性。但消长之几、往来之迹皆本体的直接呈现，其来不测，其去无朕，皆捷立并有，无时间上生与被生的性质。天地万物有朕迹、有条理，模拟它的卦象也有排列、有次序，但无《序卦传》所谓顺序。

因万物有隐显向背，有消长来去，故卦有错有综。王夫之由此引出卦序与三十六象的关系问题。他说：

坎离、小过中孚，合其错而阴阳各六，视乾坤矣。六十四卦向背颠倒，而象皆合错。象三十六，其不可综者八。凡综之象二十八，其可综者固可错也。合四卦而一纯，则六阴六阳之全再备矣。错者捷错，综者捷综，两卦合用，四卦合体，体有各见而用必同轴。故屯蒙之不可离析，犹乾坤也；颐、大过之无所需待，犹乾坤也。非始生必蒙，不养则不可动也。化不停，知之所以周流；复不远，仁之所以安土也。乾坤并建以捷立，自然者各足矣。②

此段话十分重要，因为它是对错综、对因错综而有三十六象的明确说明。首先，他提出，错而不综者共有八卦，除乾坤两卦处于本体地位而不加论列外，坎☵与离☲、中孚䷼与小过䷽是错卦，阴爻阳爻各六，这与

---

① 《船山全书》第一册，第1095页。
② 《船山全书》第一册，第1094页。

乾☰与坤☷是一致的。其实六十四卦象皆可视为显、向，其隐、其背也有六十四象。显与隐、向与背是错的关系。六十四象中不可综者八，其余五十六象综为二十八，错综之象共三十六。由其隐显向背，可综者其实都可错。六十四卦两卦为一组，其形式"非覆即变"，一组即一纯，其有两卦，六阴爻六阳爻全备，两卦合阴阳向背为四卦，故"合四卦而一纯，则六阴六阳之全再备"。错综皆本体的直接表现，因代表具体事物的隐显往来，故为捷立，体用一时皆有，非先有六十四卦而后错综为三十六象。用为模拟，为显，故"两卦合用"，体为本然，隐显皆备，故"四卦合体"。本体靠思维，靠体验中再现，故"四卦皆见"；用靠经验，靠直观，故只见同组中之二卦。屯☳与蒙☶是综卦，此综是本然之综，非人为将两者综为一卦，故不可离析，就像乾坤并建不可离析一样。颐☶与大过☱是错卦，错卦是向背关系，本然如此，各各具足，无需待他物安排，故亦不可离析。这都是捷立的结果，并非有时间上先后的次序。比如蒙与需，并非如《序卦传》所谓"物生必蒙，故受之以蒙，蒙者蒙也，物之稚也。物稚不可不养也，故受之以需，需者饮食之道也"。因为万物之运化无一息或停，人对它的认识也应如此，模拟、刻画事物的卦也应如此。复卦初九爻辞曰"不远复"，所以仁人君子安于其土，敦厚其仁，体与用一体不二。这都是自然而然的，万物在自然运化中各各具足，体用一时皆有，无先后之可言，六十四卦只有空间上的条理，而无时间上的先后。此皆"捷立"题中应有之义。

王夫之的特识之一，是用他的体用捷立之说解释十二辟卦与八经卦。王夫之以乾坤生六子解释八经卦之产生，用乾坤之消长解释十二辟卦。此二者之不同，涉及两种不同的思维方法。他说：

> 乾坤定位，而隐见轮周。其正相向者，值其纯阳，旋报以纯阴，则为乾坤。欹而侧也，则或隐而消，或见而长，为泰、否、临、观、剥、复、遁、大壮、夬、姤。故消长之几为变化之所自出，则之十二卦者以为之经。乾坤合用，而乘乎不测，以迭相屈伸于彼此，其全用而成广大之生者，则为乾坤。乾不孤施，阴不独

与,则来以相感,往以相受,分应于隐见之间,而为坎、离、震、艮、巽、兑。故往来之际,为错综之所自妙,则之八卦者以为之经。此两经者,并行而不悖者也。[1]

此中思想,有取于《系辞传》之"天尊地卑,乾坤定矣。卑高以陈,贵贱位矣。动静有常,刚柔断矣"的思想,言卦象是万物的模拟、刻画。轮周,即迭相轮换,周而复始。乾坤代表天地,亦代表阴阳二气,乾坤相对,也相补。纯阳,为乾卦,必同时有纯阴与之相配,为坤卦。纯阳纯阴之多寡不同,此进彼退,此增彼减,故有隐显消长,形成泰否等十卦。此十二卦,阴阳消长之迹最为明显,故自先秦以来,即被选出排在一起,用以刻画万物之消长。典型者,如"卦气"中寒暑之增减,律历中昼夜之长短,丹炉中火候之强弱等。消长之几,是变化的根源。乾坤阴阳二气之合,则有"阴阳不测之谓神"之用。合一之气,阴阳两者此长彼消,此诎彼伸,此隐彼显,共同构成能生者——乾坤,阴阳二气互相感应,屈伸隐显,形成六子,八经卦有错有综,皆源于阴阳二气之合运。这里王夫之特别提到,十二辟卦、八经卦并行不悖,两者思维方法不同:十二辟卦来源于阴阳之分,八经卦来源于阴阳之合。其分其合,是阴阳二气既对立又统一的性质。并行不悖表示对同一对象的诠释维度不同。这个同一对象,即王夫之所说的"乾坤通理"。它是王夫之摒弃卦序的根本原因,故王夫之说:

> 自两卦而言之,错者捷错,综者捷综,乾坤通理皆在,而未尝有所缺于阴阳健顺之全。自八卦之所统、十二卦之所络而言之,往来不以均,消长不以渐,交无适交,变无定变,故化不滞,进退乘时之权也。盛不益盛,衰不浸衰,故道不穷,阴阳弥纶之妙也。自六十四卦、三十六象兼二经而并行者言之,于消长有往来焉,于往来有消长焉。消长不同时,往来不同域,则流形无畛,而各成其诉合。[2]

---

[1] 《船山全书》第一册,第1095页。
[2] 《船山全书》第一册,第1095页。

王夫之这里说到阴阳之分合，合即乾坤并建，即"阴阳健顺之全"，它是两经的根本，对两经进行统与络，统者时间，络者空间。分则有时空的不同侧重，从空间（域）上说，十二辟卦消长不均，各有畛域；从时间（时）上说，阴阳弥纶，贯彻于八经卦展开的一切时中。因阴阳对立统一性质，乾坤在时间空间上的展现是一时皆有，无有渐进。故具体事物不被时空拘限，也不是线性的机械推演，而是一个大场域中的自由运动："交无适交，变无定变"，其进其退，根据在具体时空中的势能。而从时空二者分言的角度，消长不同时，往来不同域。从时空两者合言的角度，则消长有往来，往来有消长。在两经并行不悖中，皆有阴阳二气的主动配合。王夫之从八经卦、十二辟卦所代表的时空侧重中，讲到了阴阳二气的既对立又统一的性质，这是体用一如、捷立无渐的本体论根据。它与王夫之的根本哲学思想是一致的，故一以贯之，终生坚持。

王夫之最后对他的卦序思想进行总结，说：

> 以化为微著，以象为虚盈，以数为升降，太极之动静固然如此，以成其条理。条理成，则天下之理自此而出。人以天之理为理，而天非以人之理为理者也。故曰相因，曰相成，曰相反，皆人之理也。易本天以治人，而不强天以从人。观于六十二卦之相次，可以亡疑已。①

王夫之首先是一个哲学家，他的易学源于他的哲学。易是对于本然的太极动静的模拟，万物有隐有显，有动有静，有大有小，这是易象有盈有虚、爻位有升有降的根据，这表明他的易学具有现象学特点，与据内在的理数线性推演的象数学家不同。周易之卦序，不是时间上的次序，而是空间上的条理。易卦上呈现的条理，是人从中体贴天理的根据而非相反。这表明王夫之又是个理学家，他是本天道以言人事的理学思想的典型体现者。他所说的理，最后的来源是"太极之动静"，即有微有著、有盈有虚、有升有降的天地万物之条理，有似于张载"理者，气之条理"的理，不同于程

---

① 《船山全书》第一册，第1096页。

颐、朱子逻辑上先于物、居于洁净空阔世界的理。

在不言卦序而以条理视之的基本立场之上，王夫之有一个特别的安排，即以八经卦为框架，以其余各卦为往来之交出现的自然结果。他说：

> 乾坤首建，位极于定，道极于纯，十二位阴阳具足，为六子五十六卦阖辟显微之宗。……故周易首乾坤而非首乾也。其次为坎离，卦以中位为正，坎得乾之中，离得坤之中也。①

乾坤坎离四卦为整个框架的四个支柱，位于东南西北四方。其象有错而无综。其中乾坤最重要，因为六阴六阳具足，是其余卦的宗主、父母，故为定位的基础。其次坎离，从方位上说属中位，从它们的象征物说，为水火，其性质无变易、无从革、无曲直，最为恒定，故可以作为支柱。有乾、坤、坎、离四方为正，即有震、艮、巽、兑四隅为辅；既有定经，即有往来；四正为经，四隅为纬，此条理之最大者。这里以乾、坤、坎、离为四正，以艮、震、巽、兑为四隅，是吸收了伏羲八卦方位的思想。乾坤坎离代表阴阳之存有，艮震巽兑代表气机之流行、交会，此即王夫之所说"四卦为往来之定经，而震、艮、巽、兑以交为往来，一经一纬之道也……经以设而静，纬以积而动"。②

王夫之也依乾坤并建的方法论原则建立十二辟卦。他说：

> 乾坤首建，极阴阳之至盛，以为变化之由，故曰"乾坤其易之门邪！"消长之数，皆因此而生。惟极盛也，而后可以消，可以长，可以长而有其消，可以消而复能长。③

将消长视为乾坤自身的性质与运动。由此他批判了将乾坤两卦与他卦并列，视为阴气阳气盈满之符号的汉易象数学，斥之为鄙陋之术，因为它们僵死地看待阴阳之升降，并且由时间积渐而成，失去易"不疾而速、不行而至"的神妙本性，将阳自复而上，历临、泰、大壮、夬至于乾，阴自姤

---

① 《船山全书》第一册，第1096页。
② 《船山全书》第一册，第1097页。
③ 《船山全书》第一册，第1098页。

而上，历遁、否、观、剥而至坤十二卦机械排列。王夫之认为，这是本无天地，以渐而成，既无其理、无其实，也无其象、无其数，徒为戏论而已！他指出，乾坤立而必有其派生之卦的参伍、交互运动，这种运动必定不会均齐，运化之妙，非机械所能模拟。故王夫之说："由乾坤而生泰否以下之十卦，十卦皆乾坤所有之通变也。由乾坤泰否而及临观以下之八卦，八卦皆天地相交之通变也。以次而变合，不以次而消长，天地浑沦无畛之几固然也。"①

既然没有时间上的次序，只有空间上的条理，则王夫之以乾坤及所生的六子所代表的四方四隅为枢纽来安排六十四卦的条理：乾坤之属二十六卦，十四象；坎离之属二十卦，十象；艮震之属四卦，二象；巽兑之属六卦，四象，共六十四卦，三十六象。为何八经卦之属卦多寡不均，王夫之有从数上说者，也有从阴阳交感之层级上说者，其理据至为繁杂，此处不赘。就卦的错与综来说，错而不综之卦八，为象亦八。错综同象之卦八，为象四，综卦有错者，其卦四十八，其象二十四，也是六十四卦、三十六象。特别需要注意的是，王夫之在综中有错的卦上，认综不认错，即以综卦为主，他的理由仍基于乾坤并建而捷立：

> 凡综卦有错，用综不用错者，以大化方来方往，其机甚捷，而非必相为对待。……故曰"易圆而神"。"神"以言乎其捷也，"圆"以言乎其不必相为对待也。……以捷往捷来著化机之不滞，非因后起之名义而为之次，明矣。②

皆依据阴阳往来消长之象、天地化生万物的圆而神的真实相状，而非机械排比所得。

王夫之也从"易有太极"的角度对他的卦序观作总结，依据在乾坤所表征的天地即"太极"本身，他说：

> 是故"易有太极""无极而太极"。无所不极，无可循之以为极，

---

① 《船山全书》第一册，第1098页。
② 《船山全书》第一册，第1104页。

故曰"无极"。"往来"者，往来于十二位之中也；"消长"者，消长于六阴六阳之内也。于乾坤皆备也，于六子皆备也，于泰、否、临、观、剥、复、遁、大壮、夬、姤皆备也，于八错之卦皆备也，于二十八综之卦皆备也。错之综之，两卦而一成，浑沦摩荡于太极之全，合而见其纯焉，分而见其杂焉，纯有杂而杂不失纯，孰又知其终始者乎？故曰"太极无端，阴阳无始"。……无待也，无留也。无待，则后卦不因前卦而有；无留，则前卦不资后卦以成。浑沦之中，随所变合，初无激昂，又何有相反？而规规然求诸名象以刻画天地，不已固乎！①

只论空间上的消长往来，不论时间上的次序先后，万物各各自足，皆凭借其本性的必然性运动，天地之纯包含万物之杂，万物之杂成就天地之纯，万物在浑沦全体中随机变化，动静是其内蕴之几，吉凶是其偶然所遇，正邪贞淫是其显露之迹象。万化之运行在先，卦象卦名皆仰观俯察之后的给予。天的不测之神是人的不滞之理的本原。后人以卦之名义、次序拘限人的行为，是本末倒置，自小其能。这是王夫之不言卦序，认为《序卦传》"非圣人之书"的根本理由。

---

① 《船山全书》第一册，第1110页。

第四章

大象诠释与成德之教

《周易大象解》作于清康熙十五年（1676）王夫之58岁时。他晚年的重要著作《周易内传》的大象部分，即以《周易大象解》为基础略作删润，故可视为"晚年定论"。大象即卦象，小象即爻象，从书名即可看出，此书是对卦象的解释，不及爻象。它篇幅不大，但直击君子知天、法天之行动，可视为一部美德伦理与规范伦理相结合的著作，故有特别的重要性。在王夫之眼里，周易之大象传差可比拟《系辞传》《说卦传》等，甚至可替去《序卦传》而为十翼之一。[1] 在王夫之看来，周易之所以重要，就在于它既可用来知天，也可用来法天，知天重在了知其内涵，探取其奥秘，法天重在获得其意义，效法其象征。知天须用易之全体，卦爻皆用，卦之小大、险易、卦象、卦德、内外贞悔，爻之阴阳、时位、来去、承乘、有应无应等皆全幅参与，全体联动，共同完成对天的特定内容的刻画、把握。而法天则重点摹画其征象，探求人的行为所效法的榜样，两者侧重点完全不同，故王夫之说："大象之与彖爻，自别为一义，取大象以释彖爻，必龃龉不合，而强欲合之，此易学之所由晦也。"[2]

---

[1] 见《船山全书》第一册，第677页。
[2] 《船山全书》第一册，第695页。

王夫之重视占学一理，以此为解易的重要原则之一，他说：

> 易之垂训于万世，占其一道尔。……占易、学易，圣人之用易二道并行，不可偏废也。故曰"居则观其象而玩其辞"，学也；"动则观其变而玩其占"，筮也。子曰"卒以学易，可以无大过"，言寡过之必于学也；又曰"不占而已矣"，言占之则必学以有恒也。盖非学之有素，则当变动已成，吉凶已著之后，虽欲补过而不知所从，天恶从而祐之以吉无不利耶？京房、虞翻之言易，言其占也。自王弼而后至于程子，言其学也。二者皆易之所尚，不可偏废，尤其不可偏尚也。①

而二者之中，王夫之尤其重视学易，认为学易为居常之事，而占易则遇重大事项有疑而问，非可轻动。并且有疑待问，先须问之于己心，谋之于师友，详思研虑道之中正，仍有不决，乃求之于占，平居无疑可置之高阁，故倡"占学一道"而实重其学。

王夫之之重视大象，专为之作解，就在于它纯于学，无关于筮。在王夫之看来，筮为知天之事，即研穷具体事几的吉凶之理而采取应对之道。虽也有学包含其中，但重在对理的从违，从而趋吉避凶。而学为发挥人的能力之事，人事须合于天德，为人的行为树立可以遵循的法则。占易重具体的事几，学易重总体的法则。占易重在详究与所占之事相应的卦爻，学易则无论何卦都有可学之处，王夫之说：

> 尽人而求合乎天德，则在天者即为理，天下无穷之变，阴阳杂用之几，察乎至小、至险、至逆，而皆天道之所必察。苟精其义，穷其理，但为一阴一阳所继而成象者，君子无不可用之以为静存动察、修己治人、拨乱反正之道。②

即使卦德为险为逆、卦爻辞中多凶危之语者，如否、剥、归妹、姤等，

---

① 《船山全书》第一册，第655页。
② 《船山全书》第一册，第695页。

皆是天道之诚的表现，皆有可学之处。就这一点王夫之曾说："分审于六十四象之性情以求其功效，乃以精义入神，而随时处中，天无不可学，物无不可用，事无不可为。……大象，圣人之所以学易也。"[①] 大象传，是孔子延续文王而发挥其未尽之意者，而体会、阐明其中精义，端赖学易之人。其方法在将大象传与卦爻之具体解释分观，不强牵合，既不淆乱对具体卦爻的解释，又对大象传所包含的多方面涵义充分体会，庶几对大象传有正确理解。细分《周易大象解》阐发义理的方法，可以看出，有从卦德立意的，有从卦才立意的，有从卦变立意的；有以卦名为解的，有以大象所包含的内外两卦为说的。而法天以行之事，最多的是君子的修德，其次是政治措施，其中尤以法律刑狱为多。

大象传的行文方式是先点出此卦所蕴含的德行，然后说君子所取法的方面。此处所谓"德行"，非狭义的卦德，如乾健、坤顺、震动、巽入之类，而是一卦所呈现的可以为人所取法的性质。大象传的句式，多为上句言卦所蕴含的德行，下句为"君子以……"，言君子据此德行应采取的行动。在《周易大象解》起首对"天行健，君子以自强不息"一句的解说中，王夫之说："'以'，用也。体此卦之德以为用也。"[②] 此处劈头即释"以"为用，有发凡起例之意。六十四卦皆君子体会象辞之义，以人法天、天人合德之具。大象传所说之德行，王夫之皆将此卦的内外贞悔两卦合起来阐释，有以卦德为说者，有以卦象为说者，有以卦名为说者，主要看如何解释最为圆通且能阐发出深刻的思想。以下分别论之。

一、卦德为说

在《周易大象解》中，以卦德为说者极多。而卦德之大者，莫过于乾坤两卦，王夫之对此两卦阐义最多，文字最详。特别是乾卦，因为乾代表天，而天是总体，故也代表道体，王夫之首先阐发乾坤并建、体用不

---

① 《船山全书》第一册，第696页。
② 《船山全书》第一册，第697页。

二、理一分殊之义：

> 道一而用之殊，所谓"同归而殊途，一致而百虑"也。"乾以易知，坤以简能"，同归一致也。六十四象，因象以成德，因时位而成象，时措之宜，各有所用，殊涂百虑也。①

乾健坤顺、阴阳合一为道。道为一，为体，六十四卦为多，为用。最重要的是用，因为用复杂多变，纯杂隆污皆含至理，君子须用心体察，研究其理，则处处皆可为取法之德。此义王夫之论之甚为深刻，他说：

> 易者圣学之大用，非极深研几以通志成务，其孰能与哉？纯而纯用之，杂而杂用之，隆而隆用之，污而污用之。天地有此象则有此道，君子以此道而应此理，各体其宜，而后同归一致，非执一而废百。斯圣学所以善用天德也。②

此处可视为王夫之《大象解》之总纲，强调万物皆道之一端，六十四象皆君子取法以崇德广业之具。王夫之同时指出，六十四卦所代表的事物不可直接取法，可以取法的是其上体现的德行，如天之健，地之顺："天体不可以人能效，所可效者，其行之健也。……乾道大矣，君子仅用之于'自强不息'，不敢妄用之也。妄用天者为妄人。……太虚无健，其'行健'也。君子无强，唯'自强'也。"③这里王夫之道出了他的解释学原则：不直接用卦所代表的事物取义，而靠此事物所呈现的意境、象征来取义。从所取之义到君子所效法之德行，皆靠胸中蕴蓄的物象与意义之连通、类比、融会来阐发。如"自强不息"，乾阳所象征的阳气之奋兴，自下而上升进之势能，内外皆乾、中无间断，皆象征"自强""不息"之意。爻位之初、上，象征不论少、老，皆不倦于自进；由二至五，象征无论穷困还是通达，皆不离不弃，执道自坚；由三至四，象征不变初志，奋发有为，终于转危为安。卦体上的"行健"，由各爻之自强不息来表现。君子效法

---

① 《船山全书》第一册，第 697 页。
② 《船山全书》第一册，第 697 页。
③ 《船山全书》第一册，第 698 页。

其健，用之修身，用之治民，皆其所宜。

对于坤，王夫之也从卦德来解释："地之顺，地之势也，因以为德。中无不虚，自得之数无不约，斯以受物为量也。"① 这是说，坤卦之六阴，皆中虚，象征能容受各物。阴之数为六，在阴阳老少中为最少，亦为能受物之象。但子之干父之蛊，臣之逆鳞救君，并非一味顺从。顺之为德，主要在顺通物情，厚其德行。故对横逆之气，不能与之相同，而是以敬化其横逆；对非理之欲，不能屈徇，而是以宽恕对待。此处王夫之用坤卦之"直方大""黄中通理"为解说，而非道家的固张乃翕、固取乃与，对后者，王夫之视为阴谋权术，与儒家的厚德载物天地悬隔。

由于天地的统领、总括地位，所以王夫之对乾坤两卦，皆从卦德解释，其中的"自强不息""厚德载物"可视为整个《周易》的解释纲领，故在《大象解》起始就加以强调，说：

> 六十二象自乾坤而出，象有阳，皆乾之阳也，象有阴，皆坤之阴也。学易者所用之六十二德，皆修己治人之事，道在身心，皆自强之事也，道在民物，皆载物之事也。"自强不息"非一德，"厚德载物"非一功。以"自强不息"为修己之纲，以"厚德载物"为治人之本，故曰"乾坤者其易之门户"，道从此而出，德从此而入也。②

损卦 ䷨ 也以卦德为说。此卦艮上兑下，象辞曰："山下有泽，损，君子以惩忿窒欲。"王夫之的解释是："刚过则忿，柔过则欲。兑下二阳之很，以六三之柔悦以释之，'惩忿'之象也；艮下二阴之溺，以上九之刚静以止之，'窒欲'之象也。皆以损情之有余而使之平也。"③ 在王夫之看来，损主要是损过度之情感，使之达于平正中和。但除圣人而外，人之性情非刚即柔。刚过度则为忿厉，柔过度则为多欲。以卦象论，此卦内卦为兑，外卦为艮，兑以六三之柔，消减下二阳之刚猛，此惩忿之象。以卦德论，兑以"悦"之平正，中和下二阳之狠戾。以卦象论，艮以上九之刚，

---

① 《船山全书》第一册，第699页。
② 《船山全书》第一册，第698页。
③ 《船山全书》第一册，第721页。

止下二阴之陷溺，此"窒欲"之象。以卦德论，艮以"止"之静定，抵御下二阴之多欲。皆以卦德为说。王夫之并且告诫学易之人，佛道两家学说，皆以"损"所代表的"负的方法"为主，损卦的警示，须多落在情感的调节上，不能泛用为一般原则：

> 夫损者，损情而已矣。若道，则不可得而损也。乐而不以为淫，怒而不以为戾，和平欣畅之心，大勇浩然之气，非欲非忿，而欲损之，释氏所为戕性残形以趋涅槃，老氏所为致柔守雌以保婴儿，皆不知损而戕道以戕性矣。[1]

乐而不淫、和平欣畅为"悦"，怒而不戾、大勇浩然为"止"，皆以卦德为说。卦德所取法的万物中和之气，正所以消弭二氏过于"损"之偏弊。这是王夫之解卦中时时提揭、时时强调的。

与损卦着重于情感的调节不同，与它相对的益卦则着重于德行之提高，因其中有"迁善改过"之语。益☴☳巽上震下，象辞曰："风雷，益，君子以见善则迁，有过则改。"王夫之的解释是：

> 损以治情，益以进道，知所损益，可与入德矣。用损者静以止，悦以安，其事不迫，迫则灭情且以灭性矣。用益者如风之烈，如雷之迅，其事不疑，疑则废事即以废道矣。此圣学、异端之大致，不可不辨也。[2]

这是说用《损》者用其卦德，静以止，悦以安，其事悠悠不迫。但用《益》须刚烈，见善即迁，闻过即改，不能拖延，不能迟缓。《益》内外两卦，内卦为巽，外卦为震，合则为迅雷烈风之象。故迁善改过须刚烈，不能游移不定、迁延不决。损卦涉及的是情，而情是性的表现，故释老灭情必导致灭性；益卦涉及的是善道，而善道必自细事始，故儒者积细行而成善道。这是王夫之在解说大象时对儒家与释老在性情与人格修养上的分辨。

---
[1] 《船山全书》第一册，第721页。
[2] 《船山全书》第一册，第722页。

须加注意的是，王夫之在对《益》的解释中用了变卦。《周易内传》对损益二卦的解释中即说：

> 损、益亦以泰、否之变而立名义者也。泰三之阳进而往上，上之阴退而来三，为损。否四之阳退而来初，初之阴进而往四为益。①

意为损、益卦由泰、否卦变而来。在《大象解》中亦说：

> 损自泰来，益自否变。情泰则损，所以保泰；道否则益，所以倾否。阴不上交，阳来初以绥之，以弭其过；阳不下交，阴往四以顺之，以就于善。终日孳孳，无怀安之情，君子求益之功欤！②

不同的是，《内传》就卦画说卦变，而《大象解》以象传"损下益上，其道上行"说卦变。意思是，情奢泰太过，须以损救正之，损适所以保泰。道有缺坏，须以益来补足，益正是对否的颠覆。否卦之阴爻如不上交，则有阳爻来初以安抚之，以消弭其过差。否卦之阳爻如不下交，则有阴爻往四以补足之。由否变益卦，正是终日孜孜矻矻，不辞辛劳的结果，目的是完善自己，这是从益卦得到的最大教益。王夫之引入卦变，就是为了说明要想转危为安，否极泰来，不断完善自己是最好的方法。

以卦德为主而辅以他说者还有归妹☷。此卦象辞曰："泽上有雷，归妹，君子以永终知敝。"王夫之的解释是：

> 以少女归长男，有不能偕终之嫌焉，悦而归之无疑。泽自下，雷自上，不相得而固合，可以永终矣。不能偕终者，"敝"也。唯"知敝"而必与之"永终"，斯以为君子。③

按文王八卦次序，兑为少女，震为长男。此卦震上兑下，为婚嫁之象。但少女配年长之男，有不能偕终之嫌疑，此为"敝"。而两情相悦，心甘情愿，则"知敝"而可永终。此中关键在"悦"，虽以卦象论，泽下雷上，

---

① 《船山全书》第一册，第339页。
② 《船山全书》第一册，第722页。
③ 《船山全书》第一册，第729页。

本不相合，但"悦"则可合，这是以兑之卦德为说。此中可注意者为王夫之就此而作的推论：

> 知父母之疾不可起，而必药必祷；知国之亡不可兴，而必出必仕。以得所归为悦，以动为尽道，何贰行鲜终之有？"天下有道，不与易也"，"道之不行，已知之矣"，此君子所以异于功名之士也。①

这是王夫之为自己在明亡后仕于南明永历政权的一个心迹表曝。知其不可而为之，是为了实现心中的理想，虽踉跄于岭表，被权臣悍帅所啮噬，终不改其初心，此为"以得所归为悦，以动为尽道"，合于归妹卦"悦动"之卦德，也合于孔子苦心孤诣、虽知不能实现而行道不舍的弘毅之行。

二、卦象为说

此即从内外两卦所象征的事物间的关系为基础来解释，因大象传原本就以此法为主，所以王夫之多就此义发挥，占《大象解》的绝大部分。此即王夫之所说"大象纯乎学易之事，而不与筮"，万物所显示的道理，君子无不可学之以为修德、广业之资。如屯䷂，象辞曰："云雷屯，君子以经纶。"王夫之的解释是："云上而凝，雷动而奋，踌躇满志而果于为之象也。"②屯有初始之义，朱熹释为草之芽穿地始出。③此卦上卦为坎，象征云，下卦为震，象征雷，云为水汽之凝结，雷有震动之象。凝有不动如山之概，雷有雷厉风行之概。"经纶"为经营、创始大业，需镇定深沉之谋划与雷厉风行之行动，其行其知，取云与雷象征之气概，故王夫之说：

> 未为之先，无绸缪深厚之心；方为之际，无震迅发起之气，无以取不秩不序之天下分合而使之就理。④

---

① 《船山全书》第一册，第729页。
② 《船山全书》第一册，第700页。
③ （宋）朱熹撰，廖名春点校：《周易本义》，第39页。
④ 《船山全书》第一册，第700页。

此创始大业所需之人才类型。至于守成顺适无为之时，则非用屯之际。此卦王夫之纯以内外两卦所象征的事物为说。

又如蒙☷☵，象辞曰："山下出泉，蒙，君子以果行育德。"蒙有稚弱、蒙昧、养成之义。此卦上卦为艮，象征山，下卦为坎，象征泉。王夫之的解释是，泉始出山，其流细，离汇至江海尚远，须有不疑不惧、百折不回的勇毅。另泉在山中，曲折远行，细大不捐，蕴蓄渐广。君子体会此义，用勇毅之心培育德行，故王夫之说："果、育相资，行成而德不匮，则善用《蒙》者也。"①此卦亦用内外两卦所象征的事物为说。

又如无妄☰☳，象辞曰："天下雷行，物与无妄，先王以茂对时，育万物。"无妄即真实不欺，即《中庸》所谓"诚者物之终始，不诚无物"之意。此卦上乾下震，即"天下雷行"。王夫之的解释是，雷的发生有一定时节，必应候而起。春雷响处，震醒万物，雨随雷起，滋润、长养万物，此谓"以茂对时"，先王取此义以养民育物。王夫之说：

> 雷之应候发声，与时相对，兴起万物而长养之，必然不爽。天之与物以诚者，莫此盛焉。先王应民物之气机，诚动于中，而功即加于物。……自然与人物之情理相应不差，而勃然甚盛，无俟风雨有迹而神行焉。其道则取诸此。②

此亦用上下两卦所象征的事物为说。

又如师☷☵，象辞曰："地中有水，师，君子以容民畜众。"王夫之的解释是，地中之水，容而不见，地下水流，静而畜动。君子之抚民，亦应如此道，宽而容众，静而涵动，则能使各行各业之人皆因其固然，各安其位，"淳者漓者，强者弱者，因其固然，不争不扰而使之自辑，弗能洗出以行其险"。③这亦是以上下两卦所象征的事物为说。

王夫之解大象，首先利用象辞的文义，然后再以上下两卦所象征的事物，构成一个整体，尽量避免象和辞分离，然后生硬将二者强合为一这

---

① 《船山全书》第一册，第700页。
② 《船山全书》第一册，第712页。
③ 《船山全书》第一册，第702页。

种情形。如小畜☰，象辞曰："风行天上，小畜，君子以懿文德。"王夫之先以文义为说，再与卦形相合：

> "文德"者，礼乐之事，建中和之极以尽美善，所以"懿文德"也。"风行天上"，未加于物，风之畜也。而四时之气，于兹潜运，是无为之化，不言之教也。其于人治，则礼乐是已。君子体此以修明于上，无所加于民，而移风易俗，不知其然而自化。①

这是他的"观象玩辞"说的鲜明贯彻：观风行天上之象，而知四时潜运之义；知四时潜运，悟无为之化、不言之教之义；与文德之施相配，悟修明于上，不加于百姓，然后风俗自化之义。象与辞、象数解经与义理解经合为一体。这是王夫之解《大象传》最主要的方法。

观卦之解同于此。观卦☰象辞曰："风行地上，观，先王以省方观民设教。""省方"为观察不同地域的民情、风俗特点，先王视其不同而后采取不同的设教方式。此卦卦象为巽上坤下，坤有民象，地为不同地域。风司教化，风行地上，与先王省方相合，象征根据不同的风俗特点施其教化。但《观》与《小畜》不同，《小畜》明谓礼乐教化，宜和风细雨，寓慢慢宣导之意。《观》则大观于上，有居高临下之义，明确五伦之教，随时纠正迷谬之行，有大刀阔斧之象。两者虽皆需观察百姓风俗之刚柔朴巧以顺导之，故皆有"行地"之功，但设教之方不同。故"《小畜》以端本立极，《观》以因时广化"。这是王夫之借卦象与象辞之不同而阐发因地域、风俗不同，设教亦当不同之义。

又如晋☰卦，亦以上下两卦所象征的事物发论。此卦离上坤下，象辞曰："明出地上，晋，君子以自昭明德。"王夫之的解释是：

> 明出地上，物咸受照。然日之升也，岂有心于照物而为物出哉？唯其有明，是以必照耳。故君子之昭，自昭者也。庸人之昭，昭人者也。夫明德之藏，非揭竿建鼓以使天下知者。……无私无欲，

---

① 《船山全书》第一册，第703页。

则不待表著于人，而如日之升，有目者共睹之矣。[1]

晋卦象征日出地上而渐升，明光普照。以内外两卦说，则"明出地上"之象。王夫之结合"君子自昭明德"发论，象与辞结合，观象玩辞，以论君子无待表著而人共知之之义。其中特别表彰诸葛亮"淡泊明志"之节操。此义与《明夷》相类。

明夷䷣，坤上离下，坤象征地，离象征火、光明等。象辞曰："明入地中，明夷，君子以莅众，用晦而明。"王夫之解释时与贲卦对观：

> "明庶政"，则法山下之火，"莅众"，则法地中之日。求治之小心，君人之大德，各有所当也。建极于上，则法日之升于地；施治于下，则法地之藏夫日。道盛而民可由，德至而民不可知，抑各有所当也。"用晦而明"，虽伤其明，何伤乎！小人自谓能欺君子，而卒以成君子之智。[2]

"明庶政"，出自贲卦大象辞："山下有火，贲，君子以明庶政，无敢折狱。"此中涉及折狱，故王夫之的解释是，山下为幽暗之处，火为光明之物，火施其明，照尽纤曲隐微之地。君子立法创制，必须详尽无遗，明白清晰，不给混滥非礼者以可乘之机。这是司法刑狱必须效法的。而明夷卦涉及行政，莅政治民，最好的办法是效法日藏于地中，德盛而不见，如大贤以内蕴之明德表率百姓，感化百姓，百姓受其赐而感觉不到他的存在，即所谓"道盛而民可由，德至而民不可知"。这是"用晦而明"之道，与贲卦的"以明庶政"不同。

另有离䷝，也涉及明，象辞曰："明两作，离，大人以继明照于四方。""继明"者，内外两卦皆明，即"明两作"。王夫之的解释是：

> 明之已盛，君子所惧也。唯居天位者，四方待照，则明患其不至，不忧其盛矣。有"用晦"者，有"继明"者，"用晦"以养其

---

[1] 《船山全书》第一册，第718页。
[2] 《船山全书》第一册，第719页。

体,"继明"以大其用,不偏废也。老氏一以闷闷孩天下,申韩一以察察矜私智,恶足以称大人之事哉!①

在王夫之看来,同"明庶政"的大贤一样,圣王照临四方,明不患其盛。故"继明"可也,而君子则应抱道怀德,"衣锦尚䌹",敛藏锋芒,内养其性。位不同,则用"明"的态度与方法也不同。

《大象解》中以内外两卦所象征的事物及其关系立论者最多,但亦有统以一卦之象为说者。如剥䷖卦,上艮下坤,象辞曰:"山附于地,剥,上以厚下安宅。"王夫之解此卦不用山、地二象,而是以六画卦为说:

> 五阴在下,其所积"厚"矣,一阳在上,其所附"安"矣。然孤托一阳于群阴之上,非无权藉者所敢用也。唯为人上者,抚有众民,养欲给求,乃以固结人心,为磐石苞桑之计,而安其位。②

此卦不与绝大多数用内外两卦为解者相同,而用一卦之象,是因为统用六画之象更能说明此象辞所表达的深微之义:一阳象征君主,群阴象征众民,一阳在群阴之上,无他阳可为援手,可谓在危险之时,危中求安,只有尽量满足民众的需求,笼络人心,稳固基础,纾解怨气,才能居于安宅。但王夫之也明确指出,此处象辞与他卦"先王以……""君子以……"不同,而用"上"者,说明非正常情况,而处于衰世之时。衰时不足有为,上者最好是养晦图存,不求大展鸿图,唯求可继而已。这是处衰世的良方。这大概是王夫之经历了南明永历政权之痛后对处衰世之道的深切反省与警诫。

又如大过䷛,兑上巽下,象辞是"泽灭木,大过,君子以独立不惧,遁世无闷。"王夫之以六画卦之象统体为说:

> 其为象,四阳互中,与初、上龃龉异志,不相浃洽。以之治世,未有得焉。唯夫"独立不惧"者,有可惧者也;"遁世无闷"

---

① 《船山全书》第一册,第715页。
② 《船山全书》第一册,第711页。

者，有可闷者也。履凶游浊，守贞笃志，正己而不与俱汩，斯大过焉可矣。以为非过，则且为"惧""闷"所乱，而灭其贞矣。①

此卦王夫之着眼于整个卦象，认为"大过"首先体现在其卦象上。四阳爻居中，初、上为阴爻，无应无承，其志不协，非治天下之象。是谓"大过"。君子在此凶浊之情况下，唯有保持人格之独立，不与此"大过"同流合污，同时精神遁于世外，与热衷之红尘隔绝，但笃志守正，不为利禄所动。对于"大过"之世，不忧不惧，不烦不乱，此处过之道。如以内外两卦解之，则"泽虽灭木，木不受灭，淹之愈呕，其浮愈疾"。这是王夫之处在明末清初的危乱之世中用以自靖的法宝，也是他守贞笃志心迹的哲学表曝。

又如履卦☰，上乾下兑，象辞曰："上天下泽，履，君子以辨上下，定民志。"王夫之的解释是：

履之为象，一阴介五阳之间，分内外之限，上下之辨昭然殊绝矣。君子之于民，达志通欲，不如是之间隔，唯正定名分，别嫌明微，则秩然划一，俾民视上如泽之必不可至于天，以安其志，乃以循分修职，杜争乱之端，所谓严而不伤于峻，远而不忧其乖。②

因象辞中有"辨上下"之语，"上下"指整体中的上下，故用卦之总体为说。这里王夫之区别了上下之辨的两种情况，一是一般的上下级关系，二是正定名分之时。和谐的上下级关系，须上之志意达于下，下之欲求通于上。君子使上通下达，不壅滞堵塞，此种情况下不严格间隔上下级关系。而在正名分、定尊卑上，则须严辨上下，整齐严肃，才能各安其位，秩序井然，杜绝非分之想，消弭争乱之阶。王夫之这里想表达的是，理想的政治应该是两者的结合。上下间的通同与区隔永远是政治的首要问题，二者以何为重，视不同的时期、不同的场域而定。总的目标是，严辨而不至于苛厉，否则会上下离心离德，难以协同合志；浑融但不混滥，否则会上下

---

① 《船山全书》第一册，第714页。
② 《船山全书》第一册，第703页。

无辨,难以确立尊卑秩序,严格管理。这是王夫之对于上下问题的深入思考。

三、卦名为说

王夫之解《大象传》,除了从卦德、卦象上着眼,还从卦名上着眼。如讼☰,此卦乾上坎下,象辞曰:"天与水违行,讼,君子以作事谋始。"王夫之主要从讼字所具有的自讼、讼人的不同意思为说,不从卦象所象征的事物及其关系着眼,他说:

> 人与己违则讼人,道与欲违则自讼。君子之用《讼》也,不以讼人而以自讼,善于讼矣。虽然,事之向成,欲妨于道而始愧,害生于利而始悔。愧悔生恚怼,恚怼生妄动,未见自讼之为益也。作事之始,两端之谋,皆似可行,心意交争,辨其贞胜,是非得失较然画一,天高水流不相胶溷,无愧无悔,乃以坦然行于至正而不疑。①

这里王夫之认为,人与人争讼起于利益之相违,而人之自讼起于不符合自己价值观念的意欲与认定的价值观念之间的斗争。讼卦主要是用来自讼的。自讼是存理去欲的重要方法。这里可以看出王夫之重视"慎独"的理学思想。但王夫之又结合卦中"作事谋始"之教训,认为自讼须在谋事之始进行。做事之始,陈其两端而辨其正邪,使是非清晰呈现,立其正道,去其邪妄,明白而无疑,是有益于行动的自讼。若在事将成之时自讼,则徒生愧悔、恚怼,以致引发妄动。其中只在"天高水流不相胶溷"上切合上乾下坎的卦象,其余则以讼之名义为说。

又如比☷,王夫之也以"比"之字义为说。比卦坎上坤下,象辞曰:"地上有水,比,先王以建万国,亲诸侯。"王夫之释此卦说:

> 非交道之正也。唯开代之王者能用之。用之"以建万国,亲诸侯",归附而不流,大小相涵而不紊者也。德非先王,事非封建,而

---

① 《船山全书》第一册,第701页。

> 违道以徇人，树援以固党，其敢于用比乎？①

这里明显袭用了《论语》的"君子周而不比，小人比而不周"，以比为偏党、朋比为奸之义。无德之人，往往用于结交私人，树立党羽，故以为非交往之正道，斥去不用。但其"亲比"之义，有德有位之人仍可用于封侯建国，藩屏王室，团结力量，抗衡小人之攀援结党。有德之人用比卦"地上有水"所象征的有道义、有原则、有秩序之义，故能"归附而不流，大小相涵而不紊"。此卦主要以比字之义为说。

又如蹇☶☵，坎上艮下，象辞是"山上有水，蹇，君子以反身修德。"王夫之不以山水及其间之关系着眼，而是直接以蹇字所具有的跛足、缓行、不竞求之义为说：

> 夫欲反身修德者，其若蹇乎！事不求成，功不求立，名不求达，实不求遂，其言讷，其行朴，约如不敢，迟如不欲。故山上之水，幽咽静流于坎坷，乃以不竭；蹇躄者之行，趑趄迟步于道左，乃以不颠；君子之自修，从容抑畏而无驰驱之心，乃以不疾。②

《大象解》涉及最多的是君子效法天道以修养自己的德行。蹇卦中所说，实是王夫之心目中君子人格之型范，也是王夫之在清朝确立已久，明朝兴复无望的情况下潜心于学术创造及人格修养的心迹表达。

又如节☵☱，此卦坎上兑下，兑象征泽，坎象征水，象辞曰："泽上有水，节，君子以制数度，议德行。"王夫之的解释是：

> 以泽受水，其容有量，少则涸，多则溢。体斯以制度数，量入而出，称事而食，无过节也。体斯以议德行，惠而不费，泰而不骄，无过节也。③

节即某个临界点。超过此节点即突破此事物的量度标准。王夫之以泽为

---

① 《船山全书》第一册，第 702 页。
② 《船山全书》第一册，第 720 页。
③ 《船山全书》第一册，第 732 页。

喻，不足则为干涸，超过则为满溢。君子制定各种事物的数量标准，议定人物的修养法则，要以此为法，才能无"过节"，才能"以法制用用不匮，以道裁事事不紊"。这是一般性议论。王夫之重点要说的是，虽然不足、有余都非中节，但节主要是去除盈满，裁撤冗余，使之合于标准，即"节者，养有余之道也"，而非一切以吝留为主。在王夫之看来，合于度数、合于中道较难，临事一切以吝道应对较易；前者事关君子的多种学养，后者只是鄙夫的简单处事原则；前者涉及政教、法律之实用，特别是君子对中道的追求，后者只是对老庄"治人事天莫若啬"的简单、划一的应用。两者高下、难易立判。

但王夫之也主张在社会生活的大方面，应有一定的丰侈之度，以显示出仪式之隆重、内心之庄严。如对《涣》䷺的解释。此卦巽上坎下，象辞曰："风行水上，涣，先王以享于帝，立庙。"风行水上，一过不留，处处贯到，速而不滞。王夫之阐释说：

> 风行水上，无所留吝，极文章之观，尽物力之美，以之享帝立庙，致孝于鬼神，不从俭矣。①

此卦可与豫卦对观。豫䷏震上坤下，象辞是"雷出地奋，豫，先王以作乐崇德，殷荐之上帝以配祖考"。王夫之结合象辞对此卦的解释是，雷出，表示阳气归天，地不敢有。地奋，表示地上诸事之动盛大。但此皆归功于祖先之庇佑，己不敢贪功，故须"荐之上帝以配祖考"，己则"志不可满，乐不可极"，不敢铺张盛治，以己之豫乐而遮蔽天之助佑。而宋蔡京借周易"丰亨豫大"之辞大肆修建皇家庭苑，穷奢极丽，耗费民财，导致北宋亡国，实与豫卦所具有的俭德相悖。所以王夫之认为，涣卦与豫卦虽都有"荐享于帝"之语，事涉祭祀，但其道大异。另，涣卦也应与节卦同观，虽皆摒弃俭吝之道，但节卦宣示的是君子日常的简约操行，而涣卦包含的是圣人享帝立庙之大用，各有其用，不可一例视之。

---

① 《船山全书》第一册，第731页。

四、对司法刑狱的重视

在周易大象辞中，多处涉及司法刑狱，如丰、旅、中孚、贲、噬嗑诸卦，王夫之对此都加以阐发，议论多样，显示出对法律这一重要社会生活的重视。如丰䷶，象辞曰："雷电皆至，丰，君子以折狱致刑。"此卦震上离下，震象征雷，有雷厉风行，不稽留迟滞之象。离象征明，有明确清晰，一览无余之象。王夫之的阐释是：

> 雷起而电即至，其雷必迅。明无所留，断无所待，明威烈矣，此君子之所不敢轻用也。狱已辨，刑已审，折而致之，则以迅决为道。所以然者，淹留胥牒，蔓延证佐，则有罪者窥觊营避，而无辜之民弃本业、负糇粮以待讯，君子之所弗忍也。法简民安，不伤于猛，用此道为宜。[1]

意即，诉讼断案，讯决之前须详审，不可太速，以免威势压人，草率定案，故君子不敢轻易用"明"。但一旦结案，须迅速审判，以免迁延时日，给罪人钻空子、作假证的时间，也不致无辜之人抛弃生业，浪费劳作时间。法须简约，不能繁琐，不能刚猛，这是君子从事司法刑狱工作所应效法的。

与此相类的还有旅䷷，象辞曰："山上有火，旅，君子以明慎用刑，而不留狱。"此卦离上艮下，王夫之的阐发卦德卦象并用：

> 火丽高而"明"，山受照而"慎"，既明以慎，用刑之道尽矣。片言可折，因其是非而无立威之心。火过而山自如，罚如其罪而无余怒，故杀人伤人而天下安之。[2]

离卦之象征为火，卦德为附丽，为光明，艮卦之象征为山，卦德为止，止有慎义。既明又慎为刑狱之最高标准。判断诉讼者高明，据是非公断而无立威之心，罪人心服，而无怨怒之气，如火之过山而山自如前。故虽刑

---

[1] 《船山全书》第一册，第 729 页。
[2] 《船山全书》第一册，第 730 页。

狱有杀人伤人之事,但天下安然待之。这是司法刑狱的最好结局,最高理想。

又如贲☲,象辞曰:"山下有火,贲,君子以明庶政,无敢折狱。"此卦上艮下离,故"山下有火"。火代表光明,能烛照纤曲,用于庶政,可以创法立制,详明细致。但用于折狱,则有苛细过甚,深文周纳之弊。故王夫之说:

> 至于折狱,则自非干犯名义,无可曲避。奸究侵牟,具有显迹者,而钩考阴私,旁引授受,以夸擿发,则法如秋荼,而民无所措手足矣。①

意即折狱要着重其大端,且罪证确凿、明显者。而一些庸官为了显示其"明察秋毫",专注目于细微末节,甚至攻讦隐私,株连过多,则易导致法条苛细,民无所措手足。此折狱之大忌。王夫之就此告诫说:

> 六十四象,皆唯取法,独贲与夬有鉴戒之辞焉。盖察者知之贼,躁者勇之蠹,藏于密而养大勇者,尤必慎于此也。②

夬卦诫君子施禄须以公心量才而给与,特别是不能视之为市恩卖好之机会。贲卦诫君子折狱须着眼大处,勿苛察过细。皆以易卦原理指摘当时社会弊病。

在噬嗑☲中,王夫之也有相类的阐发。此卦离上震下,大象辞曰:"雷电,噬嗑,先王以明罚敕法。"雷电有显著、震动视听之义,也有雷厉风行、大刀阔斧之义,所以容易与用法相类比。王夫之的解说是:

> 法立于断,画一素定,明著于上,以示天下,使人皆晓然知而畏之,雷电所以为"明罚敕法"也。求情以明,勤其审察,知周乎下情,然后从而断之,雷火之所以为"折狱致刑"也。盖讲法不患不明,而辨析纤曲,则吏缘出入,而民可规避。若行法之下,必审

---

① 《船山全书》第一册,第710页。
② 《船山全书》第一册,第710页。

求其情，无隐不悉，而后敢决焉，乃以刑必当辜，而民以不冤。明断皆祥刑之道，而先后本末不同如此，非君子孰能辨之！[1]

此中王夫之提到立法司法的两个方面：明与断。明者，法须百姓周知，使民畏法守法。断者，判案一依于法，无有例外，且雷厉风行，不能迁延不决。皆取法于雷电之象。侦察仔细，得其实情，此为明；以事实为根据，以法律为准绳，此为断。这样就可以罪行与判罚相称，所谓"刑必当辜，而民以不冤"。明是断的基础，断是明的结果，明为本，断为末，两者皆当讲求，皆"祥刑"之具，但本末轻重不同。

最后是中孚 ䷼，此卦巽上兑下，象辞曰："泽上有风，中孚，君子以议狱缓死。"此卦以卦象论，兑为泽，巽为风，故说"泽上有风"。王夫之的解释是：

巽命以施泽于下，宽道也。君子之宽，非纵有罪以虐无辜，姑缓之而更议之。兑以详说，巽以徐行，孚于中而后法行焉，可生者生，不可生者亦无怨矣。唯其无纵虐之心，故既和且顺，而不伤柔弱，抑不致民于死，奚必以刚济之！[2]

此中"巽命"，取自巽卦象辞"重巽以申命"。此卦的关键是"中孚"，孚者，信也，"中孚"即中心诚信。表现在听讼上，在下者详尽调查，周密勘处，在上者谨慎裁断，往复查验，于情于理，两慊于心，然后行法。另外《巽》的卦德为入，《兑》的卦德为悦，上巽下兑，有以仁柔之道入人之心使之欢悦之意，故在司法刑狱上以宽道为主。但王夫之所谓宽，不是姑息罪人，也不是稽迟司法程序，而是施法中正，不宽贷、不苛戾；既不柔弱，也不刚猛；司法者无憾，有罪者无怨，"既和且顺"，是为"祥刑"。这是王夫之在司法上的基本观点。

王夫之的《周易大象解》，是一部易经的解释之作，更是一部伦理学著作，因为它解释每一卦，都通过物象中蕴含的哲学意义，来讲士君子的

---

[1] 《船山全书》第一册，第709页。
[2] 《船山全书》第一册，第732页。

道德修养。如乾坤两卦所代表的一阴一阳之道，是万物的本体，也是君子修德的效法对象：天的自强不息，地的厚德载物，及两者的阴阳合德，万物在其中各正性命。又如屯卦的经纶之法，创始大业时的激厉迅奋与未雨绸缪相结合；蒙卦的勇毅前行、细大不捐相结合，"果育相资"；损卦的惩忿窒欲，益卦的改过迁善；无妄卦的"以茂对时"，诚体为本；解卦的淡泊明志，不事张扬；离卦的敛藏锋芒，内养其性；讼卦的慎独诚意，自讼其过；蹇卦的徐行上达，不欲速求效；节卦的简约自守，绝去奢泰，以及他在司法刑狱上的具体观点等，皆君子知天、法天以为道德修养范型之意，处处以中国哲学"广义伦理学"的特性为基本点，以天道人事相贯通为方法。纵观王夫之的《大象解》，可以得出这样的结论：他是以美德伦理学为根本，规范伦理学为表现，这就是，以士君子的美德养成为目标，以具体的行为规范为下手功夫。这仍是孔子的"下学而上达"，朱子的"仁包四德"、王阳明的"不离日用常行内，直造先天未画前"所蕴含的德性造就与具体的成德工夫相一致的传统。王夫之的特点是经学不离理学，寓理学于经学中，价值提揭与知识活动并重，在形而上的宏大意境指导下，完成具体的细行积累。在《大象解》中，无论以卦德还是以卦象、卦名为说，都贯彻、体现了他的以上方法。从这个意义上说，王夫之是个出色的伦理学家，不过他不是通过具体的伦理学问题的讨论，而是通过解释周易卦象来讲他的人格养成之道。这带有强烈的中国哲学"道德的形上学"的特点。

第五章

乾坤并建与阴阳向背

　　王夫之在明清之际的乱离中，避兵四方，在颠沛流离之际，发愤读易。满怀忧患，将一腔怨愤，倾注于对周易的诠释发挥中。王夫之28岁开始写《周易稗疏》，对周易中难解的字句、史实进行考辨、疏解。37岁开始写《周易外传》，越三十年，67岁开始写《周易内传》，次年订正完成，并作《周易内传发例》概述此书的解释义例。王夫之对周易的诠释发挥，主要表现在这两书中，但体例、形态各异：《外传》运用各种解易手段，片断地阐发《周易》含蕴的道理，提出关于宇宙、人生、历史、现实等重要问题的见解，特别是抒发他总结明亡教训，重建中国文化的主张。而《内传》则原原本本解释周易全经，详解卦爻辞及十翼，紧扣经传原文，引申发挥其中的道理，不旁及经史及时事。王夫之的周易阐释中，乾坤并建是最重要、最基础的原理，是理解他的易学思想的钥匙，故不惮重复。本章对乾坤并建的多种诠释维度进行阐发，以见这一原理在他的解易系统中的重要地位。

一、乾坤并建——周易诠释总纲

　　乾坤两卦在王夫之的易学思想中具有总纲意义。要知道乾坤的意义，必须总体上把握"易"的意义。王夫之对易的独特解释，代表了他对天地万物及其运动方式的根本理解：

> 易者，互相推移以摩荡之谓。周易之书，乾坤并建以为首，易之体也；六十二卦错综乎三十四象而交列焉，易之用也。纯乾纯坤，未有易也，而相峙以并立，则易之道在，而立乎至足者为易之资。屯蒙以下，或错而幽明易其位，或综而往复易其几，互相易于六位之中，则天道之变化、人事之通塞尽焉。而人之所以酬酢万事、进退行藏、质文刑赏之道，即于是而在。①

将易释作推移摩荡，突出的是阴阳的运动不息、参伍变化及其包含的对立面既融合又斗争义。对比前人对"易"的解释，王夫之注目的是易的交易、变易义。而对立斗争、参伍变化，必有物质实体——气为之承担。就此义说，乾坤即气的两种基本势用。王夫之解释"乾"字说：

> 乾，气之舒也。阴气之结，为形为魄，恒凝而有质。阳气之行于形质之中外者，为气为神，恒舒而毕通，推荡乎阴而善其变化，无大不届，无小不入，其用和煦而靡不胜，故又曰健也。此卦六画皆阳，性情功效皆舒畅而纯乎健。②

这里虽是解释乾，但包含坤于其中，因为乾坤是统一体之两面，说其一必连带另一，不能孤立、不能分割。此中乾为气之舒展，坤为气之凝结。气凝结为有形有质之物，而舒展散开的势用时时作用于此形质中，与凝结的势用相摩荡，从而引起事物的运动变化。气及阴阳二种互相对反的势用是易之本体，是易之所以展开为一个运化之流行的根据。此点王夫之反复论说，凡涉及宇宙总体时皆强调及之。比如《周易内传》中王夫之在总论乾坤二卦时指出：

> 阴阳者，定体也，确然、隤然为两物而不可易者也，而阳变阴

---

① 《船山全书》第一册，第41页。
② 《船山全书》第一册，第43页。

合，交相感以成天下之亹亹者，存乎相易之大用。以蓍求之，而七八九六无心之动，终合撰于两仪之象数。唯万物之始，皆阴阳之撰。夫人之情，皆健顺之几。天下无不可合之数，无不可用之物，无不可居之位，特于其相易者各有趋时之道，而顺之则吉，逆之则凶。圣人所以显阴阳之仁，而诏民于忧患者，存乎易而已矣。①

此中即以乾坤为阴阳之气，以气为宇宙间唯一实体。此实体的两个方面的交感、摩荡，为易的现实过程。天地万物，其象、其数、其位、其时，皆阴阳之气摩荡变化之显现。这是王夫之一切哲学观点的出发点。

乾坤并建是王夫之易学思想的总纲和基本原理，在《外传》和《内传》中反复提到。首先，从易学系统说，乾坤并建以乾坤两卦为父母，其余六十二卦为其子女，易之卦爻系统是从乾坤中衍生出来的，所以乾坤二卦的地位高于其余卦。这就与汉代象数学以乾坤两卦同于他卦，只为六十四卦象数推移中的一员的观点大异其趣。王夫之因之反对象数学的先天八卦、六十四卦次序、方位图等，认为这些图式只是将阴阳盈虚机械排列，无有哲学道理蕴涵其中，只玩弄数字游戏，对于周易的精义无所发明。他对于京房、焦赣、关朗以及邵雍的象数学多有批评，在《内传》对《系辞》的阐发中此等处尤多。如在对"大衍之数"章的解释中王夫之说：

> 此章由河图以著卦象，由大衍以详筮法，而终叹其神，以见卦与筮之义深，而不但倚于数。今所释经意，有全置旧说不采者，非敢好异先儒，以矜独得，实以术数之言，滥及五行、律历、支干、星命之杂说，殊为不经，圣门之所不道，不可徇俗而乱真。君子之道简而文，天人性道，大正而无邪。故曰："洁静精微，易教也。"乃一乱于京房，再乱于邵子，而道士丹灶、医人运气、日者生克之邪说充塞蔽蠹，故不容不力辨也。②

---

① 《船山全书》第一册，第42页。
② 《船山全书》第一册，第551—552页。

又在解释《说卦传》"数往者顺，知来者逆"一句时说：

> 先天者，学仙者之邪说也。未有天之先，何象何数而可言者耶？……若其云由乾而兑，而离而震；由巽而坎，而艮而坤，两相逆以相遇，唯弄卦画以饾饤成巧，而于理不穷，于性不尽，于得失吉凶无所当，特学仙者顺之则生人生物、逆之则成佛成仙之淫辞。而阳往阴来，相遇于震巽之交，抑阴阳交构，彼家之妖术。圣人作易以顺道理义，致用崇德，亦安用彼为哉！徒虚立一伏羲之名，于世远言湮之后，以欺压文王而上之，为圣人之徒者所不敢徇也。①

在这两段解释中，王夫之着重批评的是术数之学。王夫之主义理解经，不信图书，但他崇信河图，认为河图之黑白圆点所示之数，是《易传·系辞》所谓"天数二十有五，地数三十，凡天地之数五十有五，此所以成变化而行鬼神也"一句的来源和根据，说："河图者，八卦之所自出，灿然眉列，《易》有明文，图有显象。"②这显然是王夫之过信《系辞》中"天生神物，圣人则之；天地变化，圣人效之；天垂象见吉凶，圣人象之；河出《图》，洛出《书》，圣人则之"的神秘思想所致。但王夫之更重视的是此中所表达的天人一理，以以上数理所成的易卦系统模拟、效法、测度万物的作用。也就是说，在易卦系统的来源上王夫之重视人根据天的法象、律则创制工具来效法天、模拟天，在易卦系统的功用上则重视人以自己造出的工具测度天、利用天。总的来说，更重视后者。这一点在王夫之对上引这段话的注释中看得很清楚，王夫之说：

> 天垂象于《河图》，人乃见其数之有五十有五，阳二十五而阴三十，各以类聚而分五位。圣人乃以知阴阳聚散之用，虽无心于斟酌，而分合之妙，必定于五位之类聚，不溢不缺以不乱，遂于其相得而有合者，以类相从，以几相应，而知其为天、地、雷、风、

---

① 《船山全书》第一册，第 624—625 页。
② 《船山全书》第一册，第 546 页。

水、火、山、泽之象，则八卦之画兴焉。①

这里特别强调的是，圣人于天的自然聚散处，天的无所吝留无所丰予之无心处，看到了人的解释、阐发乃至兴作处——兴作一套人造的工具来模拟天地万物的基本原理和法则。所以王夫之又说：

> 《河图》著其象，圣人纪其数，八卦因其合，六十四卦穷其变，要以著一阴一阳之妙用，而天化、物理、人事之消长屈伸，顺逆得失，皆有固然一定之则，所谓"卦之德方以知"也。而筮策之事，以人迓天之用，由此而起矣。②

从这里看，王夫之虽然重视河图，但他更重视的是因河图创制出易卦系统而来的模拟、测度天的功用。不能因为他相信河图就把他和术数家等量齐观。

王夫之反对"先天学"，在他看来，乾坤所代表的天地即为最先，所谓图书，所谓象数，皆是对天地的模拟。天地之先，黑暗幽深，一切皆不可说。《易》所谓"先天而天弗违"之"先天"，只是指人在创制器物的活动中，于气机将动之时，灵感骤发，窥见秘奥，与天地之律则吻合之情形，其间绝无在天地之先、之外之事物可言。它最反对的是邵雍的先天图，上引"由乾而兑……由巽而坎"，即邵雍"伏羲八卦方位"图。而此图及"伏羲八卦次序""六十四卦次序""六十四卦方位"等，皆不过卦爻阴阳消长之机械排列，也就是王夫之所指斥的"弄卦画以饾饤成巧"，无有穷理尽性之妙在其中。只可欺蒙浅达之人，不可深究于雅人君子。王夫之在《周易内传发例》中对邵雍这套象数之术有更为严厉的批评：

> 邵子之图，如织如绘，如钉如砌，以意计揣度，域大化于规圆矩方之中。尝试博览于天地之间，何者而相肖也？且君子之有作也，以显天道，即以昭人道，使崇德而广业焉。如邵子之图，一切

---

① 《船山全书》第一册，第545页。
② 《船山全书》第一册，第547页。

皆自然排比，乘除增减，不可推移，则亦何用勤勤于德业为耶？疏节阔目，一览而尽，天地之设施，圣人之所不敢言，而言之如数家珍，此术数家举万事万理而归之前定，使人无惧而听其自始自终之术也。将无为偷安而不知命者之劝耶？于象无其象，于爻无其序，于大象无其理，文王、周公、孔子之所不道，非圣之书也。而挟古圣以抑三圣，曰伏羲之易；美其名以临之，曰先天。①

这仍是说，邵雍的先天诸图，排甲子死数，一切潜在的可能，皆被不得不然的先天命定所窒息，人的崇德广业的能动性被抹杀不见，只余被动接受的机械框定。更重要的是，此图不能由卦辞说明卦象，不能由爻辞说明卦辞，也不能由上下卦之卦义卦象说明一卦之理。仅以卦象之阴阳升降机械排列。而以先天学为伏羲之易，后天学为文王、周公、孔子之易，将先后天割裂、对立起来，违反了四圣一揆之根本义旨。王夫之并且连带对朱熹不满，认为朱子将邵雍诸图置于《周易本义》卷首，作为学易的指导，是极不应该的。

以上是乾坤并建说对象数学的批判，于中可以见出王夫之本其四圣一揆、象爻一致、占学一理之易学根本原理对一切违反此原理的易学派别的拒斥与批判，和对义理诠释，发挥天道人事之正理的解经路向的坚决捍卫。

二、知能、易简与纯杂

乾坤并建第二个方面的重要义理即乾坤二卦是父母，其余六十二卦是子女，皆由此二卦派生出来。以乾坤为父母而派生其余各卦，这在王夫之研究易学初期即肇其端。《外传》之《系辞》诠释中王夫之提出："大哉周易乎！乾坤并建以为太始，以为永成，以统六子，以函五十六卦之变，道大而功高，德盛而与众，故未有盛于周易者也。"② 太始者，最初发端

---

① 《船山全书》第一册，第668—669页。

② 《船山全书》第一册，第989页。

之所依；永成者，最终成就之归结。乾坤并建所成之本体，既是太始，又是永成，故功劳最高，道德最盛。周易之所以有如此之功能、如此之作用，全在其以乾坤并建为基础。夏之《连山》，商之《归藏》，虽在具体设置上有其殊特之处。但因非以乾坤并建为原理，故其中蕴含的道理寡浅、直遂，皆不能传之久远。而《周易》则能体天地之秘奥而凝聚于、体现为乾坤并建，故广大深厚，有莫大之功用。《外传》在诠解易之"知、能"时对这一点有深切说明：

> 夫天下之大用二，知、能是也；而成乎体，则德业相因而一。知者天事也，能者地事也，知能者人事也。……乃天则有其德，地则有其业，是之谓乾坤，知、能者，乾坤之所效也。……夫天秉乾德，自然其纯以健，知矣；地含坤理，自然其纯以顺，能矣。故时有所鼓，有所润，时互用而相为运，时分用而各有成。震、巽、坎、离、艮、兑之大用，而在六子之各益者，天地初未尝有损，杂者自杂，不害其纯。则终古而无不易也，无不简也，皆自然也，吉凶其所不谅也。圣人所忧患者，人而已矣，故显用于大易，使知欲得夫天下之理者，合天地之用，必其分体天地之撰而不杂者也。[①]

这是说，宇宙间最重要的，无非是两件物事，一是天，一是地。天地共同发生功用。天给万物以存在及其性质，地给万物以存在之展开与性质所以发生功效的现实能量。这是天地的德与业。人的责任在认识和掌握此种知能使天地万物各依其理自然顺畅地实现出来。乾者健，坤者顺；乾始物，坤顺成，万物在健顺的共同作用下产生与运行。万物皆在大化流行总体中互相取益，因而成就自己。万物各取益于天地，而天地未尝有损，此即乾坤之易简。万物为杂，乾坤为纯，杂物撰德，各有其能，万能皆发而不害纯之为纯，一分一合，皆自然之事。此亦"乾道变化，各正性命"之意，亦"易简而天下之理得"之意。必须在乾坤与六子之分合中，各具之性质与功用才能真正发挥出来。故王夫之纵论乾坤与六子、纯与杂的关系说：

---

① 《船山全书》第一册，第 983—985 页。

撰之全，斯体之纯；体之纯，斯用之可杂。几不能不摩，时不能不荡。以不摩不荡者为之宗，以可摩可荡者因乎势，以摩之荡之者尽其变。故可鼓也，可润也，可运也，可成也。而未鼓、未润、未运、未成，乾坤自若也。方鼓、方润、方运、方成，乾坤自若也。统六子而为乾坤，六子之性情咸具，而但俟其生。与六子而并为八卦，父母之功能固著而不倚于子。故致一者其机也，交互者其情也，皆备者其诚也。诚者亡他，皆备而已尔。①

这是王夫之借《易传》"刚柔相摩，八卦相荡，鼓之以雷霆，润之以风雨，日月运行，一寒一暑。乾道成男，坤道成女"一句对"乾坤并建"的深切说明。此中乾坤为体，是纯，是八卦所代表的世间万物发生作用的总根源。八卦、六十四卦为用，是乾坤之撰作，是杂。杂可映衬纯，成就纯，纯可产生杂，显现杂。在杂之显现中，几所代表的各种因缘、势用的混合凝定，时所代表的位分、环境的辐凑融会起了催化、改变、形塑等重要作用。摩荡、鼓润是杂多之间的运动，但如果离开了乾坤所代表的总体，孤立的杂多是没有这些作用发生的。总体为这种运动提供了场所和潜能变为现实的根据；个体将这种潜能在总体这一普遍联系的网络中实现出来。在实现的过程中，总体超然物外，不有计度思谋，不有意想造作，听任个体出自其本性的必然性自然而然地完成。"一机互用"是说，万物是一个互相联系不可割裂的整体，个体是这个互相联系的整体的个别现象，两者是一体两面。总体着重其包含、融通义，个体着重其性质、功能义。无论总体个体，皆诚体，皆"物之终始，不诚无物"。在《外传》中，王夫之以其深刻的形上思维，遄飞之议论，恣纵之笔法，对"乾坤并建"所包含的哲学意蕴，作了深入展开。在王夫之早年的思想中，对乾坤二者各自的作用不是等量齐观，而是分出轻重的：知者主宰义，能者顺承实现义；知主动，能主静；知给事物以存在与性质，并且始终管辖、统御着存在的展开与发展，及性质由潜在到实现的机能与过程，能给予事物以物质性，并配合事物的展开与呈现使之在特定的场域中进行。在对知与能的定

---

① 《船山全书》第一册，第988页。

义与诠释中，已有主与辅、动与静、始与终的不同。这种不同代表的是价值次序的高低。所以有此高低，其根源在《易传》的"天尊地卑"与卦德上的"天行健""地势坤"在修德中的不同位分、不同角色所建立的价值系统，及此系统在渐熏渐劇中对价值导向的确立。

在《外传》的《系辞》中，王夫之有一段关于知能的论说，与上一段互为表里，对乾与坤的不同价值意义给以深切说明：

> 今夫天，知之所自开，而天不可以知名也。今夫地，能之所已著，而不见其所以能也。清虚者无思，一大者无虑，自有其理，非知他者也，而恶得以知名之！块然者已实而不可变，委然者已静而不可兴，出于地上者归功于天，无从而见其能为也。虽然，此则天成乎天，地成乎地。人既离之以有其生而成乎人，则不相为用者矣。此之谓"不易"也。[①]

这是说，天地、乾坤各有其性质和功能，各有其在成就事物中所担当的角色。这种角色不能互易，不能替代。在共同成就乾坤并建之"体"中，天与地互相依持，共同构成本体。在本体中，天的角色在德，即潜能、性质，地的角色在业，即实现、完成。两者构成完整的本体功能。在天地人三才中，人的职责在认识天地的性质与功能，兴起大用，为人之正德利用厚生服务。而所谓兴起大用，不过顺遂天地的性质与功能，使其衍伸、展开而已。天地的性质和功能的衍展遵循其规律，是一个自然的过程。所以有知（主宰）能（效功）之名，而无主宰、效功之实。表面上看，天的作用是主动的，地只是与它配合而起效，天全面、无所遗漏地渗透到地的每一个处所，在在皆激活、兴起地与之共同起效，天的作用是决定性的，这就是"出于地上者归功于天，无从而见其能为"一语的意思。人以自己的特殊视角对天地的功能离而二之并有以上认识，实则天自天，地自地，各各独立，不能混淆和替代。此中王夫之虽有天地共同构成本体，二者中任何一方皆不可或缺的意思，但天主宰，地配合；天主动，地被动；天统

[①] 《船山全书》第一册，第983页。

地，地不能统天的思想是很明显的。他仍然要在本体的各个要素中，分出绝对者和相对者，统御者和辅相者。这是天尊地卑、天动地静、天是至高无上的绝对者等思想在本体论上的反映。

王夫之接着申论他关于天地知能思想的另一个重要侧面——乾健坤顺。乾健坤顺自《易传》以来说者多矣，解易之象数派、义理派莫不就此义发挥。后者阐发尤多，此处不一一缕数。王夫之的特点在，把健顺与主辅、纯杂结合起来，并用以论证人性的构成以及修养工夫中至诚在纯杂、分合中所发生的影响和作用。王夫之说：

> 知能者，乾坤之所效也。夫知之所废者多矣，而莫大乎其忘之。忘之者，中有间也。万变之理，相类相续而后成乎其章，于其始统其终，于其终如其始。非天下之至健者，其孰能弥亘以通理而不忘？故以知：知者唯其健，健者知之实也。能之所穷，不穷于其不专，而莫穷乎室中而执一。执一而窒其中，一事之变而不能成，而奚况其赜！至善之极，随事随物而分其用，虚其中，析其理，理之所至而咸至之。非天下之至顺者，其孰能尽亹亹之施而不执乎一？故以知：能者唯其顺，顺者能之实也。①

这是说，所谓健，是形容天之产生万物相续相继，无有间断，无有缺失。在王夫之眼里，宇宙万物是一个连续不断的洪流，终始如一，不容毫发间断。其间万物网结勾连，丝丝入扣，是一个有机绵延体。万物因为其连续性而焕然成章，有间断有匮缺就失其完整、失其逻辑、失其光彩。王夫之认为，这样一个弥亘而通理的杰作，证明的是一件事：天的至健。至健者无有毫发间断废堕。而坤的功能在配合天、实现天创制万物的潜在可能。地的配合、效功是具体的、个别的，其间最容易发生的差误就是被此具体、个别所掩蔽、拘限，不能全面而合于中道，即王夫之此中所说"执一而窒其中"。但地的配合、实现恰不如此。天是一总体，是一至善，地对天所设立的潜在势能，总能够妥善地具体化、现实化，总能不有先入之见

---

① 《船山全书》第一册，第983—984页。

地按照其固有理则实现出来。这种性质、这种情形同样证明了一件事：地的至顺。王夫之对天地的描述、形容，意在为人完整准确地掌握天地之道树立标准，同时在天地的映照下形显人的不足，指出人背离天地之道的可能途径及其应对之策。

天之至健、地之至顺，王夫之归结为"易简"，此归结是为了对应《易传·系辞》"易简而天下之理得矣"一语。王夫之说：

> 夫弥亘初终而持之一贯，亦至难矣。虚中忘我，以随顺乎万变，勉其所至而行乎无疆，亦至繁矣。则奚以言乎"易简"也？曰：唯其纯也。乾者纯乎奇矣，坤者纯乎偶矣。当其为乾，信之笃而用之恒，不惊万物之变而随之以生识，则历乎至难而居天下之至易。当其为坤，己不尸功而物自著其则，受物之取而咸仍其故，则历乎至繁而行天下之至简。乾则以位乎天者此，以达乎人者此，以施乎地者此；（自注：六爻三才也）坤则以应乎天者此，以运乎人者此，以成乎地者此。因而重之，罔不皆然，此之谓纯。①

这是说，乾生万物之终始一贯、无远弗届，坤成万物之遂顺万变、无物无之，诚亦难矣，但因皆能纯亦不已，即出自本性之必然，如乾之奇（健）、坤之偶（顺），则繁难即变为简易。具体说，乾之纯表现为信道之笃，用情之恒，乘变化而俱往，随所至而明理。如此，则虽难而易。坤之纯表现为遂顺物情，功成不居，予人以善，不变故常。如此，则虽繁而简。乾以上述诸德而居于天位，赋予人性，施于地类。坤以上述诸德而上配天道，中行人类，下成己性。此谓纯。乾坤如此，六十四卦莫不皆有其纯。乾坤为纯，而人不能效法天地之纯，好大贪多，见利忘义，则难以崇德广业。比如人效法乾知，若果甫有其知，即欲兼坤之能于自身，则知不能充量长养，而知不全。以此不全之知去应对事物，必被事物牵绊，不能执持己之刚健自性。侥幸有功，则据为己有，忘记坤能助己之功劳，如此则刚健变为弱丧。又比如人效法坤能，恃所能以为知，忘掉自己配天之本务，不能

---

① 《船山全书》第一册，第 984—985 页。

遂顺天德，则意见即成私见，识知即成武断，如此则至顺变为违逆。

王夫之进一步申论，认为人之不能纯，不能健顺，关键的原因在于混淆乾与坤、知与能。为什么会有此混淆，王夫之从人性上给以说明，并且指出克服此弊病的途径。他先指出混淆的原因：

> 人受天地之中以生，而不能分秩乎乾坤，则知能顾以相淆，健顺顾以相困矣。夫人亦有其动焉，亦有其入焉，亦有其幽明之察焉，亦有其止焉，亦有其说焉。然而惟能以健归知，以顺归能，知不杂能，能不杂知者，为善用其心之机，善用其性之力，以全体而摩荡之，乃能成乎德业而得天下之理。藉其不然，天之明固在也，地之力固在也，莫知所秩，乘志气之发而遂用之，故德二三非其德，业将成而或败之矣。是以周易并建乾坤以为首，而显其相错之妙。天事因乎天，地事因乎地。因乎天而坤乃有所仿，因乎地而乾乃有所成。故易者，圣人之以治天下之繁难而善其德业者也。①

在王夫之看来，人生来即禀天命之性，而天命之性为总体，为浑全，其中主宰、能动之乾知与被动、配合之坤能是缠绕、混合在一起并互相妨碍的，此即"相淆相困"。但人又须明乾坤各自的功用，乾健坤顺，分别其用，不相淆杂。如人之一身，乾（健）坤（顺）之外的六卦所代表的各种运动方式如动（震）、入（巽）、幽（坎）、明（离）、艮（止）、兑（说）皆具，在乾坤、知能各司其职的情况下，各各发挥其作用。但只有乾坤总体为其提供摩荡攻取、鼓之润之、薄之射之的场所，六子才能各效其能而为一活泼泼的总体，德业才能成就。所以，既要"显其相错之妙。天事因乎天，地事因乎地"，又要乾坤合德，总体为用。这就是周易为什么要以乾坤并建为其首出之原理，为其最基本的预设，为其开篇第一义的原因。

可以看出，以上人性之浑全、之总合与乾坤并建之分秩这一矛盾，王夫之是用"两一"相即相分的辩证思维来解决的，这一辩证思维贯穿于他的全部著作，是他的哲学的灵魂和神髓。王夫之说：

---

① 《船山全书》第一册，第986页。

虽然，亡他焉，全体之而得矣。全体之，则可以合，可以分。诚积而必感，自摩之以其几；道备而可给，自荡之以其时。故坤定则贵贱位，刚柔断，聚以其类，分以其群，象不旹，形不枑，皆定之者不杂也。是故可鼓可润，可寒可暑，可男可女，诉合而不乱。贤人以之为功为威，为行为藏，为内治为外图，成震、巽、坎、离、艮、兑之大用。故曰："《易》，天人之大用也。"盖纯备之、分秩之之谓也。①

此中"全体之"，就是将以上所说乾坤与六子之既分又合的道理体证、践行于身心。只体知其分或只体知其合皆不为"全"。"全体之"则可以分，可以合；合不废其分，分不坏其合；分中有合，合中有分。王夫之这里并且提出一个重要观点：欲达到上述分合自如的地步，必须有诚的境界方可奏其功。诚的境界是一个积累，是"义精仁熟"。王夫之此处没有多涉及积累之内容与步骤，但综合王夫之他处的论述可知，即孟子"集义所生者"。王夫之的深刻之处在，他认为，只要诚积累到相当境界，必自然发生对外物的主动反应，必在合适的时间、地域，总体之浑合因有应对外物的内在要求而自然显化为具体。因诚之纯备，浑全之道无匮乏、虚歉之虞，分殊之物无躐等、淆乱之害，乾坤析为分殊，分殊中贵贱各得其位，刚柔各循其理，万物之貌色形质无缺无亏。这是因为乾坤有定，此定有分有合，潜在地决定着万象之性质。万象之不杂，各得其位，各循其理，正好成就其浑全之纯。易的作用，正在这一总一别，一浑全一分殊的关系中发生。王夫之的乾坤并建理论中，这是一个独特的诠释向度。它把天道人事、本体功夫、物理人性统一在这一理论中，展开为一个宏大的系统。它在易学语言中，充满了辩证思维的慧识，和由修养至诚达到的独特觉解。

三、体用相持：太极有于易以有易

　　乾坤并建的又一个诠释方向是，乾与坤同时生成，并体而立，阳不

---

① 《船山全书》第一册，第 986 页。

孤阳，阴必与之同时而立；阴不孤阴，阳必与之同时而在。阴阳为一体之两面，两面成此一体。此两面之活动，是这一体的展开，而非产生之关系。所以乾坤并建的形态、格局是本体论的，它自始就拒斥宇宙生成论。

王夫之首先以此本体论来批评道家和纬书的宇宙生成论，他说：

> 乾坤并建于上，时无先后，权无主辅，犹呼吸也，犹雷电也，犹两目视、两耳听，见闻同觉也。故无有天而无地，无有天地而无人，而曰"天开于子，地辟于丑，人生于寅"，其说诎矣。无有道而无天地，而曰"一生三，道生天地"，其说诎矣。无有天而无地，况可有地而无天，而何首乎艮坤？无有道而无天地，谁建坤艮以开之先？①

这是说，乾与坤同时建立，从时间上说无有先后，从二者关系上说无有主辅。这里需要注意的是，前述从乾与坤的主动与配合、潜能与实现说，二者可分出主辅。而此处从二者共时并立的角度说，乾与坤无先后因而无主从。两者如同呼与吸，雷与电，是一体之两面，而非有先后、主从的两个东西。乾坤并建，乾与坤所象征的天与地亦同时而有，无先后主从。王夫之这里重言申明乾坤并建的本体义，是为了批评他认为的异端邪说象数学与道家的宇宙生成论。

"天开于子，地辟于丑，人生于寅"，出自邵雍，它继承前此象数学的方法，将天干、地支、天象人事机械地拼装于一个框定的系统中。它的思维方法是单线延展而非辨证回环的，是排比坐实而非阐释衍生的，是终始界限分明而非不可典要变动无方的，总之，是宇宙生成论的而非本体论的。这与王夫之以周易为载体，就辞、象、变、占之蕴涵、运动发挥他对天道人事的根本见解的解释学意设大相径庭。所以他在《外传》《内传》中处处批评象数学，特别对邵雍的先天学批评尤力。这在前面的论述中涉及已多，此处不赘。

关于乾与坤并时而有，王夫之有更深入的论说：

---

① 《船山全书》第一册，第989页。

> 然则独乾尚不足以始，而必并建以立其大宗，知、能同功而成德业。先知而后能，先能而后知，又何足以窥道闾乎？异端者于此争先后焉，而儒首效之，亦未见其有得也。夫能有迹，知无迹，故知可诡，能不可诡。异端者于此，以知为首，尊知而贱能，则能废。知无迹，能者知之迹也。废其能，则知非其知，而知亦废。于是异端者欲并废之。……故乾坤并建，以统六子，以函五十六卦之大业，唯周易其至矣乎！①

这是说，乾与坤并建，知与能兼举，二者如车之两轮，鸟之双翼，共同构成事物。知能分先后，是不知道之精蕴。而佛道及儒家中的异端，在乾与坤、知与能中分先后，其结果必是知能皆废。知能二者中，能具现实性，知则此现实性之潜在根据；知上易于别造其说，故有各种关于本体的学说，有各种知为首出、尊知贱能的理论。而只要割裂知能，则知非其知，能非其能，必导致知能两废。这是他批评佛老及儒者中的异端的立论根据。

王夫之多处用乾坤并建说批评老子的宇宙生成论。在他看来，邵雍的先天学与老子虽大有不同，但"天开于子，地辟于丑，人生于寅"与"道生一，一生二，二生三，三生万物"思维方法是相同的，两者都是宇宙生成论，天地是顺序地、渐渐而生的；两者都假定天地之生有一个开始，而且如果逻辑地推上去，必至"有生于无"之说。天开于子，子前何物？必至鸿濛廖廓之不可说、不可思议之境。这与老子的道同一品格。也正因为此，王夫之对道家的生成论终始指斥不遗余力。更重要的是，象数学往往与道家、阴阳家、兵家之术数权谋合流，窃弄捭阖，诡用巧诈，背离大中至正之理，王夫之认为这是学易而走入邪妄。在这一点上王夫之言之甚多，尤其是晚年所写的《内传》，阐天人之正理，诎背道之杂说，言之尤为谆切详明。如《内传》在解说《系辞》"易，无思也，无为也，寂然不动，感而遂通天下之故。非天下之至神，其孰能与于此"一句时说：

---

① 《船山全书》第一册，第989—990页。

"通天下之故",谓言、动、器、占皆于此而得也。此则至精至变,而括之于一理之浑然,以随感必通,非智计之所能测,惟"天下之至神"乃能与也。天下之至神,诚之至也,健而诚乎健,顺而诚乎顺,絪缊而太和,裕于至足之源,精粗、本末、常变皆备于易简之中,故相感者触之,而即与以应得之象数,非但筹量调剂以曲赴乎事物,此则神之所以妙万物而不测也。周子曰:"诚几神",谓诚则几,诚之几则神也。①

这是说,只有修养到至诚地位,才能与天地之诚合一,才能将诚所内蕴的合理应对事物的精义体之身心,才能立足于天道宽裕之本体,不心劳日拙地筹算画量而得符情合理的结果。而道家则与此相反,以一己之小明掩事理之大诚,虽可通顺于一时,却终不免于败亡。因世上恃一时之浮明小慧而冀侥幸之功者多有其人,故王夫之对此提揭尤为切至。如《内传》在总结《系辞》第十章之义旨兼论"易有圣人之道四"时说:"夫子阐易之大用以诏后世,皎如日星,而说易者或徒究其辞与变以泛论事功学术,而不详筮者之占,固为未达;又或专取象占,而谓易之为书止以前知吉凶,又恶足以与圣人垂教之精义。"②在论及"极深、研几"时也说:"唯纯乎健顺,以知太始而作成物,故无深非其深,无几非其几,以速于应而妙万物。若何晏、夏侯湛之徒,以老庄之浮明,售其权谋机智,而自谓极深而入神,则足以杀其躯而已。无他,诚与妄之分也。"③在解说《系辞》之"夫易,开物成务,冒天下之道"一句时也说:"夏、商之世,易道中衰,或多为繁说,侈于吉凶,而不要归诸道。文王乃作周易,一本诸天人之至理,止其诬冗,唯君子谋道乃得占以稽疑,理定于一而义严矣,以此立教。后世之窃易者,或滥于符命,如《乾凿度》;或淫于导引,如《参同契》;或假以饰浮屠之邪妄,如李通玄之注《华严》;又其下则地术星命

---

① 《船山全书》第一册,第555页。
② 《船山全书》第一册,第557页。
③ 《船山全书》第一册,第556页。

之小人皆争托焉，恶知易之为用但如斯而已乎？"①此处皆对周易正理之阐述，对术数小技之贬斥。其归向则在极深研几，与乾坤并建所代表的诚体为一。

对纬书中的宇宙生成论，王夫之也有严厉批评，王夫之在《外传》中对《系辞》"阖户谓之坤，辟户谓之乾"一句进行发挥时说：

> 《乾凿度》曰："有太易、有太初、有太始、有太素。"危构四级于无形之先，哀哉！其日习于太极而不察也！故曰："阖户""辟户"。有户，则必有材以为户者，则必有地以置户者；阖，则必有阖之者；辟，则必有辟之者。为之、置之、阖之、辟之，彼遂以是为太极也，且以为太易、太初、太始、太素也。夫为之、置之，必有材矣，大匠不能抟空以造枢楗；阖之、辟之，必有情矣，抱关不能无司以为启闭。材则其阴阳也，情则其往来也。使阴阳未有之先而有太极，是材不夙庀，而情无适主；使仪象既有之后遂非太极，是材穷于一用，而情尽于一往矣，又何以云"乾坤毁则无以见易"也乎？②

太易、太初、太始、太素是《易纬》代表物质产生的四种形态，每一种形态都是时间上的一个阶段，此四阶段皆在气产生之先。这种关于物质形态阶段的思维方法，是典型的宇宙生成论方法。它本来是思辨或猜测的产物，但却坐实为四种曾经存在过的物质形态。王夫之认为，对现实的物质始基——气视而不见，习焉不察，却去冥想恍惚无凭之物，是为不智。他从"阖户谓之乾，辟户谓之坤""乾坤毁则无以见易"一语的语义逻辑来论证宇宙生成论的荒谬：说"阖户""辟户"，必先有"户"，而有户必先有木材与放置门户之地。而说"阖辟"，必先有为之置之、阖之辟之者。如按《易纬》等发生学的说法，此皆太极以及太易、太素等之功。而太极、太易等从逻辑上说皆在有物之先。如此则何异于制造户枢、启闭

---

① 《船山全书》第一册，第557页。
② 《船山全书》第一册，第1024—1025页。

门户皆为无中生有之事。故生成论不能成立。王夫之此处虽有将玄言中的譬喻坐实为现象界中的实事之嫌，但他以本体论反对生成论的意向是很明显的。王夫之的理论出发点即本体论，本体论则能生者与被生者是体用关系，包含关系，潜在与展开、可能与现实的关系，而非能生与所生的关系。

关于"生"，他在《周易稗疏》中论及"两仪生四象"之时就曾指出：

> 生者，非所生者为子，生之者为父之谓。使然，则有有太极无两仪、有两仪无四象、有四象无八卦之日矣。生者，于上发生也，如人面生耳、目、口、鼻，自然赅具，分而言之，谓之生耳。……要而言之，太极即两仪，两仪即四象，四象即八卦，犹人面即耳目口鼻，特于其上所生而固有者，分言之，则为两、为四、为八耳。邵子之术，繁冗而实浅，固其不足从，以经考之自见。故读易者以不用《先天图说》为正，以其杂用京房、魏伯阳、吕岩、陈抟之说也。①

这里明确说，宇宙生成说与本体说是两种截然不同的思维方法。前者是母生子式的生，是原来无有的东西产生，而后者则是面生口鼻式的生，是本有的东西特别显出。凡宇宙间存在的事物，都不能从绝对虚无中凭空产生。太极、两仪、四象如此，世间一切皆如此。乾坤并建，二者同时而有，自始即规定了在此思维方式和哲学径路笼罩、包含下的一切，都是体用一源的，都是即存在即展开的，自始即杜绝一切有可能陷入无中生有的学说、理论。

在《内传》中王夫之也说：

> 后世纬书，徇黄老养生之邪说，谓有太初、有太始、有太易，其妄滋甚。易在乾坤既建之后，动以相易。若阴阳未有之先，无象无体，而何所易耶？邵子"画前有易"之说，将无自彼而来乎！②

---

① 《船山全书》第一册，第789—790页。
② 《船山全书》第一册，第42页。

此中对宇宙生成论的批评甚为明显，对妄用周易者特别是道家进行激烈的批评，并在批评中阐明学易用易之正道。

王夫之据其乾坤并建对本体论思维方法进行了大量论说，这集中体现在他的一个著名命题"太极有于易以有易"中。此中太极为宇宙本体，易为此本体中包含的事物的互动交运。此命题是说，太极本体之有万物万变，就体现在它被万物万变所共有之中；太极与万事万物不是两个存在，而是一个存在的两个方面，二者是体与用的关系，不是生成与被生成的关系。他说：

> "易有太极"，固有之也，同有之也。太极生两仪，两仪生四象，四象生八卦，固有之则生，同有之则俱生矣，故曰"是生"。"是生"者，立于此而生，非待推于彼而生之，则明魄同轮，而源流一水也。①

这是说，易有太极，太极本来即包含于易中，是同时而有，并非一个更高、更前的本体生出。此即"立于此而生，非待推于彼而生之"之意。太极与两仪，如月有朔望，水有源流，皆一体之两面。

王夫之继续申论：

> 是故乾纯阳而非无阴，乾有太极也；坤纯阴而非无阳，坤有太极也。剥不阳孤，夬不阴虚，姤不阴弱，复不阳寡，无所变而无太极也。卦成于八，往来于六十四，动于三百八十四，之于四千九十六，而皆有太极。策备于五十，用于四十九，揲于七八九六，变于十有八，各尽于百九十六，而皆有太极。故曰"易有太极"，不谓"太极有易"也。唯易有太极，故太极有易。②

这是用易学语言，说明"太极有于易以有易"。无论从卦体说，从爻数说，从筮法说，易之总体皆体现于具体卦爻中。易有太极者，总在别中，

---

① 《船山全书》第一册，第1023—1024页。
② 《船山全书》第一册，第1024页。

全在分中，一在多中；太极有易者，别中有总，分中有全，多中有一。前后两说是视角之不同，非存在之有异。前说以后说为根据，后说以前说为缘由，二者互相含摄，名异而实同。

王夫之进一步论证：

> 所自生者肇生，所已生者成所生。无子之叟，不名为父也。性情以动静异几，始终以循环异时，体用以德业异迹，浑沦皆备，不漏不劳，固合两仪、四象、八卦而为太极，其非别有一太极，以为仪、象、卦、爻之父明矣。故太极之于河图，未有象也，于易未有数也，于筮未有策也，于卦未有占也。象皆其象，数皆其数，策皆其策，占皆其占。有于易以有易，莫得而先后之。[①]

"所自生者"，万物之本体、来源，"所已生者"，本体所显现之万事万物。两者既对立又统一，如性与情、始与终、德与业，本一体浑沦，不过有动静、时地、迹与所以迹之不同，非互不联属之二物。太极与易之言、象、数、占，皆此种关系，无先后可言，此即"有于易以有易"。王夫之以此批评《易纬》之宇宙生成论，玄学之贵无论，庄子之"道在未始有物之先"，唯识宗之"一念缘起无生"等，以为皆违离乾坤并建、体用胥有之义：

> 故不知其固有，则绌有以崇无；不知其同有，则奖无以治有。无不可崇，有不待治，故曰"太极有于易以有易"，不相为离之谓也。彼太易、太初、太始、太素之纷纭者，虚为之名而亡实，亦何为者耶？彼且曰："有有者，有无者，有未始有夫有无者。"或且曰："七识以为种子，八识以为含藏，一念缘起无生。"呜呼！毁乾坤以蔑易者，必此言夫！[②]

从这里可以看出，乾坤并建所体现的体用胥有、体用一如是王夫之的理论

[①] 《船山全书》第一册，第1024页。
[②] 《船山全书》第一册，第1025页。

基石，是他对治一切学说的利器，评判一切学说的标准。这一理论在易学上体现为"太极有于易以有易"，是一切解易方法、原理、体例的根据，在王夫之的思想中，处于基本和中心的地位。

对宇宙生成论的批判，也连及《连山》《归藏》。《连山》《归藏》与《周易》并为"三易"，《连山》为夏代之易，《归藏》为商代之易，《周易》为周代之易。此处"易"指以特殊的筮法预测吉凶。按王夫之的解释，此三种筮法唯《周易》最为完备，而《连山》《归藏》都有偏弊，原因是它们皆违背了乾坤并建的法则。王夫之批评《连山》《归藏》说：

> 《连山》首艮，以阳自上而徐降以下也。《归藏》首坤，以阴具其体以为基而起阳之化也。夏道尚止，以遏阴私而闲其情。然其流也，墨者托之，过俭以损其生理。商道拨乱，以物方晦而明乃可施。然其流也，霸者托之，攻昧侮亡以伤其大公。呜呼！道盛而不可复加者，其惟周易乎！周道尚纯，体天地之全以备于己。[①]

这是说，《连山》以艮☶为首卦，艮之三画，上一画为阳爻，另二画为阴爻；阳为刚健、纯粹，阴为私欲、滥情。夏朝人崇尚质朴，崇尚有止，故其卦以艮起首，象征上悬阳爻以为镇下二阴之物，遏止阴私而防闲情欲太过。但夏人伤于质直而至于无文，流于墨家之苛苦，"其生也勤，其死也薄，其道大觳……反天下之心，天下不堪"（《庄子·天下》语）。《归藏》以坤☷为首卦，坤三画皆阴爻，象征以阴为基础而从中生起阳刚之化。商朝人是对夏朝人以阳镇阴、遏私闲情太过的拨乱反正，故大力张扬个性，崇尚权力，由此导致霸道之大行。霸道则绌仁义而"争于气力"，以致强凌弱、大欺小、众暴寡之事触处皆是，天下之公义公利弃置不讲。《周易》监于夏商二朝之过，取其善而弃其恶，对前二朝之政教礼文加以损益，故孔子叹美"周监于二代，郁郁乎文哉！吾从周。"周朝尚文，礼乐大兴，政教美备，表现在筮法上就是《周易》。而《周易》之所以美备，就在它能"体天地之全"。天者乾，地者坤，体天地之全即乾坤

[①] 《船山全书》第一册，第989页。

并建。所以王夫之褒扬周易，就是褒扬乾坤并建；批评《连山》《归藏》，就是批评它不能乾坤并建。他之所以反对《序卦传》，弃之不为作注，斥之为"非圣人之书"[①]，也是因为它违背了乾坤并建原则。王夫之在《内传》中对此作了精辟的归结：

> 学易者能体乾坤之易简，则理穷性尽，而与天地合德也。知无不明，则纯乾矣；行无不当，则纯坤矣。以之随时变化，唯所利用，而裁成辅相之功著焉，则与天地参。故《周易》并建乾坤十二位之阴阳，以听出入进退，成六十四卦、三百八十四爻之象占，所以尽天道，昭人极，为圣学合天之轨则，位有异，时有殊，而无九六以外有余、不足之数得参焉。斯以冒天下之道，而非《连山》《归藏》之所及，况后世之窥测气机以占利害，如加一倍乘除之法，及复姤为小父母之支说，其不足与于三圣大中至正之道，明矣。[②]

此段话有对乾坤并建法则的解释，有对运用此法则之积极结果的赞扬，有对违背此法则特别是邵雍的加一倍法、复姤小父母说的贬斥，也有对《连山》《归藏》之不足的说明，是王夫之易学理论的概括，也是王夫之心目中的儒家圣学大中至正之道的指证。这段话是《内传》对《系辞》"易简而天下之理得"一句的注语，故亦可视作王夫之对天地之理的简切说明，更可视作王夫之对他的根本哲学思想的深刻总结。

四、"阴阳向背"：幽明与隐显

除了批评老子的宇宙生成论和邵雍的先天学，阐发阴阳同时而有，孤阴孤阳不能生物的基本原理和"太极有易以有于易"的本体个体互为主体之外，乾坤并建的另一个重要诠释方向是阴阳十二位隐显、向背、幽明。乾为六阳爻，坤为六阴爻，乾坤并建，无时或单，故恒有十二爻。乾

---

① 见《周易外传》，《船山全书》第一册，第1091页；《周易内传》，《船山全书》第一册，第638页。

② 《船山全书》第一册，第512页。

为六阳显，六阴隐；坤为六阴显，六阳隐。但乾显时已逻辑地包含阴，坤显时已逻辑地包含阳。故乾与坤各有十二位，隐显各半。这就是阴阳向背十二位之说。

阴阳向背十二位，王夫之此论吸取了汉代京房的飞伏说。飞者显明，伏者幽隐。京房认为八宫卦乾、震、坎、艮、坤、巽、离、兑每一卦后面都隐藏着其相对之卦，如乾隐坤，坎隐离之类。汉易的飞伏说正好有与乾坤并建说相类似的地方，故王夫之受此影响提出阴阳向背说。① 王夫之在《外传》中已对此说有明确阐发，晚年的《内传》，对此说之愈详，持之愈坚。如在《周易内传发例》中王夫之说：

> 易之乾坤并建，则以显六画卦之理。乃能显者，爻之六阴六阳而为十二，所终不能显者，一卦之中，向者背者，六幽六明，而位亦十二也。十二者，象天十二次之位，为大圆之体。太极一浑天之全体，见者半，隐者半，阴阳寓于其位，故毂转而恒见其六。乾明则坤处于幽，坤明则乾处于幽。周易并列之，示不相离，实则一卦之向背而乾坤皆在焉。非徒乾坤为然也，明为屯蒙，则幽为鼎革，无不然也。……时隐而时见者，天也，太极之体不滞也。知明而知幽者，人也，太极之用无时而息也。屈伸相感，体用相资，则道义之门出入而不穷。②

这段话是在《内传发例》中作为解《易》根本义例提出的，故有纲领、法则的意义。按王夫之此中的说明，乾坤十二位向背所遵循的原理是正反相因、对立统一。屈与伸、体与用，乃至一切统一中之对立的双方，皆既相感应，又相资借，这是天道的法则，义理的真谛，出入道义的门户。天道本然如此，无时不然，无地不然，非人力所能安排。人之所见有明有幽，但天之蕴含本来明则有幽，幽则有明。故乾坤并建，正是对天道的体证、模拟。能显者六阴六阳十二位，此为向、为明，不能显者，亦六阴六阳

---

① 说见朱伯崑：《易学哲学史》第四册，华夏出版社1995年版，第93页。
② 《船山全书》第一册，第658—659页。

十二位，此为背、为幽。天道有明必有幽，有显必有隐，故模拟天道的卦爻，亦有明有幽、有显有隐。乾坤并建中阴阳并列为十二，六阴六阳皆显，不过表示阴阳不相离。实则只见乾之六阳，已隐含坤之六阴；只见坤之六阴，已含乾之六阳。乾坤各有十二位。不仅乾坤如此，相错之卦如屯与鼎、蒙与革等皆如此。王夫之并且认为，阴阳向背十二位，象征天之十二区域（即中国古代天文学的黄道十二宫），故与天体相合。天体可用太极代表。乾坤并建，即"易有太极"。周敦颐之《太极图》，也可说依照乾坤并建而阴阳十二位向背之理制作。如，最上一圈，为太极；往下第二圈"阳动""阴静"，为坎离，乃太极中阴阳互涵之象，此二卦，能显者三阳三阴，而未显于图中者，亦有三阳三阴。所不同者，《太极图》所显是三画卦，而乾坤并建是六画卦。所同者，乾坤并建与《太极图》皆含阴阳向背之理于自身，皆有太极为阴阳之本体。王夫之论太极说：

> 絪缊升降、互相消长盈虚于大圆之中，则乾坤尽之，故谓之"缊"，言其充满无间，以爻之备阴阳者言也。又谓之"门"，言其出入递用，以爻之十二位具于向背者言也。故曰"易有太极"，言易具有太极之全体也；"是生两仪"，即是而两者之仪形可以分而想像之也。又于其变通而言之，则为四象；又于其变通而析之，则为八卦。变通无恒，不可为典要，以周流六虚，则三十六象、六十四卦之大用具焉。乾极乎阳，坤极乎阴，乾坤并建，而阴阳之极皆显；四象、八卦，三十六象六十四卦摩荡于中，无所不极，故谓之太极。阴阳之外无理数，乾坤之外无太极，健顺之外无德业。合其向背幽明，而即其变以观其实，则屯蒙、鼎革无有二卦，而太极之体用不全，是则"易有太极"者，无卦而不有之也。故张子曰："言幽明不言有无。"……太极一图，所以开示乾坤并建之实，为人道之所自立，而知之者鲜矣！①

此段话是王夫之发挥《易传》"乾坤其易之缊邪？乾坤成列，而易立乎其

---

① 《船山全书》第一册，第658—659页。

中矣""天地设位，而易行乎其中矣。成性存存，道义之门"诸重要义理，对太极与两仪、四象、八卦关系的最明确的解说。"缊"重在说易之实为乾坤所代表之阴阳之充满无间、盈虚消长。"门"重在说乾坤以十二位之向背、隐显为出入易之门户。"缊"为体，门户为用；易为体，乾坤为用；乾坤为体，十二位之向背、隐显为用；太极为体，两仪、四象、八卦等为用。总之，乾坤并建可以辗转生发出易道之所有原理，理数、德业皆是阴阳向背原则下上演之生动、多样的活剧。阴阳向背是王夫之易学中不得不有的解释向度。

这条原理在对《周易》经传文句的解释中经常用到。如《系辞》下"夫乾，天下之至健也，德行恒易以知险；夫坤，天下之至顺也，德行恒简以知阻"一段，一般皆顺自处忧患而化险为夷之路数解释，朱熹的解释就很有代表性：

> 至健则所行无难，故易；至顺则所行不烦，故简。然其于事皆有以知其难。
>
> 而不敢易以处之也。是以其有忧患，则健者如自高临下而知其险，顺者如自下趋上而知其阻。盖虽易而能知险，则不陷于险矣；既简而又知阻，则不困于阻矣。所以能危能惧而无易者之倾也。[1]

王夫之则不循这条解释路向，他从乾坤并建十二位向背之纯杂互成之理去解释，他说：

> 阳健阴顺，积阳以纯健而乾成，积阴以纯顺而坤成。积故能至，纯故至，而天下之至者莫至也。至健而易，至顺而简，易简而险阻知，唯其纯也。若夫一变而六子，再变而五十六卦，阴阳多少之数畸而不积，杂而不纯，然且吉凶定而亹亹成，以分功于乾坤，则何也？曰：因此而知阴阳之数，凡卦而皆六，未有缺矣。阴阳各六而十二，其来也有位，其往也必有居。以其来知其往，亦因而知向背之位，凡卦皆十二位，而未有缺矣。……不可见而有其理，方

---

[1] （宋）朱熹撰，廖名春点校：《周易本义》，第195页。

> 可见而有其事。理与事称，六位相准而必均。然而盈虚多寡之不齐，则谋与行舛错于物变，而行与改参差于事情也。理与事称，吉凶非妄，而事有理。事与理称，吉凶不虚，而理有事。事有合离，理有柔刚，理事各半。事在理之中，而居理之半；理在事之中，而居事之半。合离柔刚各分其所半，至相乘以成乎半。故阴阳之各六，与十二位迭运于往来而相若焉。故一往一来，而健顺之至者，恒一成具在而无不足。往来相期，存发相需，多寡相倚，理事相符。有其至积，成其或畸；有其至纯，治其或杂。六子五十六卦，皆具六阴六阳于向背之六位，无不具者无不至，无不至者无不知，而又何疑焉？①

这是说，乾坤并建，乾由健积累渐进至纯而成，坤由顺积累渐进至纯而成。因其健顺，故能易简，因其至纯，故知险阻。此义是因仍朱熹而来。而下面乾坤生六子，生五十六卦，则完全是顺王夫之自己的义理而下推。王夫之认为，乾坤至纯，六子五十六卦至杂，但恰是杂对于具体事物有定吉凶成终始之功，恰是杂成就了纯。这里的原因在于，六十四卦皆有阴阳六位，此是显，是向，是明，另有与此相对之阴阳六位，是隐，是背，是幽。故每卦实皆十二位。十二位中之来，指方来、在场，是显，十二位中之往，指过往、不在场，是隐。但来者有位而往者有居。其位其居皆在此十二之中。每一具体物皆有理有事，理者不可见之隐，事者可见之显。事物之盈虚多寡、吉凶刚柔各各有异，但皆有理事隐显两面，此不可逃之理。故就事物说，事在理中，理在事中，事、理各居其半，而成就另一半。此原理体现在易上，则六十四卦每一卦皆以其阴阳多寡盈虚之不同，运行于向背十二位中。之所以能如此，是因为乾与坤之至纯恒常相因相倚，体用一源，此体之纯恒表现于用之杂中，无不具足。往与来，存与发，多与寡，理与事，一隐一显，恒相需，恒相成，而皆取给于乾坤并建之本体。无其纯则无其杂，无其杂则无其纯，这就是王夫之所谓"有其至积，成其或畸；有其至纯，治其或杂"之意。这里王夫之并没有象数学将

---

① 《船山全书》第一册，第 1068—1069 页。

阴阳预定、排比、顺推的意思，而是将乾坤并建、对立统一原理推广于一切事物中，将"纯"所聚积、充满于自身的内蕴之力发散、体现于它所派生的具体中，使具体带着此一般的性质活动。其中"纯"一概念的意蕴尤其重要，它有在积累中蕴蓄，在充养中提纯，在大成时自动发挥的含义。所以本体不是死物，它是能动的，能把自己的性质与功能主动地体现在自己的派生物上的能力和现实作为。

这一点在王夫之强调本体之"全"上也表现出来，王夫之说：

> 向背往来，蒸变参差而无所少，其数全也，其位全也，数全、位全而时亦全也。故曰：无有乾而无坤之一日，无有坤而无乾之一日，无阴阳多少不足于至健至顺之一日。要所用者恒以其数位之半，相乘于错综而起化。故气数有衰王而无成毁，蒸陶运动以莫与为终始，古今一至，而孰有不至者哉！①

这是说，尽管在阴阳向背之十二位中，无时无刻不有感染、生发、变化之无预期的运动，但阴阳之总数无所少，十二位无所少，十二位所显现之时空环境也无所少。因为在乾即有坤，在坤即有乾，无有或违。至健至顺，其数、其位、其时全体具足，无有或缺，显一半，隐一半，在阴阳错综中变化。此变化只涉及气数之衰旺，时位之变动，而与成毁、终始无关。这是因为乾坤是至纯，是本体，它是具足的。具体之变化无方、不可典要不碍总体之全。这就是王夫之"易简而险阻知，唯其纯也"一语的深刻意蕴。

十二位向背是思辨的，是根据乾坤并建之体的性质及体用一源的原理引申、推论出来的，它不是象数学的机械排比和框定。这一点在王夫之强调阴阳多寡所代表之数无预设之次序，无预定之时位，无预期之结果上可看得很清楚。而象数学则总体中的每一个体皆按照一人为的规则被预设、被框定。只要知道此规则，每一个体皆可推出来。这是王夫之与象数学的最大不同。

---

① 《船山全书》第一册，第1070—1071页。

第六章

占学一理，即占是学

一、易非卜筮之书

《周易》本是上古时期遗留下来的占筮记录的整理汇编，非成于一人一时。《汉书·艺文志》提出"人更三圣，世历三古"说，认为伏羲画八卦，周文王演为六十四卦，并作卦辞和爻辞，孔子作十翼。后世又提出周公作爻辞，朱熹据此概括为"人更四圣"说。这个说法认为四圣作易是为了指示人们在不同的境况之下趋吉避凶，其中道德教训的意味很弱。此说在易学史上影响极大。自王弼开创以老庄之理解易的风气，特别是宋易中的义理学派兴起之后，认为周易乃道德训诫之书的观点占有十分重要的地位。如程颐认为周易显示给人的是世间万物的性命之理，可以通幽明之故，可以尽事物之情，人根据周易之道，可以开物成务。同时从中看出圣人对后世的忧患之情。朱熹虽认为周易中包含有阴阳消长盈虚之道，但重要的是人根据此道定进退存亡，易本卜筮之书，《春秋》中所记用周易占筮之事，都是卜问吉凶。直到孔子作《易传》，才从卦爻辞中发挥出道理。所以"文王重卦作繇辞（按指卦辞），周公作爻辞，亦只是为占筮设。到孔子，方始说从义理去。"① 所以朱熹批评程颐的《周易程氏传》，说他是借周易经文说自己对天地间道理的理解，不是解释周易本来的意思。"伊川见得个大道理，却将经来合他这道理，不是解易。"② 朱熹还指出，《周易》即使是讲道理，也是依据卦爻辞，不是脱离卦爻辞空说道理；而且说出道理来是为了使人明晓此道理而避凶趋吉，不是为了提高人的德行。《周易》最后要落实到吉凶上。所以就根本性质说，周易是一部卜筮之书。此义朱熹在讲学中反复提起。了解了这一点，就可以知道朱熹《周易本义》之"本义"究在何处，同时也就可以知道《周易本义》中判断吉凶的方式，如"爻有此象，故因以戒占者""戒占者宜如是""其占为如是，则吉也"等的意指所在。后来的易学家，多遵循朱熹此种解易方向。

王夫之对于《周易》的看法与朱熹有较大不同，虽也讲揲蓍之法，也顺周易的文字讲吉凶，但他认为，易为卜筮之书，此不待言，而从根本上说，周易更是一部道德教训之书。他将《周易》分为两个阶段：伏羲之易和文王之后之易。伏羲之时蒙昧，无有文字，作易全为占筮；而文王之后，则因卦爻辞可引申解说，《周易》逐渐演变为道德垂训之书。孔子作十翼，加强了这一点，此意至为显豁。王夫之说：

> 伏羲氏始画卦，未有易名。夏曰《连山》，商曰《归藏》，犹筮人之书也。文王乃本伏羲之画，体三才之道，推性命之原，极物理人事之变，以明得失吉凶之故，而易作焉。易之道虽本于伏羲，而实文王之德与圣学之所自著也。③

这是说伏羲之卦，当时不名为易，与《连山》《归藏》一类筮书一样。经文王之推阐，将天地人三才之道、万物性命之理用卦爻象及所系之文字表达出来，这才有了通过易考究物理人事之变、吉凶得失之故的可能，并且也才有了周易之名。通过文王的改造，易变成了儒家圣学所蕴含的德行和学术的表著工具。这是王夫之对"周易"二字的解释，于中表明了他对周

---

① 《朱子语类》第1622页。
② 《朱子语类》第1653页。
③ 《船山全书》第一册，第41页。

易的性质的看法。

王夫之虽认为伏羲与文王之后为两个阶段，但他又认为，通过文王及周公、孔子的阐发，伏羲之卦画得到了以前所不曾有的意义。也可以说，伏羲始画卦之时，文王后来阐发的道理即已包含在其中，所以伏羲、文王、周公、孔子四个圣人所阐发的道理是一贯的。上下几千年，圣人所说的是同一个道理。这就是他的"四圣同揆"说。他追溯这个演变过程说：

> 伏羲氏始画卦，而天人之理尽在其中矣。上古简朴，未遑明著其所以然者以昭天下后世，幸筮氏犹传其所画之象，而未之乱。文王起于数千年之后，以"不显亦临，无射亦保"之心，得即卦象而体之，乃系之彖辞，以发明卦象得失、吉凶之所由。周公又即文王之象，达其变于爻，以研时位之几而精其义。孔子又即文、周彖爻之辞，赞其所以然之理，而为《文言》与《彖》《象》之传，又以其义例之贯通与其变动者，为《系传》《说卦》《杂卦》，使占者、学者得其指归以通其殊致。盖孔子所赞之说，即以明《彖传》《象传》之纲领，而《彖》《象》二传即文、周之彖、爻，文、周之象、爻即伏羲之画象，四圣同揆，后圣以达先圣之意，而未尝有损益也明矣。①

这是说，伏羲画卦之时，就将天人之理贯注于中，但未有文字说明。文王体会伏羲卦象而作卦辞，就卦象说明吉凶之由。周公又就文王之卦辞而作爻辞，说明其中的时与位在变化中的重要意义。孔子又就文王、周公之卦爻辞，作《文言》《彖传》《象传》，以说明卦爻辞所表达的意义；又作《系辞传》通论周易各项义例及其变化，使学易者既明了四圣作易之意指，又知道各种具体运用的道理。孔子所作的《系辞》等，阐发了《彖传》《象传》所表达的《周易》的关键思想，而《彖传》《象传》又解明了文王、周公之卦爻辞，文王、周公之卦爻辞又宣示了伏羲之卦中的意思。四圣宗旨相同，思想一贯，共同造就了周易这一阐明天地万物之理的系

---

① 《船山全书》第一册，第649页。

统。上文已经说到，周易本是上古占筮之辞的汇编，且大多数卦的卦辞与爻辞之间、各爻之间并无必然联系，亦非成于一人一时。王夫之这里提出四圣同揆说，就是为了说明，周易的内容主要是天人之理，在吉凶悔吝的断辞之后，隐含的是道德教训，而且此道德教训是儒家圣人共同的意思。故四圣相继不绝，至孔子而易道大备，可以垂宪后世。后世只可体会四圣相传之理，不必另有造作。舍周易而别有造作，如扬雄《太玄》、司马光《潜虚》、蔡沈《洪范之数》之类仿作，皆是"逞臆见而叛圣人"。

王夫之提出"四圣同揆"，认为周易为道德训诫之书，是在理学延续了六百年，理学所着重的伦理道德对经典诠释活动全方位浸润、笼罩的情势下，又受明朝灭亡的刺激，在对明代的学术形态进行了全面深入的反思以后确定的基调。从易学史说，《易传》对《易经》所蕴含的天人之理多有发挥，但没有后来这样强的道德训诫之意。汉代象数学多借易附会天地自然之理，如天象、节气、物候、律历、农事等。王弼虽以义理尽扫象数，但他将六十四卦视为六十四种处境，着眼点在各个具体处境中的应对之道，其中吉凶休咎之理为多，极少道德训诫之处。程颐继承了王弼的义理解易方向，将周易视为一个总的道理——变化之道，六十四卦随时变化以从道。实际上是借周易说他所见的道理。二程这种对周易性质的理解和诠释方向遭到朱熹的批评，朱熹要恢复"易为卜筮而作""易本卜筮之书"的"本义"，对程颐的解释方向进行了彻底扭转。朱熹也讲六十四卦卦爻辞中蕴含的道理，但他多是按照卦爻辞通行的意思来解释，简单引申道理，并且不摆落卜筮，也不以吉凶休咎为道德训诫之由。王夫之则不然，他把六十四卦卦爻辞讲成天人之理，句句皆涵道德训诫之意，可以直接作用于人的精神境界；卜筮是为道德训诫服务的，卦爻辞中吉凶断辞的作用在通过肯定或否定卦爻所提出的事项，歆动或警惧占筮者。因此占筮是励德淬行的手段。不如此理解，就不能知周易何以为儒家经典，《系辞传》中何以说"易有圣人之道四"而非仅占筮一道。即就易为说理之书这一点而论，王夫之在周易中所寄寓的道德教训之意，也比前人强烈得多。

王夫之进一步解释说，秦焚书，易以卜筮之书幸存，免于煨烬之灾。但亦因此，后世视易为卜筮之书之见牢不可破。孔子之前，周易多与杂占相混，如《春秋左传》多引周易以言休咎，而不言其中所垂范之大义。孔子为此惧，作十翼以解说周易。孔子的诠释方向是，吉凶得失本于性命之理，天地人之道存于揲策占象之中。周易归根结底是一道德训诫之书。而秦以后视易专为卜筮之书，儒者不敢以义理讲习，术数家又专以象数解易，多言吉凶利害，舍弃其中包含的道德义理不讲。王弼虽扭转一世方向，以义理解易，但他所秉又是"老庄虚无之旨"，并且其得意忘言的方法又割裂言、象、意之统一，虽能使周易"免于鬻技者猥陋之诬"，但仍不能作为儒家学者"身心事理之要典"。后之苏轼、程颐、张载之解易，虽皆循义理方向，但各有其弊病。王夫之以宋以来易学的守正者自命，以彰显周易的正确义旨，纠正诸家之弊病为职志。他说：

> 若夫易之为道，即象以见理，即理之得失以定占之吉凶，即占以示学，切民用，合天性，统四圣人于一贯，会以言、以动、以占、以制器于一原，则不揣愚昧，窃所有事者也。①

这是王夫之心目中的易学正统，他是按照这一宗旨展开周易诠释活动的。

因此，以上这段话可以看作王夫之全部易学的概括与总结。其中的精义在于：首先，王夫之认为，周易包含了天地人物之理，是一个由卦、爻、象、辞组成的义理系统。四圣人昭示于人的，就是体现在周易经传中的道理，学易者要得到的，也是这个道理；占易者所要做的，就是根据是否符合这个道理来作吉凶判断：符合理的即吉，违离理的即凶，舍此别无标准。即占即学，占学一理。六十四卦就是六十四种事项的道理展示，圣人昭示于人的是理，人通过观象玩辞、观变玩占所得到的也是理，所以易最重要的是义理的训诫。这种对易的诠释方向表现出王夫之一个重要意向：经学即理学。即是说，儒家经典的全部任务，就是宣示天人性命义理。即使表面上似乎是备占筮的易，也不外乎此旨。经学的重点不在字义训诂、名物考释，而在理的宣示。经学的最终目的是人文化成，即通过天人性命之理的晓喻，情感的浸润，意志的磨炼乃至身体之气的移换达到理

---

① 《船山全书》第一册，第653页。

想人格。理学不仅是语录的讲习，更是经学的钻究；经学以其全面性、深刻性向人展示了全副的理、立体的理。即理即事，即体即用。理学非如宋明儒者那样只就经学中提出几个话头来究诘，而应是深入经典中，看到处处皆有理，处处皆示学，这样才能收本末兼赅之效。所以王夫之的整个学术，是以经学带动理学。他不是理学的终结者，而是理学的守正者、还原者：守经学即理学之正，还经学即理学之本来面目。他对儒家经典作了大量的注解，处处皆贯彻这一思想。这是他的"六经责我开生面"所要开出的一个重要方面：恢复中国的经学传统，扭转宋明理学特别是明代"袭语录之糟粕"因而经学极敝的局面，并在此基础上有新的生发，新的开展。

从这里看，王夫之的"经学即理学"不同于顾炎武。顾炎武要恢复汉学传统，所要表达的实际是"舍经学则无理学"。他的经学主要在去掉宋明人笼统、肤廓、重义理而不重考据的偏弊，他倡导的是理学以经学为基础，注重实证，力戒空谈的时代风气。顾炎武以其杰出的考据学成就，特别是体现在《日知录》中的求实、求真的学风，成了后来乾嘉学派和经世致用之学的奠基者。而王夫之的经学即理学，着重宣示的是经书本身即义理垂训之作，经学与理学的目的皆在道德人格之养成，经学可以通过诠释以其全面和深刻达到理学所要完成的道德垂训目的。王夫之的经学著作特别是其中的易学强烈地贯彻了这一主张，他也以学究天人的重要建树被后人视为主要是哲学家，而非经学家（如顾炎武）、史学家（如黄宗羲）。

二、占学一理，即占以示学

王夫之的易学观中，占学一理，即占以示学是重要方面，这个方面代表了他对周易的性质、周易在人的精神修养方面的作用，以及占筮体例等问题的根本观点。王夫之首先发抒他对于周易的性质的看法：

> 易之垂训于万世，占其一道尔，故曰："易有圣人之道四焉。"唯"制器者尚其象"，在上世器未备而民用不利，为所必尚，至后世而非所急耳。以言尚辞，以动尚变，学易之事也。故占易学易，圣

人之用易，二道并行，不可偏废也。①

王夫之反复说，周易本为卜筮而创制，此不待言，这一点易知易见，历代无异辞。但易是否仅为卜筮之书？在王夫之看来，易的四个方面的圣人之道中，卜筮只是其中的一个作用。"以言者尚其辞"，也不是说周易卦爻辞文辞华美，是后世文章渊薮，而是说卦爻辞可供人讲习讨论，以讨究其中的道理得失。"以动者尚其变"，是说易之卦爻，皆以阴阳之消长，发动之时位来摹拟、象征事物的变化。"以制器者尚其象"，此处说上古时器用草创，无成器可以仿效摹制，故从周易卦象中吸取制器灵感。后世器用日精，则以已成之器为制作之源而不必求诸卦象。但王夫之《周易内传》对"易有圣人之道四焉"中制器尚象的解释，仍然以为非徒上古时制器尚象，即使后世器用大备，日进日精之时，所制之器仍暗合阴阳刚柔、虚实错综之象。只不过人于此多习焉不察罢了。王夫之认为，易有圣人之道四，皆学易之事，周易即占即学，"居则观其象而玩其辞"，此学易之事；"动则观其变而玩其占"，此占筮之事，而占即学。孔子云："五十以学易，可以无大过矣。"这是说寡过在于学易；云："不占而已矣。"是说欲恒其德，在于学易。即以占而言，君子如有疑，必先反求诸己，或谋之师友，这样疑惑减到至寡，不能决再求之于筮。从这个意义说，筮为学之余。学是始终从事而不可须臾离也。《系辞》说："易之为书也不可远。"如果仅视之为卜筮之书，无疑问需卜筮之时，易可以束之高阁。而当变动，处利害，遇凶吉之时，若平时无学，则不知所从，天即使欲庇佑亦无从着手。故整部周易昭示于人的是占学并重，而尤以学为重。广义而言，占亦学之事。就此点着眼上溯易学史，则汉儒象数之学重在占，王弼以后至程颐，重在学。朱熹欲矫后世废占重学之弊，以易为卜筮之书，说"易非学者所宜读"，亦非允宜之论。

王夫之认为，易即学即占，此意在整部周易中处处可见，相较而言，其占于六十四卦卦爻辞及吉凶悔吝之断辞中较多，而学则于《系辞》通论周易性质、功用诸章中表现得尤为鲜明。王夫之注易，也在《系辞》

---

① 《船山全书》第一册，第654页。

部分极论天人性命之理。如作于晚年、代表他成熟思想的《周易内传》，即于《系辞》注中畅论他关于宇宙人生的根本见解，以显示《周易》为学者修德进学必读之书，易非仅为卜筮而设。如在《系辞》上传第四章、第五章注中，王夫之论到《周易》的性质和功用：

> 前章（第四章）由易而推天道之所自合，见易为至命之书。此章推人所受于天之性，而合之于易，见易为尽性之学。盖圣人作易以诏吉凶而利民用者，皆佑人性分之所固有，以奖成其德业，而非天道之远人，吉凶听其自然也。修之者吉，修其性之良能也。悖之者凶，悖其性之定理也。所性全体之外，无有吉凶。于此占，即于此学矣。[1]

这里王夫之说，《系辞》第四章，即从"易与天地准，故能弥纶天地之道"到"范围天地之化而不过"一段，主要说天道，能从中见天理天命，可显易为"致命"之书；而第五章，即从"继善成性"到"成象之谓乾，效法之谓坤"一段，主要说人道，人效法《周易》以行，可显易为"尽性"之书。总之，易为"尽性至命"之书。从它的来源说，易之道体天地之理，尽人物之性："易之错综变化，得失不定，皆物理人事之所有。当其时，居其位，则有其道。……而易无择于六位之贵贱险易，皆因时以奠居，奖其静而抑其躁，则无土不有天理之必尽，而健顺之化皆行焉。是体天地广大之生以诏人而利物也。"[2] 从学易说，人通过《周易》视宇宙万物为一整全而有结构、条理的系统，并以所知之阴阳化理参赞万物之变。王夫之赋予《周易》十分丰富的内涵，认为它是通过卦象这套符号系统来表达天地的神妙变化，不仅仅是通过象数来测度已成之迹。它反映了天地人物之性，它指示人以安身立命之道：乐天知命故不忧，安土敦仁故能爱。故它是尽性至命之书，《周易》是学之事，学中寓占。它可以提高人对宇宙原理的体证，确立正确的人生价值目标，并不仅仅是用来测度万物之变化以

---

[1] 《船山全书》第一册，第 524 页。
[2] 《船山全书》第一册，第 522 页。

帮助人采取正确的措施避凶趋吉。

在展示天道和指示修为之理两个方面，王夫之更重视后者，他认为，易不仅可以展现天道，示人安身立命之理，并且可以由天之赋予人之禀受，示人以尽性至命之归。这一点在对《系辞》"一阴一阳之谓道，继之者善也，成之者性也"一句的解释中可以明确见出：

> "——"云者，相合以成，主持而分剂之谓也。……此太极之所以出生万物，成万理而起万事者也，资始资生之本体也，故谓之道。亘古今，统天人，摄人物，皆受成于此。其在人也，则自此而善，自此而性矣。夫一阴一阳，易之全体大用也。乃溯善之所从出，统宗于道者，固即此理。是则人物之有道，易之有象数，同原而不容歧视，明矣。①

这是说，道由一阴一阳相合以成，道主持分剂万物之运化。一阴一阳之道是产生万物成就万事的根源，也是资始资生的本体。人之性，是继道而有，因道而成，所以《系辞》下文为"继之者善也，成之者性也"。因为万事万物皆出于道，而道的实质是理，易之象数是对此道之理的模拟与展现，所以易与人、物有相同的来源，不容视为相异的两个物事。这里对易的本原性给予极大强调。

虽然人与物同出一源，但有各自的特性，人与人亦有不同的表现。王夫之在解释《系辞》"一阴一阳之谓道，继之者善也，成之者性也"一句时，对人作为类之所以首出庶物，对人各有其性之因，易即寓乎性中之由，都做了富有形上意味的说明：

> 道统天地人物，善、性则专就人而言也。一阴一阳之谓道，天地之自为体，人与万物之所受命，莫不然也。而在天者即为理，不必其分剂之宜；在物者乘大化之偶然，而不能遇分剂之适得。则合一阴一阳之美以首出万物而灵焉者，人也。"继"者，天人相接续之际，命之流行于人者也。其合也有伦，其分也有理，仁智不可为之

---

① 《船山全书》第一册，第525页。

名，而实其所自生。……"成之"，谓形已成，而凝于其中也。此则有生以后，终始相依，极至于圣而非外益，下至于牿亡之后犹有存焉者也。于是人各有性，而一阴一阳之道，妙合而凝焉。然则性也，命也，皆通极于道，为"一之一之"之神所渐化，而显仁藏用者。道大而性小，性小而载道之大以无遗；道隐而性彰，性彰而所以能然者终隐。道外无性，而性乃道之所函。是一阴一阳之妙，以次而渐凝于人，而成乎人之性。则全易之理不离乎性中，即性以推求之，易之蕴岂待他求象数哉！①

就是说，道统天地人物，它自身的性质是一阴一阳。就人与物说，人物受天地之道为己之性，其性亦一阴一阳。但何能独得为人？这只能由天地运化中的偶然性来说明。天无私心，自然而然，它在主持分剂中不必想特意成就人，天地中之人物，亦各为乘大化而流行的偶然物，不必恰好得遇为人。王夫之对大化流行中万物的轨迹是这样描述的：一阴一阳之气相倚而不离，随其隐显，有一彼一此之往来，虽大小多寡不齐，但必由一阴一阳相交而成。事物偶然相值，若问此偶然为何如此而不如彼，必推至道之经营、主持，不见其作为而其结果精密巧妙无比。实则此皆偶然，偶然为人，偶然为物，但人必首出万物。所谓"继"之者，指人继天道而成己性。人作为整体的类，与天有共性，此共性即"伦"。作为类的人，则有其性之表现，此即"理"。此理可名之为仁智，但仁智实不能将性包括殆尽，只可说为性所生。"继之"是就来源说，"成之"是就禀得说。禀得一阴一阳之气而成形，性即凝于其中。修养之极为圣人，亦就此性成就而非外铄；下而沦为禽兽，亦非将性牿亡净尽而无孑遗。所谓性命皆道的表现。赋有性命的个体，皆在一阴一阳之神化中渐渍，皆显诸仁而藏诸用。道大性小，道隐性彰，表现道之易理实际即表现道之性体，所以说易之理即人性之理。这里王夫之强调的是，既然易理就是性理，易理之彰显实际上就在对人造的符号而做的诠释中。周易系统的意义全在诠释。离开了诠释活动就没有易。而诠释主要是诠释出周易中所蕴含的道理，而不是其中

---

① 《船山全书》第一册，第526页。

的象数。象数不能对人的"学"有些许助益。所以王夫之解易的方向是"即性以推求之,易之蕴岂待他求象数哉"。这一点不仅是王夫之反对朱熹易为卜筮之书的根据,也是他反对一切形式的象数之学的根据。

与易同源于一阴一阳之道的性,它的性质如何?怎样发生现实的作用?王夫之对《系辞》"显诸仁,藏诸用,鼓万物而不与圣人同忧,盛德大业,至矣哉"一段话的发挥中对这个问题有深入回答,这一回答同样充满了形上意味:

> 此言一阴一阳之道为易之全体,而于人性之中,为德业所自立,以见尽性者之不可离也。性函于心,心之体处于至静,而恻然有动者,仁也。性之能丽于事物,而不穷于其所施,用也。仁函于心,本隐也,而天理者未动而不测其所在,虽或闻见有得,而终不与己相亲。恻然内动,乃以知吾心之有此,而条绪昭察于心目之前,则唯仁为道之所显也。此阴阳固有其诚,而必著其几于动静之介者也。用丽于事物,本著也,而所以用者卒不可得而见。……变化错综于形声两泯之地,用之密运,乃一阴一阳主持分剂之微权,而藏于动静之中者也。显而微,藏而著,此阴阳配合参伍之妙,"一之一之"之道也。以其显者鼓之,使恻然而兴;以其藏者鼓之,而不匮于用。以其一阴一阳之道流行于两间,充周于万物者如此,故吉凶悔吝无所择,而仁皆存,用皆行焉。在圣人之有忧者,皆其可乐之天,可安之土。唯易全体此道以为教,故圣人于易,可以释其忧,以偕百姓而同归于道,由此而盛德著,大业兴。一阴一阳之道为易之蕴,而具于人性之中也如此,诚至极而无可尚矣。①

这就是说,一阴一阳之道是易的内容,也是人性的内容,此道是人之德业所以兴起的根据,是尽性者不可离的本原。性函于心中,作为心之体,它是至静无感的。由外感,恻然之心动,仁之德显。这套心性学理论来源于朱子。朱子的性即理,性静情动,性体心用,性者心之德爱之理诸义是此

---

① 《船山全书》第一册,第528页。

处王夫之的理论根源。性藏于心中，但能敷施为具体事物之理而不穷于心之所用。性本隐，处于隐之时的性纯是天理，这时天理是逻辑上的有、潜存的有，因未显发而不能测其所在。虽然此时有闻见之知，但性作为道德理性而不为所动。待外感之以德性内容，性恻然内动，显为仁，性方从逻辑的有、潜在的有变而为现实的有，作为应对具体的感的条理彰显于心中。此时可以说性有仁道显现于前。也可以说，一阴一阳之道固有之理，必借其动几之媒介而著见。具体的用与事物同在，同显现于此，但作为发动之本、显现之本的性却不可得见，因为它是形而上的潜存。而具体事物之动，是一阴一阳之道之密运，道为之主持分剂，鼓之舞之使其兴起。

道、性的作用如此，它充周于一切处，显现于一切事物，不管它对于处在具体时位的卜筮者而言显现何种吉凶，但它藏诸仁、显诸用的性质却永远如此。故圣人有忧，道无忧，道永远随其所遇而乐天知命，随其所居之地而安土敦仁。因为易是体道而有，故能以道为教。圣人以易为教，就可释其忧而偕百姓同归于道。由此而盛德著，大业兴。道作为易的内容，同时作为人性的内容，其地位自然"至极而无可尚"了。

作为道的表现和设施的易，其内容是"生生不已"。"生生不已"有两个层面的含义，一个是宇宙万物的生成变化层面，一个是揲蓍所象征的连续性层面。这两个层面都显现了道的义涵。王夫之说：

> 易之所自设，皆一阴一阳之道，而人性之全体也。"生生"者有其体，而动几必萌，以显诸仁；有其藏，必以时利见，而效其用。鼓万物而不忧，则无不可发见，以兴起富有日新之德业。此性一而四端必萌，万善必兴。生生不已之几，而易之由大衍而生数，由数而生爻，由爻而生卦，由卦而生变、占，由变、占而生天下之亹亹。有源故不穷，乘时故不悖，皆即此道也。[①]

这是说，周易的创设根据一阴一阳之道。就人、物而言，此道亦即人性、物理之全体。人性与宇宙万物体现着同一原理。这同一原理即"生生"之

---

① 《船山全书》第一册，第529页。

仁。有生生之仁做本体，必然表现为几的萌动，以显本体之仁。本体必发为其用，其用是通过对时空中的具体事物的润沃、激活而实现的。作为本体的一阴一阳之道、生生之仁鼓动具体事物，它本身则无目的，无意志，完全出自本性的必然性，但它的结果却是兴起日新之德业。如果其用表现为人的活动，则必是由内在之性萌发为四端，人的各种合目的合规律的活动由此而兴。人、物的活动代表、概括了一阴一阳之道的全部精神。换句话说，生生不已就是易最真实的内涵，就是一阴一阳之道最真切的体现。这就是王夫之对"生生之谓易"一句的理解。这一理解说明，王夫之作为一个理学家，把他对宇宙的体会、解释投射于易之上，使易突破了作为卜筮工具的作用，贯注、承载了人对宇宙的觉解，表现了人的精神境界。易的占学一理、即占即学的基本观点在这里最鲜明地表现了出来。

就易的揲蓍成卦的过程说，也体现了"生生之谓易"的精神。易的本质是变，变的发生是被内在的生的本性所鼓动的，变的过程就是生的过程。如易"大衍之数五十，其用四十有九"，经过分二、挂一、揲四、归奇，四营始成一变。再合一、三分之，而始成一爻。一爻经三变，这样的过程重复六次而成一个六画之卦。故《系辞》有"四营而成易，十有八变而成卦"之说。其间七、八、九、六之数之生，也可以说皆易本有之神理的造作，同时也是生生的过程。在解释《系辞》"显道神德行，是故可与酬酢，可与佑神矣。子曰：知变化之道者，其知神之所为乎"一句时，王夫之说：

> 上言卦之所自画与蓍之所用，皆准于天地之理数；而卦象虽立，成数虽在，其十有八变，分二之无心，而七、八、九、六之妙合于轨则者，非可以意计测度，则神之所为也。夫不测之谓神，而神者岂别有不可测者哉？诚而已矣。分之合之，错之综之，进之退之，盈虚屈伸一因乎时，而行其健顺之良能以不匮于充实至足之理数，则功未著、效未见之先，固非人耳目有尽之见闻、心思未彻之知虚所能测，而一阴一阳不测之神可体其妙用。故夫子终叹之，以为法象昭垂，而神非诚不喻；成数虽在，固非筮史所能知。君子之

于易，终身焉耳矣。①

这是说，就卦的来源和卜筮之用说，皆合于天地之理及其数量规定性。此理数由道内在的性质所衍生。它是一个自然而合律则的系统。"诚"即道体自身，"神"言其衍生象数之神妙莫测。从道体之体用合一说，神即是诚。诚体之运动，其分合、错综、进退、盈虚、屈伸，皆由其自身"行其健顺之良能"所包含的数量潜能，而铺排、充实于具体时空中，用之不竭，予之不匮。道体内含的数量潜能的铺排、充实，是一个非人力能知的自足的展开过程。自然法象所昭示垂训的，无非此诚神之体用。此诚神之体用，完全体现了生生之不穷和自然合理之不悖。不穷不悖，是一阴一阳之道的根本性质。

王夫之在解释《系辞》"阴阳不测之谓神"一句时，更阐发了他对诚和神的理解：

> 神者，道之妙万物者也。易之所可见者象也，可数者数也；而立于吉凶之先，无心于分而为两之际，人谋之所不至，其动静无端，莫之为而为者，神也。使阴阳有一成之则，升降消长，以渐而为序，以均而为适，则人可以私意测之，而无所谓神矣。……唯至健至顺之极变化以周于险阻者，无择无端，而时至几生于不容已，莫能测也。易唯以此体其无方，为其无体，周流六虚，无有典要，因时顺变，不主故常，则性载神以尽用，神率性以达权之道至矣。一阴一阳，原不测也，以此益知"一之一之"云者，非一彼而即一此，如组织之相间，而拂乎神之无方，乖乎道之各得，明矣。然则列次序，列方位，方而矩之，圆而规之，整齐排比，举一隅而三隅尽见，截然四块八段以为易，岂非可观之小道，而鬻技之小人亦可以其小慧成法，坐而测之乎！②

这里关于神的定义，与他后来在《张子正蒙注》中所论"神""化"等观

---

① 《船山全书》第一册，第551页。
② 《船山全书》第一册，第531页。

念是一致的：神是道体、诚体衍化、展开、主持分剂具体事物的微妙作用。是可以经验的象数背后，人无法知其所以然的造物过程。神的本义是神妙莫测，故无一成不变的法则，这就是"神无方而易无体"。一有方体，一有成规，则失其所以为"神"。它虽神妙不测，但须乘一阴一阳之至健至顺而成变化，这种变化无时不有，无处不在，以时会运至而生几，神与道体、性体、诚体互相作用的方式是，道体承载其神妙之作用而极变化之能，神循诚体之性而活动以达到最适宜之机权，其活动"周流六虚，无有典要，因时顺变，不主故常"，是体用、经权、常变的完美合一。它浑然一体，莫知其向，故不能截然相分，划然相隔，以惯常的思想方法测之、把握之，则"神"失其神妙而不成其为"神"。这里王夫之是以一个杰出的形上学家的宏阔眼光去看宇宙的实相，去领略和理解诚体、神体的存在与活动方式。从这个立场去看象数之学对宇宙万化的排比、推演、测算，皆以既成之死物套变化无方之活体，只是一套框定在一定成规下的死物，扼杀、湮灭了其动感与神采。在王夫之眼里，卖弄这种方法的是"可观之小道""鬻技之小人"的"小慧成法"，缺乏创造性智慧之灵动飘逸。

从以上王夫之对《系辞》第五章的解说可以看出，王夫之的易学充满了形上学的智慧，他从易道推原其来源——道体、诚体及其活动方式，以说明易道广大，它是宇宙万象的存在与运动的指代符号；卦爻象背后，潜藏着一个丰富的活体世界。通过诠释，这个活体世界可以生动地展示在我们面前，通过这个活体，可以折射出人的精神世界的全部蕴藏。所以，易最重要的是学，不是技，即占即学，知天以知人，知天以知易之道，知易道以知性命之统宗，圣功之要领。所以王夫之对《系辞》第五章之章旨有一极为深切的总结：

> 此章推极性命之原于易之道，以明即性见易，而体易乃能尽性于占，而学易之理备矣。根极精微，发天人之蕴，六经、《语》《孟》示人知性知天，未有如此之深切著明者。诚性学之统宗，圣功之要领，于易而显。乃说者谓易为卜筮之专技，不关于学，将置夫子此

章之言于何地乎？①

可以说，王夫之的易学观，他对于易的性质与作用的根本理解，于此章之注解与归结可以概见矣。

易的性质既如上述，王夫之对于占筮的看法是，吉凶易知，得失难明，因为得失关乎君子的出处去就，立身大节、利害休咎绾于其中，乃道德理性之事。他赞成张载对于占筮的看法："易为君子谋，不为小人谋。"王夫之详述他的这一观点说：

> 易之为筮而作，此不待言。王弼以后，言易者尽废其占，而朱子非之，允矣。虽然，抑问筮以何为？而所筮者何人何事邪？至张子言："易为君子谋，不为小人谋。"然非张子之创说也。《礼》：筮人之问筮者曰：义欤？志欤？义则筮，志则否。文王、周公之彝训，垂于筮氏之官守且然，而况君子之有为有行，而就天化以尽人道哉！自愚者言之，得失易知也，吉凶难知也。自知道者言之，吉凶易知也，得失难知也。②

易之创制，本为卜筮，此自不待言，但为何要占筮，占筮之后遵何者为准则而行动，这却有义利之判、君子小人之分。张载对于占筮性质的断辞十分斩截，义利之辨甚严，其实张载是有本而言。《礼记》就有"占义不占利"之言。此处的"志"指私人意志。筮人尚且拒绝为私人意志占筮，愿意为正义之事卜休咎，何况君子？这里把占义不占利说成文王、周公之彝训，表明在王夫之心目中，易即占即学，以学为重，是君子效法天道、穷理尽性的工具。易虽天下之公器，君子小人都可利用。但小人以之占吉凶，知吉凶则得失即在焉。也就是说，在小人，占得吉则趋之，占得凶则避之，吉即得，凶即失，得失的标准唯在利益，没有道德上善恶的考量。故在小人，难知者为吉凶，易知者为得失。卜问的内容只是吉凶，吉凶一知，得失立判。而在君子，卜问吉凶只是初步之事，知吉凶之后，依道德

---
① 《船山全书》第一册，第532页。
② 《周易内传发例》，《船山全书》第一册，第653页。

准则而有之行动，便非吉凶所能尽括。君子所谓得失，不只是利害，还有道德理性所带来的公私、义利、诚伪、正邪及志节、出处等考量。王夫之认为，君子之所以吉凶易知，得失难知，就在于吉凶只两端，吉则顺受，凶亦无违，乐天知命而无忧。吉凶悔吝，前知不忧，不前知亦不忧。君子对此只取尽人事而听天命的态度。凶之大者无过于死，而对于死，亦可以"未知生，焉知死""存吾顺事，吾宁也"泰然处之。故知之早晚，无所用之。而得失则不然，且不说立仁义之道为持身准则甚难，即此道确定之后，出处从违，差之毫厘便谬以千里，即使学识修养极高的人，也难免疑惑不知。特别是一些自觉将千夫之生死存亡系于一身的人，其一介之从违，可生天下之险阻。事几之隐蔽，后果之莫测，更易使之首鼠两端。且事变之难知，造化之弄人，更使人有难知难预之叹。所以吉凶易知，得失难知。

就这里的解释看，王夫之确实是把易看作即占即学、知人事天的工具，他也主动地以易为学，以养成君子应有的精神境界和知识储备以应对卜问之吉凶。

王夫之还根据以上对易的性质的体会，对张载的"易为君子谋，不为小人谋"做了进一步阐述，在其中表明他关于义利的根本见解，并对朱熹的解释提出驳正，他说：

> 易为君子谋，不为小人谋。君子之谋于易，非欲知吉凶而已，所以知忧知惧，而知所择执也。故曰："无有师保，如临父母"。《本义》往往有戒占者之言，赘矣。然所戒者，刚柔之节，进退之度，王者之刑赏因革，君子之出处语默，两俱近道，而戒以慎择而固执之。若夫贞之为言正也，出乎正则入乎邪，即微《易》之戒，岂有不贞而可以徼利者哉！贞之为利也，不相离也，贞则利，利必贞也。故有贞凶，而无不利之贞，无不贞之利。且易之所谓利者，非小人之利，求荣而荣，求富而富，欲焉而遂，忿焉而逞者也。故曰"利物"，非私利于己之谓也；曰"合义"，合于义即利，所谓"不以利为利，以义为利"也。故凡言贞吉者，言既得其正而又吉。或谓

> 所吉者在正，而非不正者之可幸吉，此即戒也。①

这还是说，君子之占筮，是学之事，重在知吉凶之后何以自处。君子之择执不是择吉而趋，而是择执符合道义的行为。周易犹如师保父母，指示你如何采取正确的行动。朱熹的《周易本义》以易为卜筮之书，所以书中有大量的教诫之言。其解释卦爻辞当中的断占之言，常有"戒占者宜如是""故其象占如此""占者如是，则如其应矣""故为此象，而占与戒皆在其中矣"等等，于中显出价值指向，这是正确的。但朱熹多是指出两端，让人谨慎选择，并无清楚的指示。王夫之指出，易所教诫于人的，多非利害上的考虑，而是道义上的选择，如刚柔之搏节，进退之审度，王者刑赏之适度，君子出处语默之适时等，皆是关于立身大节等道德性命上的考量，即教诫人对符合道义之事择善固执。

王夫之于此更深入讨论朱熹对"利贞"的解释，就中表达他关于义利的根本观点。朱熹训"贞"为"正而固也"，"乾，元亨利贞"为"乾道大通而至正，故于筮得此卦，而六爻皆不变者，言其占当得大通，而必利在正固，然后可以保其终也"。②王夫之认为，于"利贞"应当有辨，应当区别"贞可得利因而守贞"和"守贞自然有利"两个不同的意思。王夫之主张后者，他说的"贞之为利也，不相离也，贞则利，利必贞也"，意思是，利是固守正义的自然结果，不是为利而固守正义。就长远说，就根本说，固守正义必然带来有正面价值的结果。固守正义可能有眼前的祸患，但没有非正面价值的结果。不守正义的行为，虽眼前可能有利益，但从根本上说是没有正面价值意义的。王夫之并且指出，所谓利益，不是小人的求荣得荣、求富得富，不是私欲得遂、私忿得逞。易所谓"利物足以和义"（《乾·文言》）之"利物"，不是说对己有私利，曰"合义"，是说合于道义即有利益。这都是说不以利为行为的目标、行为的动力，而是说追求道义，利即在其中了。卦爻辞断言"贞吉"，意思是因得其正故吉，不是说不正者可以侥幸得吉。这就是《周易》对人的教诫。从这里可

---

① 《船山全书》第一册，第671页。
② 《周易本义》第25页。

以看出，王夫之理学气息之浓厚毫不亚于朱子，甚至可以说，他在对《周易》的注释上所表现出的对理学原则的坚守，比朱子犹有过之。他把朱子因视《周易》为卜筮之书而冲淡了、放松了的道德训诫，以峻拔迅利的风格重新加以强调，对朱子实暗寓有批评之意。其中表现出的欲借创新学术以兴灭继绝的苦心，是很清楚的。

此外，王夫之为了强化周易以学为主、卜问为次的性质，还提出了"鬼谋助人谋"的说法。他在《周易内传发例》中说：

> 故圣人作易，以鬼谋助人谋之不逮，百姓可用，而君子不敢不"度外内以知惧"，此则筮者筮吉凶于得失之几也。固非如《火珠林》者，盗贼可就问以利害。而世所传邵子牡丹之荣悴，瓷枕之全毁，亦何用知之以渎神化哉！是知占者即微言大义之所存，崇德广业之所慎，不可云徒以占吉凶，而非学者之先务也。①

"人谋""鬼谋"语本《易传·系辞》"天地设位，圣人成能，人谋鬼谋，百姓与能"句，意为，自然界有天地阴阳之分判与对位，圣人象之以作周易。周易实"人谋"与"鬼谋"之合，故人皆可据以"占事知来"。"人谋"指揲蓍过程中人为的活动，如分二、挂一、揲四、归奇以导出七八九六之数，"鬼谋"指揲蓍过程中人不能预知而纯属偶然的活动，如分而为两中每堆蓍草的数目，纯出于无心，故筮得何卦，人不能预知。就易之原理说，只有"人谋""鬼谋"两相参与而成卦，才能既有某种神秘的力量使人信向，又不致完全无规律可循，纯为偶然的活动，类同儿戏。如龟卜，其经钻灼所成之兆纹即纯为"鬼谋"，因其无揲蓍而数的观念，因之而有的规律性无从导入，故纯为一偶然性活动。在长期的卜问实践中，因其理性成分太弱而逐渐为占筮所代替。而禽壬、遁甲一类预测吉凶之术，又因无"鬼谋"的参与，纯是人为设定的数字推算，"排甲子死数"，减弱了其中因人力无法参与而有的神秘性、神圣性，故只沦为术数小技。周易之成卦，主要是"人谋"，而"鬼谋"辅之，故其占卜吉凶的

---

① 《船山全书》第一册，第654页。

合理性大为增加。但如上言，王夫之视易为"学"之事，它的主要功能在君子得卦之后就吉凶以定得失。故王夫之在解释易之"居则观其象而玩其辞，动则观其变而玩其占"一语时说：

> "观象玩辞"，学易之事；"观变玩占"，筮易之事。占亦辞之所占也。易因天道以治人事，学之以定其所守，而有事于筮，则占其时位之所宜，以慎于得失，而不忘忧虞，则进退动静一依于理，而"自天佑之，吉无不利"矣。天者理而已矣，得理则得天矣。①

这一句可以说是君子"筮者，筮吉凶于得失之几"的最好解释。王夫之认为，易既"占君子不占小人""易为君子谋，不为小人谋"，所以它不像《火珠林》一类专讲占术之书，任何人可即之以叩问吉凶利害。邵雍虽为命世大儒，但其类似术数的"数学"屡次遭到王夫之的批评。其以《周易》占牡丹之花开花谢，瓷枕之或全或毁，皆视《易》为《火珠林》一类占书，其不知易之深蕴，也明矣。王夫之以周易之占为"微言大义之所存，崇德广业之所慎"，期之可谓深远。

相同的意思，王夫之在对《系辞》"夫易何为者也"一句的解说中作了总结式的诠释：

> 夏商之世，易道中衰，或多为繁说，侈于吉凶，而不要归于道，文王乃作周易，一本诸天人之至理，止其诬冗，唯君子谋道乃得占以稽疑，理定于一而义严矣。以此立教。后世之窃易者，或滥于符命，如《乾凿度》；或淫于导引，如《参同契》；或假以饰浮屠之邪妄，如李通玄之注《华严》；又其下则地术星命之小人皆争托焉。恶知易之为用但如斯而已乎？"通天下之志"以阴阳之情，"定天下之业"以健顺之德，"断天下之疑"以得失之理，非是三者，易之所不谋也。②

---

① 《船山全书》第一册，第516页。
② 《船山全书》第一册，第557页。

这里说夏商之《连山》《归藏》只为卜筮吉凶，文王乃依伏羲之卦，一本天人之理作卦爻辞，将易引入道德性命之域。文王之后，易即为君子谋道之书。谋道有疑才稽诸易，易并非只为占卜吉凶之书。易以天地万物之理为其制作原则，其中展示的义命是十分严正的。后来儒家以之为立教的经典，垂训后世。汉易之术数符命，佛道之以易牵合彼教教义，民间之堪舆星命，皆诬托《周易》以行。不知易创制之本义原为道德性命，易本以一阴一阳来宣示宇宙法则，以乾坤健顺之德来贞定天下之事业，以得失之理而非吉凶之兆来决断天下之疑。此为制易、用易、学易、筮易之正鹄。若将此正鹄具体化为实用之术，则王夫之严守易传所谓"圣人之道四焉"：言者尚其辞，动者尚其变，制器者尚其象，卜筮者尚其占。王夫之认为，释易，必须遵循此圣人之道；言易，必须严守此理为之根本；用易，必须以此四者为法式。这种诠释方向才是"圣人垂教之精义"，必须笃信固守，一毫不敢放松。这就是王夫之反复向我们昭示的易学观。这种易学观充满了理性精神、人文精神，它指向的是人格养成而非利益之得。"占学一理"是王夫之以上精神的集中表达。

第七章

太和中的诚与变合

王夫之把诚这一重要概念放在太和所表征的世界总体中来观照，使诚具有合潜在性与现实性、本体论与宇宙论、实然存在与价值理性为一的特点，突出天道的至诚无息和事物在具体时空环境中的适切。就气的变合说，主张本然之气为性，本然之气的变合为情才，情才对外感的不同取舍形成善恶。他反对"贵性贱气"，反对将恶推诿于人的气质，以此凸显人的道德选择的主动性。

太和一词本于《易·乾·文言》"乾道变化，各正性命，保合太和，乃利贞"。意为，天道是一个不断运动变化的实体，天道在运化中贞定、保持具体事物的性质和形体，从而产生利用之益，故天道是一个最高的和谐，是为太和。太和这一概念受到历代学者的重视，宋代著名理学家张载以"太和"名其重要著作《正蒙》的首篇，并把它作为宇宙本体论的根本概念。王夫之对"太和"概念也十分重视，在对《周易》和《正蒙》的解释中对太和与诚及其关系作了阐发，从中表现出精湛的形上睿智和深切的人文关怀。

一、太和与诚体

王夫之首先着眼的是太和的总体性质和太和中的各个侧面之

间的关系，而重在其诚。他在注释《易传》"乾道变化，各正性命"一句时说：

> 以化言之谓之天，以德言之谓之乾。乾以纯健不息之德，御气化而行乎四时百物，各循其轨道，则虽变化无穷，皆以乾道为大正。而品物之性命，各成其物则，不相悖害，而强弱相保，求与相合，以协于太和。是乃贞之所以利，利之无非贞也。以圣人之德拟之，自诚而明者，察万物之所宜，一几甫动，终始不爽，自稚迄老，随时各当，变而不失其正，益万物而物不知。与天之并育并行，成两间之大用，而无非太和之天钧所运者，同一利贞也。①

天在这里表征宇宙运化的实体，乾则表征其性质。乾即健动不息，乾以这种纯亦不已的性质驾御着气这一实体流行变化，形成时空中的万物。万物成形后各循其轨道，各有其理则。天赋予具体事物以性（以性质言）、命（以存在言），事物各秉持此性命，遵行其理则。天道总体呈现为一大和谐。此中"保"，指事物各保持其性质。事物在运行中有感有应，亦可说有求取有给予，相摩相荡，而万物统合为一和谐总体，此即"保合太和"。而只有和谐之体才能发生其功用，这就是"利贞"。也可以把它叫作"贞利"：能发生功用的必是贞定己德之物，物贞定自己并与万物处在和谐的总体中才能产生利用之益。圣人效法天道、体现天道，自诚而明，随物流形，与宇宙万物宛转俯仰。圣人之动，动合事物律则。这里王夫之强调圣人"诚而明"的性质。诚指与天道为一，明指动合事物律则又自然而然。"随时各当"又不失其本然之正。

王夫之在《张子正蒙注》中对诚也有精辟的论说，尤其注重诚与表现天道的其他概念的关系，他说：

> 诚者，神之实体，气之实用，在天为道，命于人为性，知其合之谓明，体其合之谓诚。②

---

① 《船山全书》第一册，第52页。
② 《船山全书》第十二册，第114页。

这里，诚是一个与神、气、天、道、命、性、明等哲学概念相关联的中心范畴。首先，诚与神的关系。神在王夫之这里，一是指代天道运化的总体，就其无心无欲而成化，阴阳变合而成物，其总体神妙莫测，莫知其所以然而然，不违其所当然而不得不然的性质，说它神妙不测，故名天道运化之总体曰神。一是指气的具体变化形态。张载曾说："鬼神者，二气之良能"，他的解释是，鬼者归也，指由太虚无形之气凝而为物；神者伸也，指气散开、伸展而返归太虚。鬼神表征气的聚散，是阴阳之气的固有属性。王夫之对神的阐释有取于张载。这里的神指宇宙运化总体。"诚者神之实体"，诚指天道本体，又指天道本体的亘古如此、不生不灭、如其本然、非人力可为的性质。此处诚取存在义，神取变化不测义。而就其存在的构成元素、构成始基说，此神、此诚的实然存在、形下担承者为气。气的舒通展开、凝聚归合皆有其规则，故为诚。诚就是天道运化本身，故曰在天为道。这里的道，既可表征气的运化过程，即张载所谓"由气化，有道之名"；又可表征气的运化合其规则，即张载所谓"天地之气虽聚散、攻取百途，然其为理也顺而不妄"。二义合起来即张载"神，天德；化，天道"之意。"命于人为性"取于《中庸》"天命之谓性"，认为天道之诚命于人即为人之性，人之性即人禀得的天道之诚。"知其合之为明"，是其修养之方。人之精神修养，即在于本天所命之性，求与天道之诚合一。达到此诚即是明，与此天道之诚为一即是诚，诚也是是否符合本体的标准。可以说，诚是个本体性概念，也是个境界性概念、功能性概念。有此诸义，所以王夫之将诚置于首要地位，说："诚不息，神无间，尽诚合神，纯于至善，而德盛化神，无不成矣。"[①] 在诸义之中，王夫之尤其强调诚的境界意味、价值意味。诚主要不是知识论上的主体与客体密合无间，不是实践行为上的有效果，而是价值论上与天道为一的理想。

王夫之非常重视太和、诚与道的关联。太和是最高概念，它可以由道等不同的范畴来阐释，在这种互释中看出各个概念的侧重所在，并可看出他与其他理学大家的异同。他在解释张载"太和之谓道"一段话时说：

---

① 《船山全书》第十二册，第70页。

> 太和，和之至也。道者，天地人物之通理，即所谓太极也。阴阳异撰，而其絪缊于太虚之中，合同而不相悖害，浑沦无间，和之至矣。未有形器之先，本无不和；既有形器之后，其和不失，故曰太和。①

此处王夫之所谓道，与朱熹有所不同。朱熹所谓道，指理，理即事物的"所以然之故"与"所当然之则"，是"根本的道理"，此道理属"洁净空阔的世界"。它重在说理所具有的内容，这内容是一永恒不变的法则，对具体事物有管辖、统御之义。如套用牟宗三的说法，理是"只存有而不活动者"，与太极、道是同一意义的概念。而王夫之此处所说的道，更侧重说它是一有形有理、能运动能开显的原始的能生成众物者。太极也有此义，太极即阴阳之气絪缊于太虚之中者。此处的意思多取于张载。张载说："太和所谓道，中涵浮沉升降、动静相感之性，是生絪缊相荡、胜负屈伸之始。其来也几微易简，其究也广大坚固。"（《正蒙·太和》）张载此处所说的太和就是道，下面形容道的也可以拿来形容太和。所以就实体说太和是气，其中蕴涵浮沉升降等性，产生絪缊相荡之始。性可以是潜在的、有待展开的，可以是逻辑性的。而生出众形之始则是实然的、有形的、时空中的。太和就是这样的原始浑合之气。这一诠释方向为王夫之所继承，他在注释《正蒙》这一段时，遵循张载的路向，多从气上说。虽然王夫之这里把道定义为"天地人物之通理"，似乎同朱熹一样，道只是理。但下面紧接着说"即所谓太极也"。这里太极不是形而上的理，不是"只存有而不活动者"，而是就气说。故下面即论"阴阳异撰，絪缊于太虚之中"。这异撰之阴阳，絪缊于太虚中者，即指气。所以以气之初动、运化之初起为"来"，以时空中逐渐演化为形体为"究"。而几微易简、广大坚固都就气说。王夫之在概括《太和篇》的总旨时也说，太和是道之所自出，物之所由生，性之所由受。这实际上是对周敦颐《太极图说》中所蕴含的意思的阐发，而《太极图说》如抛开朱熹的解释就周敦颐原义说，则太极实就是气。"无极而太极"讲的是本体之气的发生而非"无形而有

---

① 《船山全书》第十二册，第15页。

理"。王夫之的道显然是遵从了周敦颐、张载的解释方向。

而道只是在万物的初始阶段这个意义上与几微之气相通,在万物赋形并按其规则运行时,道乃是万物的集合。此即王夫之所谓作为万物之体的道。道是这两种意思的归一。所以王夫之说:

> 夫道之生天地者,则即天地之体道者是已。故天体道以为行,则健而乾;地体道以为势,则顺而坤,无有先之者矣。体道之全,而行与势各有其德,无始混而后分矣。语其分,则有太极而必有动静之殊矣;语其合,则形器之余,终无有偏焉者,而亦可谓之"混成"矣。[1]

这里王夫之着意避免的是老子的"有物混成,先天地生"的宇宙生成论,认为道与天地万物不是时间上的"生"与被生的关系。所谓"道生天地",实际上是道与天地同在,天地万物就是道的实体,道也不是万物之前的实然存在。所以天之行健,是作为道的实体的天的行与健;地之顺坤,是作为道的实体的地的顺与坤。无有在天地之先、之上的"道"。在王夫之这里,道是合宇宙论与本体论为一的。就本体论说,道即宇宙万物之体,万物即道之用,体用不可分。道是万物存在的根据,是万物之"在"的不可缺少的逻辑设定。这个设定的睿智之处在于,它认为万物是一张普遍联系之网,具体事物作为网上的纽结都不能脱离此整体而存在。孤立的、不与万物为伍的个体只是抽象的"存在"。而作为宇宙论来说,万物都是由最初的、最早的本原或始基生长出来的。万物有一个由低到高、由萌芽状态到广大坚固的发展过程。这一思想方法是实证的、非逻辑的。它给万物找到一个稳固的、可以实证而知的"根据"。

在中国哲学中,本体论和宇宙论往往是合一不分的,因为中国的思维传统比较缺乏纯思辨的理论推演,喜好形象思维,又倾向于找出一个最后的稳固的基点。当追问天地万物的本原时,往往倾向于找出一个既是作为宇宙始基的希微存在,又把此存在作为万物之"体",用以表达中国人

---

[1] 《船山全书》第一册,第 823 页。

擅长的普遍联系、动静无方的思维特点。在这种思想方法的观照下，万物作为此本体的体现，容易具有现实性与潜在性、整体性与个体性结合这样的形态。

所以在王夫之以上这段话中，万物既体道之"全"，又"各有其德"；以天地为例，从道物关系说，"全"即一阴一阳合一之道，"分"即乾健坤顺之各有权能；从构成基质说，"全"指阴阳未分的混沌之气，"分"是分阴分阳的具体事物；既从个体说有动静之殊，又从整体说为"混成"之"太极"。这里典型地表现了以上所说中国传统哲学思维方式的特点。由于这种本体论宇宙论二相合一的特点，王夫之在用本体论思维批评老子"有无混成，先天地生"时，是有力的、理论上首尾一贯的。而在运用宇宙论方法时，则不再追问作为万物始基的最初之气来自何方，只能以即体即用、即存在即展开来曲折回答。

王夫之的"诚"也可以作为"道"的同义语来使用。他对道的定义："道，体乎物之中以生天下之用者也"，亦可作为"诚"的定义。他在解释《周易·乾·文言》中"大明始终，六位时成，时乘六龙以御天，乾道变化，各正性命，保合太和，乃利贞"一句说：

> 自有生物以来，迄于终古，荣枯生死，屈伸变化之无常，而不爽其则。有物也，必有则也。利于物者，皆贞也。方生之始，物有稚壮大小，用有强弱昏明之差。而当其萌芽，即函其体于纤细之中，有所充周，而非有所增益。则终在始之中，而明终以明始，乃诚始而诚终，故曰"大明终始"而"六位时成"也。是惟纯乾之德，太和之气，洋溢浃洽，即形气以保其微弱，合其经纬。故因时奠位，六龙各效其能，以遵一定之轨，而品物于斯利焉。无不贞者无不利，故曰"时乘六龙"而"利贞"。乾之以其性情成其功效，统天始物，纯一清刚，善动而不息，岂徒其气为之哉？理为之也。合终始于一贯，理不息于气之中也。法天者，可知利用崇德之实矣。[①]

[①] 《船山全书》第一册，第53页。

王夫之在解释《乾·文言》中"首出庶物，万国咸宁"一句时也说：

> 积纯阳之德，合一无间，无私之至，不息之诚，则所性之几发于不容已者，于人之所当知者而先知之，于人之所当觉者而先觉之。通其志，成其务，以建元后父母之极，乾之元亨也。因而施之于天下，知无不明，处无不当，教养劝威，保合于中节之和，而天下皆蒙其利，不失其正，万国之咸宁，乾之利贞也。[①]

这里描述的是万物在宇宙中的表现，而实则一"诚"字就可括尽。诚表其本体，"明"表诚外化为显明之物而为人所知。万物的本体诚始诚终，同时也"明终以明始"。这段话大有深意。第一，"诚"表征万物有其轨则，诚就是万物在其轨则支配下的有序的运动。或可以说，诚就是对于律则的实行，诚即"有物有则"，此"则"就是此物的性质及其轨则，即此物之"贞"。有此物之贞才有此物之利，故"利者利贞"。万物之生灭变化皆不失其贞，不失其则。这里王夫之为我们描述的是万物自贞其性命，自实现其理则而总体呈现一"诚"的宇宙图景。

第二，此"诚"包括了万物的潜在性、现实性，故"当其萌芽，即函其体于纤细之中"。"诚"是一从潜在到现实的实现过程，故"终在始中"。其现实存在并不能为其潜在性增加什么，只是其生发、其延展、其实现。事物因其本有的轨则而各各自足，事物间的差异并不能减损其自足性，故事物不管其强弱昏明，皆自在地成其始终。事物实现自己的历程是遵照其本性的，是自然的、和谐的，因而是刚健的，这就是王夫之所说的"自然之动，不杂乎物欲，至刚也；足以兴四端万善而不伤于物者，至和也。此乃体乾以为初心者也"。[②] 天道总体中的具体物因分有、实现了天道之诚而具有了价值意味。

第三，具体事物是宇宙本体实现自己的假借物、表现物，宇宙本体在时空中展开自己而为具体事物，这就是"六位时成"。"六位"本来指

[①] 《船山全书》第一册，第 54 页。
[②] 《船山全书》第一册，第 51 页。

卦中之爻位，此处表空间，"时"表时间。天道展开自己的动力在自身之内，此即"纯乾之德"。此展开过程的承担者是气，故"太和之气，洋溢浃洽"。这里又鲜明地表现了以上本体论与宇宙论合一不分的传统思维特征。"纯乾之德"是本体论的本体，"太和之气"是宇宙论的始基。由纯乾之德为动力，太和之气为实体的实际展开过程，就是"即形气以保其微弱，合其经纬"。"即形气"表示万物是本体的外化、假借，"合其经纬"表示在外化、假借中具体事物相互间的和谐关系。万物互相补充、互相攻取摩荡而"共成一天"。而"因时奠位，六龙各效其能"更是明确地表示了本体在外化过程中因时因地充满自己、完善自己，使自己"盈科而进"然后充其极的状况。

第四，本体外化为具体物使人利用，同时使人体证其价值意味而崇德广业。在王夫之这里，宇宙万物不仅是人利用的对象，也是人体证其价值因而增进其德行的参照物。本体有理有气，有自身有外化；有时空之奠位，有万物之生长；有总体的乾坤之德，有万物的具体轨则。王夫之给人的宇宙万物图景既是利民厚生的取用对象，又是崇德广业的效法对象。

从以上王夫之对太和之诚的论述可以看出，王夫之是一个典型的儒家学者，他以前所未有的严正把儒家哲学中人与天的关系鲜明地表现了出来。他的学术的总面貌是刚健笃实的，他批评中国学术中由于崇尚老庄、佛教而有的孱弱、萎靡、退守之风。他总是让宇宙本体活起来、实起来，充满生气地往前行进，但又遵循律则和规范。他总是把他的价值理想贯彻于他所设立的天地万物中，给人以正大、昂扬、健实之感，然后在天人一本或人法天地的框架中凸显天的价值意味，标揭出人应该具有的理想与趋向。这一点在他关于变合的学说中也明白地表现出来。

二、变合

以上太和、诚等是就宇宙的总体着眼，而变合则多就具体事物的理气、性命、同异、善恶根源等处着眼。这些方面王夫之多从气上解释，在他中年以后的重要著作《读四书大全说》中有集中阐发。他尝论理气善恶说：

理即是气之理，气当得如此便是理。理不先而气不后。理善则气无不善，气之不善，理之未善也。（自注：如牛犬类）人之性只是理之善，是以气之善；天之道惟其气之善，是以理之善。"易有太极，是生两仪。"两仪，气也，唯其善，是以可仪也。所以乾之六阳坤之六阴皆备元、亨、利、贞之四德。和气为元，通气为亨，化气为利，成气为贞，在天之气无不善。天以二气成五行，人以二殊成五性。温气为仁，肃气为义，昌气为礼，晶气为智，人之气亦无不善矣。[1]

在王夫之的大化论中，气的运行是自然的、无目的无意志的，这一基本思想贯彻始终。他此处强调的是，气按其本性自然运行，即理想状态。天之气本有和气、通气、化气、成气之实，而后因其符合人心中关于事物运行的理想状态，故称其为元亨利贞。所谓和气、通气、化气、成气亦不过表示，气的运行有其本始和谐，按此本始和谐故有顺通、和畅之发展，在此顺通和畅之发展中化生出万物，万物皆按其本性的必然性成就为具体事物并在其中贞定、潜藏继续发展的可能性。所以，就天之本然说，一切皆按其本性之必然性发展、蜕变、终结。一切都是本然的、和谐的。这种状态就是善。愆阴伏阳只是其中不和谐的插曲，并在天的运化中继续归于和谐。这种本然的和谐表现于人，就是温气、肃气、昌气、晶气，此即人之仁义礼智。温气代表生生，肃气代表断制，昌气代表文理隆盛而有区别，晶气代表玲珑剔透而有光芒。构成人身的气就其本然状态亦无不善，乖张暴戾之气亦只是气运行中的错谬而终有其回归正道之时。这种和谐状态的善，即气即理，故"理不先而气不后"。就其运行实体说，是气；就其运行中之条理秩序说，是理。在此理气统一体中，复将天、人、物分说。就天说，天道运化的实体是气，气的运行是无目的无意志的。理是气的条理，理非气之上、气之外的主宰，所以"天之道惟其气之善，是以理之善"。此就本然说、就天道之总体说。而就人与物说，为何成就此种品物而非他种，皆有"所以然之故"。某事物的所以然之故是构成此事物的依据，从这个意义上说，有何种理就有何种气。而就人与物的区别说，构

---

[1]　《船山全书》第六册，第1052页。

成人之类与构成物之类的所以然不同,所以构成人与物的气也不同。按照传统的说法,人得气之清且灵者,物得气之浊且冥者,故有人物之不同。"人惟理之善,是以气善",而犬牛则因其理不善,故其气不善。

这里王夫之仍然先预设了人性本善,故以其气为善。他的目的是要证成孟子性善之说,补足孟子未从气上说性的缺失。并且要推翻宋代儒学"天地之性""气质之性"的二分理论上的不完满,立基于气一元论的基础之上。他是就气来说明孟子性善论的绝对性、先天性、不容假借性。他说:

> 孟子斩截说个"善"是推究根源语。善且是继之者,若论性,只唤性便具足也。性里面自有仁义礼智信之五常,与天之元亨利贞同体,不与恶作对。故说善,且不如说诚。惟其诚,是以善。惟其善,斯以有其诚。所有者诚也,有所有者善也。①

这是说,性是本体,善是其表现;性是诚,善是诚之者;性本身具足,善是对性加以规定。而准之上文,本体之诚本是一理气合一体,而尤以气为唯一实体。所以孟子以诚说性,实际上最终落脚于以理气说性。这样既保持了人性的先天性、绝对性,又立基于气的实在根据之上。

以上是从天道本然说、从理想状态说,而从人的复杂多变的现实性说,则另有理路,这就是王夫之的变合说。王夫之说:

> 乃既以气而有所生,而专气不能致功,固必因乎阴之变、阳之合矣。有变有合,而不能皆善。其善者则人也,其不善者则犬牛也。又推而有不能自为栲栳之杞柳,可使过颡、在山之水也。天行于不容已,故不能有择必善而无禽兽之与草木。然非阴阳之过,而变合之差。是在天之气,其本无不善明矣。②

这是说,笼统说一气字只能说明气的本然状态,而不能解释人、物现实中表现出的善恶。必以气分阴阳,阴阳有变合,因而气的运动呈现复杂性

---

① 《船山全书》第六册,第 1051 页。
② 《船山全书》第六册,第 1052 页。

这一点来解释。变即阴阳二气中占主导地位的一方发生改变，由此引起另一方与它补充、配合，即周敦颐《太极图说》中的"阳变阴合"。气在变合中发生清浊厚薄之不同。如以孟子所举杞柳桮棬为喻，杞柳为本然，桮棬为变合引起的新质的产生；水无有不下为本然，过颡、在山之水为变合引起的新质的产生。就天道说，行其不容已，必有变合的发生；因有变合，故事物有其多样性。在天之气本无不善，变合之后有善有不善。而此变合，又依据在天之气之固然。王夫之还说：

> 人有其气，斯有其性；犬牛既有其气，亦有其性。人之凝气也善，故其成性也善；犬牛之凝气也不善，故其成性也不善。气充满于天地之间，即仁义充满于天地之间；充满待用，而为变为合，因于造物之无心。故犬牛之性不善，无伤于天道之诚。（自注：在犬牛则不善，在造化之有犬牛则非不善。）气充满于有生之后，则健顺充满于形色之中；而变合无恒，以流乎情而效乎才者亦无恒也。故情之可以为不善，才之有善有不善，无伤于人道之善。①

这仍然是说，气是性的基础，从气的本然状态说，气充满于天地间，即仁义充满于天地间。而气必有变合，人、物禀气有善恶，因此性有善恶。但气之变合，出于天道之无目的、无意志，此即天道之诚。宇宙间因气之变合而有善恶，正所以表现天道之诚。天道之诚，善恶不足以名之。天在化育流行中形成具体物，具体物因之而有健顺之性。具体事物有何种变合是偶然发生的、不可预料的，但"一受其成形，不亡以待尽"，必依其本性之必然性（效乎才）而表现为形形色色的趋向、意志（流乎情）。从此种趋向、意志上显出善恶，故其本性有善有恶。但人"凝气也善，故其成性也善"。此善为不与恶对待之本然之善，而非有善有恶的趋向、意志之具体善恶。这里人与犬牛之善恶都不是说具体善念恶念的发生，而是指从本性上说的价值等次。

人之性善，不善从何而来？王夫之认为出于人情才之用。他说：

---

① 《船山全书》第六册，第1054页。

> 天不能无生，生则必因于变合，变合而不善者或成。其在人也，性不能无动，动则必效于情才，情才而无必善之势矣。在天为阴阳者，在人为仁义，皆二气之实也。在天之气以变合生，在人之气于情才用，皆二气之动也。（自注：此"动"字不对"静"字言。动、静皆动也。由动之静，亦动也。）[1]

这是说，宇宙就是一个生生不息的大流，而此大流的实质是变合；形形色色的事物之善恶是变合形成的结果。就人说，性本善，但构成人的这部分气不能不动，动则必表现为情与才。才指与其形构之气相应的禀赋，情指此禀赋由气之感应而发生的现实趋向、意志等。才本身无所谓善恶，但它包含的某种容易趋向某事物的潜质却可以说预示了善恶。情是形而下的、具体场域的发生，它所体现出的善恶是人自己选择的结果，故"情才而无必善之势"。本然之气为性，气之变合而有情才，情才是气必然有的作用，所以是必然的动、不与静为对的动。

王夫之由此批评了告子的"生之谓性"，认为告子不知气本然之条理即性，而是由气之动——情才处说性。告子的"性犹杞柳"实际上说的是才，因为才是情发生作用的实际依据。其"性犹湍水"说的是情，因为它"决之东则东流，决之西则西流"，人情本有易为外诱所牵引的趋向。"食色性也"，甘食悦色亦情。人的现实修养应是据其性（理）以调其情才（气），使之发出一依其性。王夫之说：

> 若夫人之实有其理以调剂夫气而效其阴阳之正者，则固有仁义礼智之德存于中，而为恻隐、羞恶、恭敬、是非之心所从出，此则气之实体，秉理以居，以流行于情而利导之于正者也。若夫天之以有则者位置夫有物，使气之变不失正，合不失序（自注：如耳听目视，一时合用而自不紊。）以显阴阳固有之撰者，此则气之良能，以范围其才于不过者也。理以纪乎善者也，气则有其善者也（自注：气是善体），情以应夫善者也，才则成乎善者也。故合形而上、形而

---

[1] 《船山全书》第六册，第1054页。

下而无不善。①

这里明白指出，人应该以理御气，而以性（阴阳之正者）为准则。因性中固有仁义礼智，它是四端之心的根据。如能做到这样，则气为禀理以居之气。这样的气其流行因有理的引导，于情表现为正。这从形而上之天道方面说，是以理控御气，以则控御物（《诗经·大雅》"天生烝民，有物有则"），使气之变合、物之化生不失其道，不失其序，则阴阳二气本然之善显露于流行所至，具体事物之情之才，皆能体现阴阳本然之善。这是一个形上之理气流于形下之情才的过程，也是一个合形上形下的具体完成。这里王夫之强调的是在形上形下交汇之际气之变合的正而有序，这是本然之气发育流行为具体事物的关键。所以变合在王夫之是非常重要的观念。

在王夫之的变合观念中，一个突出的思想就是气上说性，故反对"贵性贱气"。这与理学中区别"天地之性"与"气质之性"并主张通过"变化气质"而回复天地之性的路径截然不同。王夫之说：

> 苟其识夫在天之气唯阴唯阳而无潜无亢，则合二殊五实而无非太极（自注：气皆有理）。苟其识夫在人之气唯阴阳唯仁义而无同异无攻取，则以配义与道而塞乎两间。（自注：因气为理）故心、气交养，斯孟子以体天地之诚而存太极之实。若贵性贱气，以归不善于气，则亦乐用其虚而弃其实，其弊亦将与告子等。夫告子之不知性也，则亦不知气而已矣。②

这里王夫之仍是就气的本然状态、理想状态说。宇宙间唯是一气，阴阳五行皆归于气。有气则有理，理在气中。气的运行有其规律，慜阴伏阳（如潜与亢，表征气以过与不及偏离常道）皆流行中的变数，故非常道。在人之气，其本然状态、理想状态亦同天之阴阳之气。气之异同攻取亦不过气的变数而非常态。此本然之气表征义与道，故充塞于天地之间。按照孟子说的，体天地之诚，养浩然之气，实际上是既养心又养气。而"养心莫善

---

① 《船山全书》第六册，第 1053 页。
② 《船山全书》第六册，第 1054 页。

于寡欲","养浩然之气"也就是"万物皆备于我矣,反身而诚,乐莫大焉"。心亦气,养气即养心。养心养气即体天地之诚,两者实际是同一件事。王夫之反对以天地之性为理、为善,以气质之性为气、为恶的说法,认为贵性贱气就是用其虚(悬空之理)而弃其实(实有之气)。

王夫之反对"贵性贱气",也就是反对理气截然分而为二,反对阴阳为理,变合为气,他主张阴阳即变合,阴阳变合之实体为气,变合中所显现的条理为理。王夫之说:

> 贵性贱气之说,似将阴阳作理,变合作气看,即此便不知气。变合固是气必然之用,其能谓阴阳之非气乎?易曰:"立天之道曰阴与阳,立人之道曰仁与义。"仁义,一阴阳也。阴阳显是气,变合却亦是理。纯然一气,无有不善,则理亦一也,且不得谓之善,而但可谓之诚。有变合则有善,善者即理。有变合则有不善,不善者谓之非理。谓之非理者,亦是理上反照出底,则亦何莫非理哉![1]

需要注意的是,王夫之从气的本然状态着眼,故命气为诚。诚是理与气合之本然状态、理想状态,是故为善。此善不是具体善恶之善,而是超乎具体善恶之价值判断的绝对的善、超越的善。此善是对超越的价值理想的规定与赞美。有变合才有具体善恶的发生。变合中的善是符合此超越的价值理想,变合中的不善是不符合此超越的价值理想,而为此价值理想所反衬出者。就是说气之本身无所谓善恶,因为它的运行有自身的律则,此律则本身超乎善恶。善恶是相对于人投射在此气上的价值理想而言。故气本身"亦何莫非理哉"。王夫之并以周敦颐《通书》中"诚无为,几善恶"来解释这一点:

> 大要此处着不得理字,亦说不得非理。所以周子下个"诚""几"二字,甚为深切著明。气之诚,则是阴阳,则是仁义;气之几,则是变合,则是情才。(自注:情者阳之变,才是阴之合。)若论气本然之体,则未有几时,固有诚也。故凄风苦雨,非阴之过,合之淫

---

[1] 《船山全书》第六册,第1055页。

也；亢阳烈暑，非阳之过，变之甚也。……实则未尝动时，理固在气之中，停凝浑合得住那一重合理之气，便是"万物资始、各正性命、保合太和"底物事。①

这也是说，气之本体，无所谓善恶，故以"诚"字描述。诚即阴阳二气的本然状态，此时即仁义。仁义也是就气说。气之"几"，才有变合。变合所显现、所成就的，则为情才。此处情仍主意志、趋向义，才主本性、能力义。情者阳之变是说在气之中，主动者有趋向、有意志，配合者与之补充、平衡。在"几"发生前，是"诚"。自然界中的愆阴伏阳非阴阳本身之罪，而是变合过程中失其中道。气的本然状态理气调谐，此时万物皆按自己本性的必然性运化，万物总体呈现和谐状态，这就是"万物资始，各正性命"的总根源。

王夫之反复指出，要说善恶，自然物无所谓善恶，善恶是人世界才有的，善恶是在变合发生过程中人之情才对自然中正本性的背离。他说：

在天之变合，不知天者疑其不善，其实则无不善。惟在人之情才动而之于不善，斯不善矣。然情才之不善，亦何与于气之本体哉！气皆有理，偶尔发动，不均不浹，乃有非理，非气之罪也。人不能与天同其大，而可与天同其善，只缘者气一向是纯善无恶，配道义而塞乎天地之间故也。②

自然之气无所谓善恶，故可说纯善无恶，气有理而充满一切处，故"配道义而塞乎天地之间"。人之修养目标在与天同一，而与天同一即与天同善而超乎善恶判断之外。人之情才之动是不善的根源，但才即气之性情趋向，其本身亦无不善。所以恶归根结底来自人——有意志、有趋向、有理性、有选择的人，在于人本身的选择。所以王夫之最后的结论是：

故任气无过，唯暴气、害气则有过。（自注：暴亦虐害意。）不

---

① 《船山全书》第六册，第 1055 页。
② 《船山全书》第六册，第 1059 页。

暴害乎气，使全其刚大，则无非是理，而形以践、性以尽矣。此孟子之所以为功于人极，而为圣学之正宗也。知气之善，而义之非外亦可知矣。①

王夫之并且指出，以上所说的道理，在《周易》中也彰明较著，全部《周易》，彰显的就是这个道理，他说：

> 情之不能不任罪者，可以为罪之谓也。一部周易，都是此理。六阴六阳，才也。阳健阴顺，性也。当位不当位之吉凶悔吝，其上下来往者，情也。然在人则为功为罪，而不可疑天地之化何以有此，以滋悔吝之萌。天地直是广大，险不害易，阻不害简。到二五变合而为人，则吃紧有功在此。故曰"天地不与圣人同忧"。慕天地之大而以变合之无害也，视情皆善，则人极不立矣。②

这仍是说，情是善恶的来源，但情本身无罪。《周易》是对天的模拟，天有本身的性质、运化，非人所能干预。天有性有情有才。性、才是天的性质、功能，情也是天必有的，情在诚之变合上体现。人之善恶在情感上发生。人的修养工夫应该用在对情感的选择、断制上。徒羡慕天之本身，只知诚而不知变合，将情与性、才一例看，则失去以性为人极来范导、控御情这一根本方法。王夫之认为《四书》与《周易》在这一点上是一致的。

通过以上论述可以看出，王夫之提出变合的观念，一再强调气本身无恶，就是要把善恶归之于人之思考与选择本身，杜绝将恶推诿于人之气质，从而减轻人自己的罪责这一错误看法，加强人对自己应负责任的担承意识，把对不合理欲望的克制、抑遏交给人本身："若夫为不善，非才之罪。"同时强调"圣人可学而至"的主动性。这里可以看出，王夫之对人性，对人与自然的关系，对天人一体中人的参与对天之运化所应担负的责任，都以极严正的态度去对待，没有丝毫玩世、游世之意。他以一个高严的形上学家对人格修养的各方面作出了不容丝毫假借的指证。

---

① 《船山全书》第六册，第1059页。
② 《船山全书》第六册，第1072页。

第八章

《周易内传》的解释学

《周易》以六十四卦三百八十四爻摹画天地万物之变，它的符号系统至简，但取义至深，易的意义的获得，全靠读易者以其知识底蕴对易进行解释，解释的路向不同，所得的结果也有异。这就给释易者留下了无限广阔的解释空间。《周易》不是一个封闭的系统，它的意义的实现，是作易者与解易者视域交汇的产物。《系辞》说："极天下之赜者存乎卦，鼓天下之动者存乎辞，化而裁之存乎变，推而行之存乎通，神而明之存乎其人，默而成之，不言而信，存乎德行。"认为天下众多、繁赜的事物及其运动变化可归约于卦爻象的变化中，观卦知其理，学易者能即卦象卦爻辞之变化而知制易者之意，事物的运动变化也可因观象玩辞推论而知。《周易》是一套需要通过解释而获得意义的符号系统。它不会直白地告诉占问者所求之事如何应对，而是告知已经发生的同类事物，要人通过类推而知应对之道；或告诉一些象征性的事物，由占问者通过解释获得正确的义理。解释者有以感性之悟得者，有以理性思考得者，还可由象征、比喻、暗示等种种非理性经验而得。所以《系辞》说："探赜索隐，钩深致远，以定天下之吉凶，成天下之亹亹者，莫大乎蓍龟。"

一、程颐、朱熹的解易传统

《周易》的解释学传统至汉代经学昌盛而一大变。汉代对《周易》的解释最重要的学派有三：一是以孟喜和京房为代表的象数学，一是以费直为代表的义理学，一是以严遵为首的黄老学。孟喜、京房之易以奇偶之数和八卦所象征的物象解释《周易》经传文，同时讲卦气说，并继承今文经学的传统，利用周易讲灾变。费直易学解经多取道德教训之意，用《彖》《象》《文言》中所讲的道理发挥《周易》经传文。严遵著《道德经指归》，用《周易》的义理解释《老子》。这三家最重要的是孟、京一派的易学。此派易学最重要的是卦气说和纳甲说，将《周易》的卦与二十四节气及七十二物候相配，和干支、五行相配，将易坐实为一个定型的框架，这个框架可以装进不同的内容，框架的各个部分也可以由其规则推论而知，削弱了《周易》通过比喻、暗示、象征等进行范围广阔的意义诠释的有效性。汉易的象数传统对后世易学影响极大。

魏晋时代的王弼易学则扭转方向，尽扫汉易象数学中滋蔓出来的各种学说，恢复义理解经传统。他在解释《周易》经文中引入老庄哲学和东汉古文经学的传统，在解易体例上主取义说、一爻为主说、爻变说、适时说等。这在他介绍注易体例的《周易略例》中有详细说明。王弼非常重视周易的解释学传统，如他在《明象》中提出"得意忘象"说，主张通过卦象获取卦义，而获取卦义后就可忘掉卦象。这一说法的核心在通过解释学即象以见义，而一义能表现为不同的物象，故象不可拘泥执定。他说：

> 夫象者，出意者也。言者，明象者也。尽意莫若象，尽象莫若言。言生于象，故可寻言以观象；象生于意，故可寻象以观意。意以象尽，象以言著。故言者所以明象，得象而忘言；象者所以存意，得意而忘象。……是故触类可为其象，合意可为其征。义苟在健，何必马乎？类苟在顺，何必牛乎？爻苟合顺，何必坤乃为牛。义苟应健，何必乾乃为马。而或者定马于乾，案文责卦，有马无乾，则伪说滋漫，难可纪矣。互体不足，遂及卦变；变又不足，推

致五行。一失其原，巧愈弥甚。纵复或值，而义无所取。盖存象忘意之由也。忘象以求其意，义斯见矣。①

这里的"象"，可以就卦说指卦爻象，也可以就天地万物说指物象。就易学语言说，这段话是说通过卦象可以获知卦义，通过卦爻辞可以获知卦象，而一卦最重要的是得到其意义，并由此得到所象征的事物。故得到卦义就可忘掉卦象，得到卦象就可忘掉卦爻辞。既然意义相同的一类事物可以用一种征象来表示，那么要表示健的意义，就不一定非用马来代表，要表示顺的意义，就不一定非用牛来代表（《说卦传》："乾为马"，"坤为牛"）。而汉易的取象说定马于乾，即乾一定要马来代表，遇到有马无乾的卦爻辞，就用别法穿凿说通，这样好多不正确的说法就产生出来了，如互体、卦变、五行等。这都是由于存象忘意而招致的恶果，故须"得意忘象"。王弼这段话实际上预设了一个解释学的前提：一个意义是可以通过多种物象来表示的，不同的物象可以获得同一个意义。而由象到义的获得要通过解释，义与象不是直接等同的，它需要解释者意识的飞跃、灵感的突现来实现意义的类比贯通。解释活动也不是注释、解说、训诂等知识性活动，而是需要调动诸多思想手段来共同完成。解释者在这一活动中不是被动的、呆板的，而是能动的、活泼的、充满了艺术意味的。王弼这一原则的提出，对象数学的框定、推演、坐实等思想方法是一次重创。魏晋玄学思辨的、空灵的、玄想的思想方法和老庄富于艺术意味的特征结合起来，使中国的经学、史学、文学等经受了一次大的变革，展开为一个新的形态。就易学来说，王弼的解经路向对后世影响深远，对宋代的易学大家胡瑗、王安石、二程的义理解易影响尤大。

程颐的《程氏易传》是王弼《周易注》之后一部以义理方法解易的名著，在这部书中，解释学的方法得到了更为广阔的运用。程颐解释《周易》的根本方法，表达在他的《易传》序中：

---

① 王弼：《周易略例·明象》，见楼宇烈校释《王弼集校释》，中华书局1980年版，第609页。

第八章 《周易内传》的解释学

> 易，变易也，随时变易以从道也。其为书也，广大悉备，将以顺性命之理，通幽明之故，尽事物之情，而示开物成务之道也。圣人之忧患后世，可谓至矣。去古虽远，遗经尚存。然而前儒失意以传言，后学诵言而忘味，自秦而下，盖无传矣。予生千载之后，悼斯文之湮晦，将俾后人沿流而求源，此《传》所以作也。易有圣人之道四焉：以言者尚其辞，以动者尚其变，以制器者尚其象，以卜筮者尚其占。吉凶消长之理，进退存亡之道，备于辞。推辞考卦，可以知变，象与占在其中矣。君子居则观其象而玩其辞，动则观其变而玩其占。得于辞，不达其意者有矣，未有不得于辞而能通其意者也。至微者理也，至著者象也。体用一源，显微无间，观会通以行其典礼，则辞无所不备。故善学者，求言必自近。易于近者，非知言者也。予所传者辞也，由辞以得意，则在乎人焉。①

在程颐看来，《周易》是对宇宙万物的摹拟，但《周易》所要表达的，不是可用数量摹画的外在相状，而是一种道理。世界是一种道理和法则的宣示，《周易》也是一部道理和法则的宣示。《周易》的六十四卦是这个总的道理在各卦所代表的特殊境遇中的体现。六十四卦虽然只代表六十四种境遇，但它经过解释，可以代表天下无尽的事物。易本卜筮之书，但在程颐这里却成了一部讲道理的书。朱熹对此点见得极精透，他在评论程颐《程氏易传》时说："《易传》明白，无难看。但伊川以天下许多道理散入六十四卦中，若作易看，即无意味；唯将来作事看，即字字句句有用处。"②就是说，《程氏易传》将易做个载体讲他所见的道理，或者说借周易卦爻发挥他自己的哲学思想。故无一句讲到卜筮，通篇皆在讲事理。朱熹还说："伊川见得个大道理，却将经来合他这道理，不是解易。""他说求之六经而得，也是于濂溪处见得个大道理，占地位了。"③这也是说，

---

① 《二程集》，中华书局 1981 年版，第 689 页。
② 《朱子语类》，第 1650 页。
③ 《朱子语类》，第 1653 页。

程颐先熟读六经，尤其于周敦颐处特有颖悟，以此中义理为基础，借《周易》发挥所见。不是伊川解释《周易》，而是《周易》解释伊川。明白朱熹说的这一点，就可以明白程颐解易为什么只解六十四卦卦爻辞及《彖传》《象传》《文言》而不及《系辞》以下。因为《系辞》为《周易》之总论，除了解易义例外，讲了许多天地万物的道理，而伊川通篇皆阐说道理。《说卦》《序卦》《杂卦》中的取象说等，伊川皆摒弃不用。这一点也遭到朱熹的批评，说："《易传》（指《程氏易传》）言理甚备，象数却欠在。"又说："易要分内外卦看，伊川却不甚理会。""《易传》义理精，字数足，无一毫欠阙。他人着工夫补缀，亦安得如此自然！只是于本义不相合。易本是卜筮之书，卦辞爻辞无所不包，看人如何用。程先生只说得一理。"①

程颐的这种易学观，对王夫之影响很大。王夫之以《周易》为道德训诫之书，就是在程颐这一基调之上，继续往下延伸。朱熹不同意程颐以《周易》为言理之书，作《周易本义》，欲恢复《周易》本为卜筮之书，后来的易学家从中发挥出道理这一本来面目，强调《周易》的卜筮性质。王夫之吸取了朱熹的看法，不废卜筮而讲道德训诫，所以他的重点放在知得卜筮结果之后君子何以自省，何以接受道德教训而避凶趋吉。王夫之是在吸取了程颐、朱熹的易学观后，在理学观念的支配与影响下产生此易学形态，所以道德意识、人格修养意识在他的《周易》解释中处于压倒一切的地位。另外，程颐本其"天理之学"所讲的道理为天地间事物之阴阳消长、刚柔顺逆，中间亦有人伦道德等道理。这些不同领域、不同层面的道理都是"天理"。天理重在言其本来如此，不可违抗等意思。王夫之所讲的道理则是在圣人观念的支撑下，以道德人格的养成为目的，以境界指引、道德训诫为主要内容。后者具有更多的伦理意味。这些都制约着王夫之的解释趋向。

就解释学本身说，程颐的《易传序》有以下内容：

第一，文本、符号语言不是我们认识本来世界的工具和媒介，而是

---

① 《朱子语类》，第 1651—1652 页。

一种本体性存在。就是说，我们和世界之间并不是一种可以离开符号媒介的本然性存在关系，而是一种通过符号语言与世界本身浑然一体的关系。正是通过使用符号语言的实践，我们参与了世界万物根本道理的展开。进入我们心中最终被我们接受为义理的东西，是经过我们的符号语言直接参与的产物。从这一点说，程颐的"易，变易也，随时变易以从道也"可以从两个层面去解释，一是天地万物本身。天地万物是一个不断变化但又与宇宙总体和谐一致的系统。另一是，《周易》这套符号系统，是随着卦爻时位的变化，因而其顺逆消长、吉凶悔吝也不断变化的系统。程颐是先悟到了天地万物之理，而后宣示于《周易》的符号系统，从而要求学易者、占易者通过这套符号系统认识天地变易以从道这个根本理则。最后的结果是，文本不是直接认识天道的媒介，而是诱发学者将已识得的义理发散出来，并通过细细咀嚼易理使识得的义理更加精细和深入的手段。朱熹曾告诫学易者，须先读其他书，待积累了一定的义理基础，然后学《周易》，使其已得磨砻入细。所以朱熹说《程氏易传》不是启发性的，而是磨砻性的。启发是使没有的东西有，磨砻是使已有的粗粝变得精细。就《周易》的性质说，"随时变易以从道"，这个"道"是经过人的磨砺而由粗变精，由模糊变得清晰，由潜在变得现实的过程。"道"的实现实际是解释者与本然的东西相融合的产物。《周易》之广大悉备，并非它本来即是世界万物，而是它需要学易者、占易者的诠释活动，这个诠释活动对于"知道""从道"是本体性的，不是工具性的；是存在论的，不是认识论的。"顺性命之理""道幽明之故""尽事物之情""示开物成务之道"，是诠释活动之后达到的境界。圣人忧患后世，所以创造《周易》，使人通过诠释活动体会圣人的意思，追求圣人的境界。后世失掉此意，象数之学用先天的象数将世界框定为如此，失去了通过诠释活动以从道这一步骤，圣人之学因此湮晦。

其二，体用一源，显微无间。这一句被程颐视为《周易》的精髓，故其高弟尹和靖认为程颐将这一句写入《易传序》中说破是泄漏天机，程颐称赞尹和靖有此见解"甚是不易"。按朱熹的意思，程颐这句话指"盖自理而言，则即体而用在其中，所谓'一源'也。自象而言，则即显而微不能外，所谓'无间'也。"① 即是说，理是体，象是用，理是微，象是显，二者同出一源，而理表现为象，二者又无间隔。也就是说，《周易》这套符号系统是"因象以明理"，"借象以显义"。这也预设了一个前提：本有的理是先在的，本有的义是有特定内容的，理义通过卦爻象这套符号来表现，理义作为本体是需要工具性的东西来阐释的。本体现象中间无有隔阂，诠释者和被诠释者中间也无有隔阂，本体是存在的，它不像在实证论者那里是被拒斥的东西；《周易》是诠释意义的，诠释的过程是通过符号系统来实现的。不但筮人要通过引申、类比、象征等方法把符号系统还原、化约为对义理的显明和照察，求筮者接受筮人讲给自己的义理时还要把它和自己要筮的具体事项进行类比、引申等。占筮活动最后在求筮者心中终结并被它说服时，义理已经在筮人和求筮者中间进行了多重转换，最后的结果是多重视域的融合。朱熹曾这样评论程颐《易传》："伊川只将一部易来作譬喻说了。"所以程颐告诫学易者，勿将三百八十四爻只做三百八十四件事看，要依理类推，触类而长，《周易》便可尽包天下之事。这表达的都是同样的意思：《周易》本质上是诠释的、理解的，不是通过客观的、实证的知识达到对真实世界的把握。像象数学派那样将《周易》坐实为一个可装任何知识的框架而不要求解释，或直接把它作为一个可以分合加减而求合于某种确定内容的东西，都是违背《周易》原意的，都背离了《周易》的诠释性本质。

　　第三，"观会通以行其典礼""由辞以得其义，则在乎人焉"。这两句是典型的解释学。这是说，易有圣人之道四：辞、变、象、占，《周易》要表达的义理渗透在辞中，由辞以知变，而象、占在辞中说明。筮者由辞而会通体用、显微而得一卦之义。程颐解释卦象主要用取义说，即据卦爻辞字面的意思说为一个事类，就此事类说出道理。但上文已说到，爻辞之间大多没有联系，明显有联系的只是少数，许多卦的卦名与爻辞也无必然联系。要把本义湮晦的卦辞说为一个事类，要把爻辞所代表的诸多事说成卦名所象征的事类中的具体例证，要把各不同事类所表达的意思说成一个

---

① 《答汪尚书》，《朱子文集》卷三十，四川教育出版社1996年版，第1280页。

整体，处处需要会通。"会通"者，会集而贯通，得出一个具有典则性的"一般"作为行为准则，这就是"典礼"。典礼由会通而得，这表示它是一个视域融合的结果。典礼在这里是相对的，并不是一个客观的准则，也不是筮者单方面的意向，而是会通的结果。并且程颐要人随视域会通的致思方向走，明确说他只是为卦爻辞作解释，而由这解释以得意义，乃是读易者自己的事。其间存在精粗工拙的不同。也就是说，同一种文本对于不同的解释者具有不同的意义和结果。经过解释活动，经过"会通"，新的结果出现了，这个结果是超越解释者原来的意愿的，因为筮者对赖以传达意义的卦爻辞的解释不是技术性的，即目的在使它更清楚明白，而是诠释性的，即目的在使它更有意义。它的说服力不来自对卦爻辞字面上的意思解得符合原意，而是它通过诠释打动筮者的力量。说到底，它不是复原而是创造，不是训诂学的而是诠释学的。程颐这种解易方向，或者说他的诠释学方法，对朱熹影响很大。

朱熹较之程颐，说理的意味减杀了许多。朱熹主张分三圣易：伏羲、文王之易本为卜筮，至孔子作十翼才加入许多道德教训，后世解易又多是借《周易》发挥己意，所以要分别看各人之易。同时朱熹以周易为卜筮之书，故不废象数，但究以义理为主。朱熹亦将《周易》系统视作待诠释的系统，主张"活看"，他曾做过一个比喻：

> 易如一个镜相似，看甚物来，都能照得。如所谓"潜龙"，只是有个潜龙之象，自天子以至庶人，看甚人来，都使得。孔子说作"龙德而隐，不易乎世，不成乎名"，便是就事上指杀说来。然会看底，虽孔子说也活，也无不通。不会看底，虽文王、周公说底，也死了。须知得他是假托说，是包含说。假托，谓不惹着那事；包含，是说个影象在这里，无所不包。[①]

他对后世注易的著作也据其易学观加以总的评论：

> 易最难看，其为书也，广大悉备，包含万理，无所不有，其实

---

① 《朱子语类》，第 1647 页。

> 是古者卜筮书，不必只说理，象数皆可说。将去做道家、医家等说亦有，初不曾滞于一偏。某近看易，见得圣人本无许多劳攘，自是后世一向乱，妄意增减，硬要作一说以强通其义，所以圣人经旨愈见不明，……说千说万，于易原不相干。此书本是难看底物，不可将小巧去说，又不可将大话去说。①

朱熹在文本上主张《周易》的各部分有其确定性，如伏羲易是伏羲易，文王易是文王易，孔子易是孔子易，不能混为一谈。他要把后世混在一起的各部分还其本来面目。在文本确定之后，他主张用后出的《彖传》《象传》来解释六十四卦三百八十四爻。但朱熹对《彖传》《象传》等的兴趣，显然没有对卦爻辞的兴趣大，所以《周易本义》对《彖传》《象传》注得很简略，多一笔带过。《说卦传》《杂卦传》注寥寥几字，《序卦传》弃而不注。其中的一个原因是他主张将伏羲易、文王易、孔子易分开。伏羲易无文字，但意义已备于卦画中。文王易、周公易（即六十四卦卦爻辞）最须细读，在此基础上读孔子易。或有不解的，可用孔子易作参考，帮助解释，不可用后者做基础去解前者。他曾说：

> 读易之法，先读正经。不晓，则将彖、象、系辞来解。
> 看易，且将爻辞看，理会得后，却看象辞，若鹘突地看，便无理会处。
> 文王爻辞做得极精严，孔子《传》条畅。要看上面一段，莫便将《传》拘了。②

另，虽非朱熹所写，但被置于《周易本义》篇首、作为该书序言的《周易序》③，也表达了明显的解释学观点。此序认为，《周易》首先是明理之

---

① 《朱子语类》，第1661页。
② 《朱子语类》，第1661页。
③ 此段文字，并见于《二程集》之"伊川先生遗文"，与《程氏易传》之序，题名《易序》。关于此文的作者，现代学者有许多讨论，一般认为非伊川，也非朱子，当是伊川弟子周行己。说见刘骏勃：《〈易序〉作者问题的回顾与再考察——从白寿彝先生的考辨谈起》，载《北京师范大学学报（社会科学版）》2020年第4期。

书，所明之理，从根本上说，只有一个，但此根本之理表现为具体事物之理。就《周易》系统说，六十四卦三百八十四爻所表现的理只是一个，此一理散在卦爻中。易中根本之理，"其道至大而无不包，其用至神而无不存"。其至大无不包首先体现在卦的丰富性上。本来卦是代表不同境域的（时），境遇无穷，但《周易》只制六十四卦，以此引申、类推至无穷之域。各境遇中的事亦多至无穷，但《周易》只有三百八十四爻，亦引申、类推至无穷多之事。知六十四卦三百八十四爻而不知推广，是不知易。所以，《周易》需要"得之于精神之运，心术之动"，即在心灵创造、智慧开发中展开阐释活动。最后达到与宇宙同其广大，"与天地合其德，与日月合其明，与四时合其序，与鬼神合其吉凶"，才算知易。在此序作者眼中，易是理最切近的体现者。易有卦爻，这是易表现于外的形式；易包含的理，是不能以经验得到的，需要以心灵体会。另外这篇序中还强调，易以阴阳二者作为起作用的原因和发生变化的方式。所以，易是阴阳之道，卦是阴阳之物，爻是阴阳之动。《周易》系统六十四卦为体，三百八十四爻为用，大至天地之外，小至一身之中，莫不有阴阳之动，亦莫不有卦爻之象。《周易》作为一个卦爻构成的符号系统，它的创制是"顺性命之理，尽变化之道"，它的作用是"先天下而开其物，后天下而成其务"。其中充满了诠释精神。

二、王夫之的周易解释学

程颐、朱熹的易学观对王夫之有相当大的影响。王夫之从程颐的义理解释学出发，容纳了朱熹易为占卜之书的观点，但他不是把占卜作为预测吉凶的活动，而是作为警醒自己，发现修德上的缺漏，从而补充完善的媒介。王夫之的卜问完全是假想的，是处于假想境地的自己对易中的占断之辞作出的叩问和应对，不是对吉凶休咎的现实预测，它完全是修德之事。他最看重的是导致吉凶的理由从而从善弃恶。相较而言，他对程颐的吸收与取法比朱熹为多，道德训诫的意味也更重。这决定了他对《周易》的处理方式同程颐一样，更多具有解释学的意味。比如王夫之在解释《系辞》"易，无思也，无为也，寂然不动，感而遂通天下之故"一句时说：

> 易统象、占、辞、变而言。"无思无为"，谓于事几未形、物理未著之先，未尝取事物之理，思焉而求其义之精，为焉而营其用之变也；设其象变，系以辞占而已。"寂然不动"，具其理以该四者之道，无适动而为一时一事兆也。"感"者，学易者以心遇之，筮者以谋求通焉。"通天下之故"，谓言、动、器、占皆于此而得也，此则至精至变，而括之于一理之浑然，以随感必通，非智计之所能测，唯"天下之至神"乃能与也。天下之至神，诚之至也。健而诚乎健，顺而成乎顺，絪缊而太和，裕于至足之原，精粗、本末、常变皆备于易简之中，故相感者触之，而即与以应得之象数，非待筹量调剂以曲赴乎事物，此则神之所以妙万物而不测也。①

这是说，《周易》的卦爻系统本身是不能为的，只是创设了一些表示变化的象。这些象在卦爻下系之以辞，并有关于吉凶的断语。《易》的寂然不动是指这种静态的卦爻辞系统中象、占、辞、变四者之道统括于一理中，此理至静无感，渊默幽深而非表现为一事一时之兆。它要靠感，这个感即学易者以自己心灵的含蕴去叩问这静态的卦爻，然后通过占筮把自己已有的蓄结、理解与占问到的卦爻象会通起来。叩问必涉及象、占、辞、变。象是卦之阴爻、阳爻、内卦、外卦等，占是吉凶悔吝等相告之断语，辞是卦爻象下所系之辞，它假设了某些情景及在此情景中所做的事，以此提供引申、象征、比喻、类推等的基础。器是制器者所要效法的底本。此四者皆以叩问易体而得。易体"至精至变"，但其究归结为一理。此浑然之理，随叩问者之感而成为其特殊境遇中的独特理解。它是通过象、占、辞、变直接地、直观地实现的，所以只有具备了这种修养境界和直观能力的人才能显示它，不是每个人都能以理性论证而得。这种修养境界是一种识度和相应的直觉能力，故一叩问，即与之以应得之象数，非人力安排而得。这种反应是神妙的，其前提是叩问者具备诠释能力，卦爻系统具备静

---

① 《船山全书》第一册，第535页。

而实、动而灵的品格，故能"妙万物而不测"，为"天下之至神"。

在王夫之这里，《周易》的卦爻系统不是像黑格尔那样以正反合组成的概念层级系统，它不具有以概念的矛盾升进所带来的思想的动态流行，也不具有柏格森式的精神活动的绵延，这些都是认识者对已经存在的东西的或理性或直觉的把握。《周易》系统提供给人的是供人联想、引申、类比的一些事项，其中意义的获得完全是通过诠释实现的。最后的结果是，《周易》系统被叩问者解释出一套完全与易提供的事项不同的东西。占筮活动是实践的，不是仅仅被给予的；占筮者是主动的，不是被动的；占筮结果是原来的文本和叩问者解释的融合。这种解释活动也不是技术性的、寻求文本"原意"的活动，而是一种创造性的诠释。对解释者的知识储备的要求，也不是与文本的技术性因素相关的知识，而是对天地万物的理解。解释的过程也不是机械的逻辑推类，而是一种跳跃的、充满了灵性的活动，故"非智计之所能测"。在王夫之这里，古代创制的易简的筮测工具由于其义理之学的解释性参与而变得神妙无比，占筮活动也更多地具有了本体论而非知识论的性质。就是说，它是一个与对天地万物的觉解有关的活动，而并不仅是以清晰的知性对已有的东西的逻辑推论。所以他把周敦颐的"诚神几"概念引入来表示占筮活动："诚"是《周易》本体具有的"寂然不动，感而遂通"的有常有变性质和解释者具有的精神境界，"神"是解释者对宇宙万象根本性质的把握，"几"是解释者由其精神境界和知识底蕴对于眼前的具体境遇的闪回切换的具体活动。这里，解释者先在的东西决定了解释的结果。

在对"夫易，圣人之所以极深而研几也"一句的解说中，王夫之也表达了同样的意思：

> 乃其所以极之研之者，无思无为于寂然不动之中，易简而该刚柔摩荡之大用，则问之即应，用之即效，妙用而不测；其功之速成也，则一皆神之为也。非大明于全易浑然之体，以得其至变大常之诚，固未足以知此也。要诸其实，则与第一章"易简而理得"同为一理。唯纯乎健顺，以知太始而作成物，故无深非其深，无几非甚

几，以速于应而妙万物。①

周易是用来研究天地奥秘的工具，它本身无思无为，不具有言告的功能，但在易简的形式中寓托着深刻的道理。它以阴阳二种爻的上下往来表示万物的冲突、和谐、运动变化，它应答占筮者的任何问题，它的作用神妙莫测。但这些神妙作用的发生实际上靠的是占问者自己的解释，《周易》的神妙实际上是占问者解释的神妙。所以，用易者必是知易者，知易者必是知天地万物之诚者。周易的创制与应用是一件事的两个方面。从其制作说，圣人仰观天文，俯察地理，了知万物之情状，故创制卦爻以摹状天地万物的变化。而对于周易的解释又还原为对天地万物的理解。这一来一往之中，人的思维能力和精神境界得到了提高。从自然到人文，从天文地理到易卦符号系统，这是人的抽象、浓缩、归纳、象征等思想方式的提高。人不是在自然本身中把握世界，因为人总是被自己所处的时空所拘限，不可能完全跳出经验的圈子。在六十四卦三百八十四爻的世界里，人们以此境遇、事项为基础，通过自己的实践活动积累起来的知识，把握整个世界，刻画人的活动。人通过自己的符号创设，为更加全面、更加广泛地了解世界提供可能。但人对易卦世界的把握，最终受制于人自己所达到的知识高度、人格高度。"问之即应"，实际的应者是解释者；"用之即效"，这个效果来源于对真实世界的明澈把握。在王夫之的解释学中，人格——包括道德修养、知识积累和境界升华诸方面——在解释活动中起着决定性作用，它不是单纯的知识取向所能替代的。所以王夫之在此段解说之后，紧接着就批评了纯知识取向对解释周易系统所发生的歧异："若何晏、夏侯湛之徒，以老庄之浮明，售其权谋机智，而自谓极深而入神，则足以杀其躯而已。无他，诚与妄之分也。"②

解释活动是人的基本存在方式，人们也常常追问解释的有效性。这种追问是人在解释活动发生之后的反思，它伴随着对解释工具是否完善，意义是否有遗漏，解释传递中出现的歧义如何处理等问题的追问而出现。

---

① 《船山全书》第一册，第556页。

② 《船山全书》第一册，第556页

这种追问是人的思想活动处于较高层面的一个标志。《易传》对于周易解释学有个方法论的说明，这就是："子曰：书不尽言，言不尽意，然则圣人之意其不可见乎？子曰：圣人立象以尽意，设卦以尽情伪，系辞焉以尽其言，变而通之以尽利，鼓之舞之以尽神。"①这个回答是在"言不尽意"的前提下做出的，它实际上认为，在一般层面上，从不太细致的角度看，周易系统可以穷尽天地万物之情状。王夫之对这段话的解说可以说将这一回答推进了一步，在解释学层面，他对这个问题的思考集中于统会卦爻系统诸要素合而观之，他说：

> "书"谓文字；"言"，口所言。言有抑扬轻重之节，在声与气之间，而文字不能别之。言可以著其当然，而不能曲尽其所以然；能传其所知，而不能传其所觉。故设问以示占者、学者，当合卦象鼓舞变通之妙，以征系辞之所示，而不但求之于辞也。"象"，阴阳奇偶之画，道之所自出，则易之大指不逾于此也。六画配合而成卦，则物情之得失，见于刚柔时位矣。系辞则以尽情意之可言者也。利，义之合也。卦象虽具，而变通参伍之，然后所合之义显焉。辞虽有尽，而卦象通变之切于人事者，圣人达其意于辞中，以劝善惩恶，歆动而警戒之，则鼓舞天下之权于辞而著，是利用出入、使民咸用之神所寓也。如是以玩索于易，然后系辞之得失吉凶，皆藏密之实理，而无不可尽之于书矣。夫子示人读易之法，于此至为著明。②

头两句，以语言与文字在传达意义上功能的一致性，把"书"与"言"作为一个范畴来看待。王夫之的意思是，语言传达的是组成语言的词语的直接意思，但语言有言外之意。语言能传达我们理性所知的东西，但不能传达直觉所显现的东西。而我们所得到的理解往往是直觉的，那么我们如何从语言上得到言外之意？王夫之把这个问题转归到易卦系统时，言主要指

---

① 《系辞》上传第十二章。
② 《船山全书》第一册，第566页。

卦爻辞，而卦爻辞是理解卦义，进而对占筮进行解释的主要媒介。他的主张是，要把设卦的意愿、卦象、爻变、卦爻变化的内在动力等要素参合而观，来理解卦爻辞的意思，不能光从卦爻辞去求。卦象由阴阳奇偶即阴爻阳爻构成，是道和理的承载者，道和理皆从象中出。一卦之理就是一卦之大旨。此卦的得失，表现于爻之刚柔、时位。卦爻辞是表达一卦的真实情况最基本的依据。还要考虑卦爻辞中吉凶之断语。只有将六爻参合而观，变通而释，然后一卦之义才可见出。王夫之对《文言》中"利者义之和"一句的解释是："生物各有其义而得其宜，物情各和顺于适然之数，故利也。"① 即在一卦中，各爻皆有其所代表的具体境遇，但经过变通，和一卦之适然之数相符合，则自然产生利。卦爻只有六十四卦三百八十四爻，从表面上看，只说了三百八十四件事，但通过连类、比通可以括尽所有的事。卦爻辞中吉凶悔吝的占词，也可以歆动或警戒无数事，由此引导人们树立对事件的价值权衡。圣人创制卦爻系统，将无限的解释可能寄寓在有限的言辞中，以达到劝善惩恶的目的。卜筮者经过咀嚼玩索，将卦爻辞中所包含的理包罗无遗地呈现于胸中。这是作易者示人的读易正法。

可见，王夫之认为，《周易》中所体现的圣人之道是可以尽见的，但须将周易看作一个整体，将易卦的各要素参合观之，然后在这整体中求一卦一爻之义。刚柔、时位皆借象以尽意的工具和媒介。同时还要看出具体境遇中各因素调谐的最佳形态，以得到此境遇中的和义之利。同时在整体背景中观照具体境遇，以此玩索辞意，则言可尽意。

在这一段解说中，王夫之对周易的解释功能赋予了很多意义。在他这里，一个真正的叩问者、解释者应该从易卦系统得到真、善、用。"真"是卦爻辞中所表示的道和理，"善"是卦爻辞中所表现的价值理想和断占之辞对叩问者的价值指引，"利"是此境遇中各因素的整体协调从而产生的利用之益。这些功能的获得要求叩问者要有诠释的洞见和利用的才能。在这一点上王夫之极似程颐，但又比程颐赋予了更多的伦理内容和主体精神。王夫之对周易的解释是全方位的，周易系统在他这里容纳了一个对天

---

① 《船山全书》第一册，第59页。

地万物有深刻觉解的人所具有的全部精神获得。这种获得不是单向度的、孤零的,而是丰富的、各种精神因素互相关联的。其思维方式是投射的、引申的、富有象征意味和超越意义的。这表现了他关于周易的一贯主张:易是提高人的精神境界的,不是卜问吉凶利害的;是人格养成的凭借,不是获得利益的工具。即就获得利益说,也是在和义基础上的自然结果,不是汲汲然唯利是求的。这鲜明地体现出他"易为君子谋,不为小人谋""占学一理"的易学宗旨。

王夫之据此理解对后人解易中的单向度特别是其中的知识趋向、利益趋向、排斥运用各种解释手段会通解易的趋向提出批评:"自王弼有'得意忘象'之说,而后之言易者以己意测一端之义,不揆诸象,不以象而征辞,不会通于六爻,不合符于象象,不上推于阴阳十二位之往来,六十四卦、三十六象之错综,求以见圣人之意,难矣。"①而后对他以上所揭橥的主张,反复申言。他在"极天下之赜者存乎卦,鼓天下之动者存乎辞,化而裁之存乎变,推而行之存乎通"一句的注释中说:

> 此言学《易》者即卦象爻辞变通而尽圣人之意,以利其用也。……六十四卦,天道、人事、物理备矣,可因是以极其赜也。"动",兴起于善也,玩其辞而劝诫之情自不容已也。"化而裁之"者,人之于事业有所太过,则刚以节柔,柔以节刚,于卦之变而得其不滞之理。"推而行之"者,苟其所宜然,则刚益刚而不屈,柔益柔而不违,即已然之志行而进之,于卦之通而得其不穷之用也。如此,则可以尽圣人之意矣。②

这是说,六十四卦包天地人之道,天下之繁赜尽于卦爻之中,通过观象玩辞可知其中之理。此处"动"字,王夫之不以卦中之爻之动静、来去、刚柔、隐显释之,而释之以具有价值意味的"兴起于善",就是要强调周易的劝善惩恶作用,以免使人将"动"看作状态义而非价值义。"化而裁之

---

① 《船山全书》第一册,第566—567页。
② 《船山全书》第一册,第570页。

存乎变",是说人于卦爻中得变通无滞之理,以此理为标准,对刚柔等行事风格和性格特点注意裁抑使其合于正。"推而行之存乎通"是说如果经过验证己之所持合理、适宜,则坚信不变,推行到底,而得其不穷之用。此数句本来皆是表示卦爻之德的,王夫之的解释将之归置于人事上,强调通过现象玩辞以得到人道教训。这一诠释方向的扭转说明,《周易》在王夫之心目中最主要的功能是道德教训,卦中所表现的物理、人事的道理是次要的,从周易中吸取人格修养的滋润才是最主要的。这一点是王夫之不同于程颐的地方。程颐是用《周易》卦爻辞去承载他所见得的关于物理人事的道理,王夫之则在这一基础上加强人见此道理后采取行为的自觉性、主动性这一面。

这一面向的强调使王夫之对叩易者的德性修养有较高要求,他紧接上一段在解释《系辞》"神而明之,存乎其人。默而成之,不言而信,存乎德行"一句时说:

> 承上而推言之,欲见圣人之意以尽易之理,又存乎人之德行,而非徒于象、辞求之,或不验于民用,则归咎于书也。易本天道不测之神,神,幽矣,而欲明著之于事业以征其定理,唯君子能之,非小人窃窥阴阳以谋利计功者所知也。若默喻其理,而健顺之德有成象于心,不待易言之已及而无不实体其道,唯修德砥行者体仁合义,自与易契合,而信易言之不诬也。①

这里王夫之道出了他的《周易》解释学的重要方面:解释者需要崇高的精神境界和人格修养才能充分体会和理解周易的深刻蕴涵。王夫之要表达的是,周易不是仅仅理智的再现所能把握的,它是人格修为所获得的境界、襟怀照察下的产物,它是符号系统和人格映射双重作用的产物,它是作易者、解易者视域融合的产物,所以,"欲见圣人之意以尽易之理,又存乎人之德行"。同时它是实践的产物,这里实践指解易这个实践,也指民用这个实践。就解易实践说,解释者的解释活动是打开周易这一矿藏的前

---

① 《船山全书》第一册,第570页。

提，解释者对于辞、变、象、占的综合眼光，对易的全部含蕴的深刻洞察是尽易之理的先决条件。周易不是独断的诠释所能奏功，它不是在文本中其意义已经清楚明白了，而是在解释者的实践活动中重新被给予意义。被给予意义的深浅多寡端赖解释者的人格修养和知识底蕴。就民用这个实践说，周易中蕴含的治国牧民之理，需要解释者的诠释活动才能把它挖掘出来并推行于政治活动中。从易的辞、变、象、占中发现理，发现"天道不测之神"，这需要诠释；将此理推行于事业而显现其之功用，仍然需要诠释。这就是王夫之"而欲明著之于事业以征其定理，唯君子能之"的意义。"小人之窥窃阴阳"，指各种形式的象数之学，象数之学是"排甲子死数"，是通过卜筮求取利益，而君子学易，利是义的自然结果。并且君子对易的创造性诠释保证了它自然有利益。修德砥行者把握理与道，将之体会于心，会通于易，则自然与易契合。这也说明，易是浓缩在卦爻符号中的天理天道，对自然事理的把握与对易卦符号系统中义理的把握在诠释者心中重合为一。所以王夫之在此章的总结中说："存乎人之德行，则唯君子可以筮而小人不与之理也。"[①]

---

① 《船山全书》第一册，第 571 页。

第九章

乾卦阐释的几个维度

乾是周易首卦，象征天，在六十四卦中，承载的信息最多，可以发挥的余地最大。尤其王夫之主乾坤并建为本体而生其余六十二卦，故对乾卦给予了最多关注。他在《周易外传》中对乾卦的阐释有两个重要的面向，这就是将乾与天道联系起来，对天道的健动不息，在健动中万物各正性命的存在样态做了充分论证；以此主动、主有的哲学思想为基础，对佛教的虚寂和功利主义的废德崇智做了批评。这些理论内容是他总结明亡教训，重建正大、健实的中国哲学这一意向的鲜明体现。

一、主有、主动及健顺一体

王夫之首先从字义上对乾进行诠解，作为义理引申发挥的根据。他认为，"乾"的本义是气的舒展衍伸。在气的阴阳两个方面中，阴主气之凝结，形成事物的体质；阳主气之舒展，使形质舒开而顺通。在这二者中，阳主动，阴主静，阳推移摩荡于阴之中使其发生变化并趋向于阳所指向的规范，阴以质完成阳的指令。气无所不至，阴阳的作用也无处不在。乾六画皆阳，为阳之极至，其性质和作用是健而舒，和煦温暖，刚健有为，故谓之乾。"乾"合气而言，重在体；"健"则专就其刚健之性质而言，重在用。乾坤并建，无有阴而不阳，也无有阳而不阴。乾与坤、健与顺本不可单独论说，但在乾坤并建之体中，乾与坤各有其性质和功用，可以在二者合运中单独指出各自的特点。王夫之说：

> 乾者，盖就阴阳合运之中，举其阳之盛大流行者言之也。六十二卦有时，而乾、坤无时。
>
> 乾于大造为天之运，于人、物为性之神，于万事为知之彻，于学问为克治之诚，于吉凶治乱为经营之盛。故与坤并建，而乾自有其体用焉。[①]

就中王夫之特别加以强调的是，乾就宇宙说，是统御、主宰万化运动的天；就人与物说，是决定其发展方向，具有未来实现之潜能的内在本性。就人的精神修养说，是德创造的深厚基础和内在动力，是战胜精神修养之阻碍的强大力量。就吉凶治乱说，是人通过发挥自身力量兴起大用，变被动为主动，变不利为有利，变艰难困苦为通顺畅达的现实作为。总之，是一切主动力量的根源所在。

王夫之将此主动性、根源性、健顺一体性与代表宇宙本体的"道"会通起来，赋予乾以道的性质和功能。所以在《周易外传》论说乾卦之始，即先说"道"：

> 道，体乎物之中以生天下之用者也。物生而有象，象成而有数，数资乎动以起用而有行，行而有得于道而有德。因数以推象，道自然者也，道自然而弗借于人；乘利用以观德，德不容已者也，致其不容已而人可相道。道弗借人，则人与物俱生以俟天之流行，而人废道；人相道，则择阴阳之粹以审天地之经，而易统天。故乾取用之德而不取道之象，圣人所以扶人而成其能也。盖历选于阴阳，审其起人之大用者而通三才之用也。天者象也，乾者德也，是

[①] 《船山全书》第一册，第43页。

故不言天而言乾也。①

这段话，涉及道与德、体与用、象与数、天与人诸关系，是王夫之哲学思想的重要表达。道是王夫之的最高范畴，它不是宇宙发生论的道，不是天地万物产生之前的初始状态，而是乾坤并建、阴阳合撰之本体，它体现于万物之中，使万物各循其本性之必然发生现实作用。这里的精义是，具体事物只有在互相联结成的整体中才能存在和运动。道就是万物存在和运动的总体。这个定义，这样的认识，已经为他批判老子宇宙发生论的道奠定了理论基础。就构成道的每一具体事物来说，先有质的存有，再有此存有的外在相状。有相状就有对此相状进行刻画和描述的数量规定，数量上的不同导致了事物的千差万别，天地万物各各资借、依凭内在动能产生运动并发生作用。事物皆在运动中和道之总体有了关联并在此运动之大流行中实现自己。所谓德即具体事物的性质，德即道实现于个体自身。象、数、德都是具体的，但德是深微的，象与数是外显的。故由数量之规定即可推求一事物之相状，因为事物是道的显现，道是自足的、自然的，不资借于人而无不足。人的职责在观察、测度事物的各种表现，从而发现和掌握事物自然的、不得不然的性质和规律，来对万物之存在与运动进行描摹。道自足而不资借于人，故人与万物实际上对道不能有所损益，只顺承道、静观道；而人之描摹道，不过是利用阴阳之升降分合，造出一套符号系统来摹拟道的运行变化，使人的活动与道的运化更加吻合因此更加有效而已。故《易经》能够以概括、化约的方式模拟天道。

具体到乾卦，是用卦辞"元亨利贞"和爻辞中龙自潜伏不显到高飞在天的整个过程来象征从幼弱到大成的健动之理，着眼点在健之用，不在乾所代表的天的自然无为，意在揭示圣人在乾卦中表达的道理，以此启示人、鼓励人据此道理去行为，发挥人的能力来成就大业。而《周易》的符号系统，是用自然中的阴阳升降构成卦爻，以之代表天地人三才，来启发人的智慧。总的说，乾既代表天象，也代表其所象征的德行。卦象重在外在的显现，它启示人的是它的构成上的自然无为，不假人力。卦德重在深

---

① 《船山全书》第一册，第821页。

微的本性，它启示人的是它的刚健有为，根据自身具有的潜在动能，不断升进，迈向理想之域的品德。乾卦重点发挥的是后者。对乾卦这一诠释路向，《外传》已经奠定了基础，不过是通过外在发挥、引申解说的方式，而《内传》则把这一点作为乾的内在品质，用"我注六经"的方式把内涵于其中的德行展示出来。

《外传》对乾卦的讨论，还涉及位、材、德三者间的关系。就易学语言说，位指爻位，材指爻位奠立的物质实体——阴阳，德指卦爻之特性。就哲学语言说，位指物质实体运行中所处的时空境域，材指物质实体最基础的原素，是事物的时空境域的物质承担者，德指处在具体境域中的事物的性质、特征、原理等。任何事物都由气构成，都有自己的物质承担者，这一点是共通的，无例外的。但气是有阴阳的，具体事物的阴阳有分剂多寡之不同，由阴阳之分剂不同、位德不同，构成了事物间的复杂关系。王夫之对此有深刻的理解和论述，他说：

> 且夫天不偏阳，地不偏阴；男不偏阳，女不偏阴；君子不偏阳，小人不偏阴。天地，其位也；阴阳，其材也；乾坤，其德也。材无定位而有德，德善乎材以奠位者也，故曰"天行健"。"行"则周乎地外、入乎地中而皆行矣，岂有位哉？是故男德刚而女德柔，君子德明而小人德暗。男女各有魂魄，君子小人各有性情。男不无阴，而以刚、奇施者，其致用阳；女不无阳，而以柔、偶受者，其致用阴。是故易之云乾，云其致用者而已。[①]

这是说，就具体事物的构成说，每一事物都禀受了阴阳之气，但就决定其特征、成就其运用说，或就一事物所以为此事物的主次、主辅等因素说，每一事物都有偏于阳或偏于阴之侧重。比如代表阳刚和阴柔的"乾道成男，坤道成女"一语，王夫之的解释是，男与女各具阴阳，不过男其性质为刚，其表现为奇，其作用主要为施予，而女则性质为柔，其表现为偶，其作用主要为接受。故男为阳，女为阴，是就其致用方面着眼。

---

① 《船山全书》第一册，第822页。

周易之乾，也就此方面着眼。王夫之作此说明，一方面是要指出，说到乾时，并非无阴，而其致用为阳，由此杜绝有阳而无阴之时的推断与联想，保持乾坤并建的一贯性、恒常性，另一方面是要指出，构成事物的阴阳中，必有一方是起主要、主导作用的，另一方则是起辅助、顺成作用的，由此杜绝均衡论，使爻位、中位、承乘、进退、来去等建立在尊卑、主次基础上的各种理论有易理的内在根据。同时也使王夫之以上阳为气为神，恒舒而毕通，以推荡于阴之中而为其动力、为其作用者的理论相一贯。

而在位、材、德三者关系中，德是最活跃、最有主宰力的。天地是位，它为德提供了展现的舞台；阴阳是材，它是德借以展现自己的物质载体。天地至大，德的展现范围也至大，但不管德展现于何处，它的内在属性是不会改变的。这种属性借助于阴阳之载体使自己显露于任何时空位置并自处于最佳位势。故触处皆健，健行天下。就此意义说，健之"行"是无所谓位的，而具体时位使健具有了在不同场所历练从而增益其所不能的作用。材也不能抑制乾的创造力、冲击力，反过来使乾在乘阴阳之气以运行的过程中，有起伏跌宕、收放有致的节奏韵律。如乾之六位，"潜龙勿用"是健之深潜蓄势，"见龙在田"是健之初试牛刀、积累力量，"日乾夕惕""或跃于渊"是健之苦练内功、继长增高，"飞龙在天"是健之大展宏图、充量发展，"亢龙有悔"是健之知极必反、全身而退。健无论至何处，皆不失其健而展现为不同形态。此即"德善乎材以奠位"的意义。材与位都是德完成自己使命的辅助。

王夫之对乾卦的发挥，首重道的本体义、体用一如义，就是要确立存在及其性质的第一义性，一切义理、原则皆从存在及其性质推出。在存在之先，无有更高的本体。因此他对老子"有物混成，先天地生"的宇宙生成论的道，进行了猛烈批评，他指出：

> 道者，天地精粹之用，与天地并行而未有先后者也。使先天地以生，则有有道而无天地之日矣，彼何寓哉！而谁得"字之曰道"？天地之成男女者，日行于人之中而以良能起变化，非碧霄黄垆取给

而来贶之,奚况于道之与天地,且先立而旋造之乎!①

王夫之的道,是本体论的道,道与天地万物同时而有,一体两面,非有时间上的先后和空间上的彼此。如果承认有先天地的道,必至承认有有道而无天地之时,此时道寓何处!宇宙的本体是阴阳之气,气是有,天地万物的变化,即以此气为基质,非从虚无中取来给予万物。道之于万物,非先有道而旋造出万物,而是道即万物。所谓道生万物,是本体论的"生",是本有而显现,非从无中造出,故王夫之说:

> 夫道之生天地者,则即天地之体道者是已。故天体道以为行则健而乾,地体道以为势则顺而坤,无有先之者矣。体道之全,而行与势各有其德,无始混而后分矣。语其分,则有太极而必有动静之殊矣;语其合,则形器之余终无有偏焉者,而亦可谓之"混成"矣。夫老氏则恶足以语此哉!②

体道,即以道之全体观照个体物。全体个体,在存在上非有先后之可言。老子的混成之道,也可作如是观。就道着眼,形器之总合外无他物;就个体事物着眼,皆太极的动静殊别。皆自有处立论。有处立论,就是要安立一个健动、实际存在的本体,反对佛老的虚空、阴柔,使昂扬、健实之儒学,在遭遇异族入侵、中原丧乱的残祸烈毒之后,重新屹立于中国文化的中坚地位。这是王夫之乾卦阐释的首要注目之点。

二、元亨利贞:德与智

"元亨利贞"是乾卦卦辞,历代解易者对此发挥极多。其诠释方向有二:一主取象说,即以乾坤两卦象阴阴二气,汉代人多主此说。此点为孔颖达《周易正义》所沿袭;一主取义说,即以天地之德行健与顺解释乾坤始物与生物之作用,后世义理派多主此说,如王弼和程颐。王夫之则二

---

① 《船山全书》第一册,第 823 页。
② 《船山全书》第一册,第 823 页。

者兼取，先以气释作为存在之基础，再以德释作为存在中抽绎出之原理。王夫之先以气释乾："乾，气之舒也……阳气之行于形质之中外者，为气为神，恒舒而毕通。"①再在气的特性中引申出其德行："其用和煦而靡不胜，故又曰'健'也。此卦六画皆阳，性情功效皆舒畅而纯乎健。"②因王夫之主义理解易，故二者相较，王夫之更重视、发挥更多的是乾之德行与其中蕴含的义理。

就义理发挥说，《外传》较为简单，《内传》则要深广得多。《外传》的发挥首先在德智关系上。王夫之说：

> "贞"者，"事之干"也，于时为冬，于化为藏，于行为土，于德为实，皆信也。然则四德何以不言智乎？《彖》云："大明终始，六位时成"，则言智也。今夫水，火资之以能熟，木资之以能生，金资之以能莹，土资之以能浃。是故夫智，仁资以知爱之真，礼资以知敬之节，义资以知制之宜，信资以知诚之实。故行乎四德之中，而彻乎六位之终始。终非智则不知终，始非智则不知始。故曰"智譬则巧也"，巧者圣之终也；曰"择不处仁，焉得智"，择者仁之始也。是智统四德，而遍历其位，故曰"时成"。各因其时而藉以成，智亦尊矣。虽然，尊者非用，用者非尊。其位则寄于四德，而非有专位也。……是故夫智，不丽乎仁则察而刻，不丽乎礼则慧而轻，不丽乎义则巧而术，不丽乎信则变而谲，俱无所丽则浮荡而炫其孤明。幻忽行则君子荒唐，机巧行则细人捭阖。故四德可德而智不可德；依于四德，效大明之用，而无专位。③

以元亨利贞配仁义礼智，前人注易言之甚多。④特别是朱熹主张以仁义礼智配元亨利贞，言"仁义礼智，便是元亨利贞"。⑤"以天道言之，为元

---

① 《船山全书》第一册，第43页。
② 《船山全书》第一册，第43页。
③ 《船山全书》第一册，第824页。
④ 说见（清）李道平撰，潘雨廷点校：《周易集解纂疏》，中华书局1994年版，第42—44页。
⑤ 《朱子语类》，第106页。

亨利贞；以四时言之，为春夏秋冬；以人道言之，为仁义礼智；以气候言之，为温凉燥湿；以四方言之，为东西南北。"①宋以后学者多宗之。王夫之则以信配贞，将"智"屏于四德之外。此点他一生奉守，晚年之《内传》，仍以仁义礼信配元亨利贞。②传统上以土配信，信"寄旺于四时"。但王夫之以贞配信，"智"寄寓于仁义礼信四德中。他的解释是，智只是聪明慧巧，随处发生照知的作用，故可用《象传》之"大明终始，六位时成"一句来形容。智必须在正确的价值观念的指引、统领下，所发生的作用才是有正面价值的。正面的价值观念无过于仁、义、礼、信，故智必须附丽在仁义礼信之上才能发生好的作用。智主照察、知觉、思索、谋划，故仁借助智，其爱的发生才是真实的；礼借助智，其敬的发生才是有节度的；义借助智，其裁制的发生才是合乎机宜的；信借助智，其诚的发生才是切实可行的。四德离不开智，因为智贯穿于四德之中，是四德发生作用的前提条件，故智知终知始。如果套用《中庸》的说法，智可谓"诚者物之终始，不诚无物"。在这个意义上，智统四德。故智的地位是最尊贵的。但王夫之对智的地位是明扬实抑：智之所以尊贵是四德离不开它，但它没有专位，只能寄位于四德。没有专位，就没有自主性，就没有内在的价值主体性，和使他物不得不依附自己的统御性。没有价值主体性就有越出价值规范浮荡无归的危险：没有仁的控御的智就会陷于苛察刻薄，没有礼的控御的智就会陷于巧慧轻浮，没有义的控御的智就会陷于巧伪诈术，没有信的控御的智就会陷于滥变诡谲。单纯的、无所附丽的智是虚浮的明、寡头的明。明是人天生的禀赋，无人不如此。如果放弃仁义礼信的范导，单单凭恃寡头的智，君子也会干出诬枉之事而陷于荒唐，小人更会耍弄机巧而极尽纵横捭阖之能事。所以王夫之的结论是，仁义礼信都可作为独立的德行，唯独智不可，智只能附丽于四德之中，依靠四德的指导作用，才可以将其明的功能发挥于有价值之处。就智作为纯粹的知识理性说，它更多地具有知的特性；而仁义礼信四德因有意志、选择、情感等实

---

① 见《朱子语类》，第 1689—1692 页。
② 见《船山全书》第一册，第 59 页。

践理性的因素，则更多地具有行的特性。行重于知，知无行，只为狂慧而已。狂慧、浮明，是王夫之最为反对而力倡戒除的。

王夫之在《外传》中大力论述智非独立的德行，目的在批评佛老和功利主义。王夫之认为，佛老虽主张般若无知、绝圣弃智，但它们的核心观念空无、虚静中都无仁义等有价值意义的观念，思维中如果排除了价值观念，那只能"空余性地"，只有纯粹的知了。而纯粹的知，只能落入巧慧、机诈、浮明。法家、阴阴家、名家、兵家等，或以机谋、权诈等实效性结果取胜，或以名理、辩术等知识性结果取胜，皆崇尚功利，卑视价值意义。二者虽有出世与用世、个人潜修与博施济众取向之不同，但在排斥仁义礼信四德，唯倚恃智识这一点上是相同的。故王夫之将佛老与功利主义放在一起批判：

> 老氏谓上善若水，而释氏以瓶水青天之月为妙悟之宗。其下者则刑名之察，权谋之机，皆崇智以废德。乃知大易之教，为法天正人之极则也。子曰："逝者如斯夫，不舍昼夜。"夫逝者逝矣，而将据之以为德乎？①

此中对释老唯恃智字的批判，都切"水"字，大概与孔子"智者乐水，仁者乐山"一语有关，这从上引孔子语中对水的贬抑可知。王夫之对寡头的智、狂慧、浮明的批评，就是要指出，德是中国文化特别是儒家文化的核心价值，对这一价值的轻视、贬落，会引起严重后果。轻者可使士子行检不修，猖狂妄作，重者可毒害士习世风，导致亡国之祸。在这一点上，王夫之忧思深重，毫无隐讳。他曾批评禅宗和王阳明弟子王畿（号龙溪）：

> 释氏缘见闻之所不及而遂谓之无，故以真空为圆成实性，乃于物理之所必感者，无理以处之而欲灭之；灭之而终不可灭，又为"化身无碍"之遁辞，乃至云"淫坊酒肆皆菩提道场"，其穷见矣。性不

---

① 《船山全书》第一册，第824页。

可率之以为道，其为幻诞可知。而近世王畿之流，中其邪而不悟，悲夫！[1]

这是对张载《正蒙》"浮图不知穷理而自谓之性，故其说不可推而行"一句的延伸。仍是说佛教以圆成实性为最高追求，而圆成实性为真空，其中并无性理等价值性追求。又倡"三身说"，以化身为佛身之当机显现，佛身为实，化身为虚；因其为虚，故可任意妄行，乃至淫坊酒肆皆为修道之所。此为不循内在之价值本体而行必然会有的结果。泰州、龙溪倚仗先天良知，不实做工夫，以至良知与私欲夹杂，皆自以为推致良知。晚明士风世风，皆以率性而行相尚相高，以兢业做功夫为拖泥带水，为不俊逸超脱，又以禅宗上述话语为口实，以为"酒色财气不碍菩提路"，结果是一世士风之糜烂。明朝之亡，相当大的责任要由王门弟子来负。这在顾炎武、黄宗羲等明末清初思想家的相关论述中并不少见。王夫之对泰州、龙溪的指斥虽未有如此激烈，但在《张子正蒙注》《思问录》《俟解》《搔首问》诸书中多有涉及，甚至连带对王阳明亦多有微词。如《搔首问》中一段，以为龙溪、李贽之言行对当时善恶颠倒、是非混淆的士风有不可推卸的责任：

> 自古小人淹没宠利、不恤君亲者，即无所不至，未敢以其所为公然标榜，与天理民彝相亢，其良心固尚不尽亡也。自龙溪窃释中峰之说，以贪嗔痴治戒定慧，惑世诬民；李贽益其邪焰，奖谯周、冯道而诋毁方正之士。时局中邪佞之尤者，依为安身之计。猖狂之言，正告天下而无复惭愧。……更有作诗者曰："豫让何当称国士，李陵原不愧家声。"至此，则虽舜为天子，皋陶为士，亦末如之何矣。[2]

对方以智明亡后出家，仍不忘故国，不废文化之事，斥何心隐、李贽为刑戮之民极为赞扬：

---

[1] 《船山全书》第十二册，第182—183页。
[2] 《船山全书》第十二册，第648页。

> 乃披缁以后，密翁（按方以智字密之）虽住青原，而所延接者类皆清孤不屈之士，且兴复书院，修邹、聂（按指邹守益、聂豹）诸先生之遗绪，门无兜鍪之客，其谈说，借庄、释而欲橐之以正。……特其直斥何心隐、李宏甫为刑戮之民，则允为铁案。绝无关系处，以身试灯油而恣其意欲。无知轻躁之徒，翕然从之，其书抵今犹传，乌容不亟诛绝之邪！①

对顾宪成辩无善无恶之旨，以救正王学末流的猖狂自恣也十分赞赏：

> 昭代理学，自薛文清而外，见道明，执德固，卓然特立，不浸淫于佛老者，唯顾泾阳先生。锡山书院所讲说见院志者如日星，有目者无不可见也。东林会讲，人但知为储皇羽翼，不知其当新学邪说横行之日，砥柱狂澜，为斯道卫之尤烈也。先生前无所承，后亦无所授，同时同志若高景逸先生，已自有不同者。要之，有得之言，唯心得之，乃与往圣合符。……阳明天泉付法，止依北秀南能一转语作葫芦样，不特充塞仁义，其不知廉耻亦甚矣。②

说阳明天泉付法有似南能北秀，此说非真知阳明者。斥阳明此说为充塞仁义，不知廉耻之甚，也贬抑太过。又有一段，专抨击李贽、龙溪，并以杨慎作对比：

> 滇中所在为杨用修（按，杨慎字用修）立祠屋，迄今俎豆不衰；李贽生祠，贽死即拆毁，弃其像于沟壑。用修戍滇，嬉游不修小节，而滇人思慕不忘者，其忠耿大节既足动人，且以贵公子状元及第，而未尝挟之以交当事与滇中政刑，弋一钱之获。贽为郡守，恣其贪暴，凌轹士民，故滇人切齿恨之。贽受法于龙溪。龙溪之告唐应德曰："他人以戒定慧治贪嗔痴，公当以贪嗔痴治戒定慧。"宜其心印之若此。③

---

① 《船山全书》第十二册，第635—636页。
② 《船山全书》第十二册，第625页。
③ 《船山全书》第十二册，第625页。

李贽果否如此贪暴,龙溪此语是在何种背景下说出,其意谓若何,皆一面之词,此处不深究。应该着眼的是,王夫之受明亡惨祸烈毒的刺激,激烈抨击王学,意欲扭转明末奢靡、荡越、狂放的士风世习,故出语不无偏激之处。另,王夫之心仪经学理学并重、格物穷理与明心见性并重、质实笃厚的朱子学,反对空灵、浑融、统约性思维方式,故对王学不宽容、不能同情理解也是意中之事。

从对泰州、龙溪乃至王阳明的批评看,王夫之是从总结明朝灭亡的教训,重建中国文化重视价值的传统,恢复经史并重的传统,扭转理学语录之学的枯瘠单薄的大格局着眼去批评佛老和功利主义,去论证和树立"四德可德,而智不可德"的理论的,故在明末清初的文化背景之下有重要意义。这一点是贯彻于《周易》乃至他的整个经学诠释始终的。

三、对功利的阐释:儒家与道释

王夫之对乾卦的发挥,很重要的一个方面就是反对功利主义。他将智排除在四德之外,批评释老崇智而废德,意皆在此。他批评程颢从得失成败角度解释"元",也是这一意向的贯彻。他说:

> 先儒之言"元"曰:"天下之物,原其所自,未有不善。成而后有败,败非先成者也;有得而后有失,非得而何以有失也?"请为之释曰:"原其所自,未有不善",则既推美于大始矣,抑据成败得失以征其后先,则是刑名器数之说,非以言德矣。文言曰:"元者善之长也。"就善而言,元固为之长矣。比败以观成,立失以知得,则事之先,而岂善之长乎?①

王夫之这里就程颢关于"元"的一段话发表批评意见从而引出他对功利主义的批评。在王夫之看来,程颢这段话前半是对的,后半是错的。因为天下万物皆起于元,元作为万物之资始是最高的善。《乾·文言》就是在这

---

① 《船山全书》第一册,第825页。

个意义上说"元者,善之长也"。此意自正而无偏。但又以成与败、得与失论先后,则与前不伦。一般来讲,先者本然,后者派生;先者主体,后者辅助。如此则成与得为本然,为主体矣。以成败得失为本,则陷于法家霸道之说,非以正义与德行为准则。成败、得失是行为的重要参照,但不可作为众善之长。王夫之继续申论:"《彖》曰:'大哉乾元,万物资始。'元者,统太始之德,居物生之先者也。成必有造之者,得必有予之者,已臻于成与得矣,是人事之究竟,岂生生之太始乎?"[1]这仍是说,乾元作为万物的本体、始源,才是万物的最先者。而成与得作为人的活动结果,是完成的、给予的,不能作为生生之源。

王夫之又说:

> 夫一阴一阳之始,方继乎善,初成乎性,天人授受往来之际,止此生理为之初始,故推善之所自生,而赞其德曰"元"。成性以还,凝命在躬,元德绍而仁之名乃立。天理日流,初终无间,亦且日生于人之心。唯嗜欲薄而心牖开,则资始之元亦日新而与心遇,非但在始生之俄顷。[2]

这是说,就万物之始言,天赋予其开端,物接受此赋予,此时只有生生之理。人推求万物之始源,指此生生之理为"元"。而人与物之成性、凝命等,正是继承发扬生生之理之过程,此生生之理连同其生长、发育,就是仁。仁是生理,是过程,也是结果,总之是动态发展的,不是一成不变的。

由此王夫之批评佛教的"缘起性空",宣说"有"为万物本体的观念。他指出,佛教"六相"之说认为世间万物由总、别、同、异、成、坏六种相构成,故无有真实不变之自性,其实性为"空",一切成败、得失皆假象,皆不足挂怀。王夫之从"有"的立场认为,败是已成的东西的坏灭,失是已得的东西的失去,失与败是对成与得而言,是在与成与得的对

---

[1] 《船山全书》第一册,第825页。
[2] 《船山全书》第一册,第825—826页。

比、观照下成立的。人对于成与得的褒扬奖励，是为了显示按照天理去做必有成与得之功效，而败与失是人之懦弱、阘茸招致的结果，非如佛教"六相"所言为事物固然之情状。成与得为应追求之价值，则佛教泯灭理事、捐弃伦物之说不能成立。但以成与得为万物资始之"元"，则未可。王夫之总结此义说：

> 合成败、齐得失以为宗，释氏缘起之旨也。执成败、据得失以为本，法家名实之论也。执其固然，忘其所以然，而天下之大本不足以立；以成为始，以得为德，而生生之仁不著。吾惧夫执此说者之始于义而终于利矣。[1]

此中之"所以然""天下之大本"皆指生生之仁，是王夫之着力提扬的万物本体。而佛家之"缘起性空"、法家之"综核名实"皆违背此生生之仁，虽在破除人之执持奔竞、奖掖人之事业功烈方面皆有可取，但其学说不可做根本宗旨，因为二者皆以功利为归趋。

王夫之虽批判佛教、法家所讲之功利，但亦大力标揭儒家之功利。关于功利，王夫之心仪的是《文言》所谓"利者义之和""乾元者，始而亨者也；利贞者，性情也""乾始能以美利利天下，不言所利，大矣哉"诸说所表达的思想。王夫之在《外传》中说：

> 夫功于天下，利于民物，亦仁者之所有事。而以为资始之大用即此在焉，则"享其利者为有德"；亦且不知君子正谊明道之志未尝摈失与败而以为非道之存，况天之育万物而非以为功者哉！"元"者，仁也，"善之长也"，君子之以长人者也。成败得失，又奚足论之有！[2]

这是说，功利是儒者的价值理想，但儒者所追求的功利，是功于天下、利于民物，不是一己之小利，也不是博取其他价值的手段。儒者所倡导的功

---

[1] 《船山全书》第一册，第826页。
[2] 《船山全书》第一册，第826—827页。

利，首先是能资始万物者，是能普遍给予万物以滋养但不据为己功者。由此义，则天道、乾始是"元"，是"善之长"，是万物最大的功臣，世间最有德者。而正义明道过程中的成败得失，皆儒者效法天道，追求功于天下利于民物中小的波澜和曲折、阶梯和由藉，亦为追求天下之功利必然会遇到的。这样，佛家、法家所置于首位、视为最高价值的功利，也在儒家的天下之大利中得到合理的安顿。

而在晚年所作的《内传》中，王夫之对功利的解释，眼量不止于对佛教和法家功利主义的批判改造，而是在《外传》所言功于天下利于民物的基础上，将"利"置于天道之元亨利贞四者关系之中，言天道之大利，重点发挥"利者义之和"之旨。如王夫之在对《文言》"元者善之长……"一段的注释中说：

> 元、亨、利、贞者，乾之德，天道也。君子则为仁、义、礼、信，人道也。理通而功用自殊，通其理则人道合天矣。"善之长"者，物生而后成性存焉，则万物之精英皆其初始纯备之气发于不容已也。"嘉之会"者，四时百物互相济以成其美，不害不悖，寒暑相为酬酢，灵蠢相为事使，无不通也。"义之和"者，生物各有其义而得其宜，物情各和顺于适然之数，故利也。"事"谓生物之事。"事之干"者，成终成始，各正性命，如枝叶附干之不迁也。此皆以天道言也。[1]

这是说，元亨利贞为乾之四德。元者，乾之纯备之气在其舒张运通之中予万物以存在与性质之潜能；亨者，万物在互相联结中损益相济而各成其美因而顺通；利者，万物各顺适其本性之必然性，各成其能各逞其用，因而发生于己于他之利益功效；贞者，万物各顺通其性质，各完成其使命，秩然其有序，敛然其潜藏。元亨利贞为一总体，而四者又各有其使命、职责。"利"是这一总体的某种特性，某个侧面，是在四者的统一运行中实现的。王夫之特别重视的是其中的"利者义之和"所包含的意义。义是万

---

[1] 《船山全书》第一册，第59页。

物之性、之理，是其不得不然的原理和法则，利是在诸事物的相互济助中实现的，利是总体性的，也是个体性的。总体是一个绵延的大流，一个连续不断的链条。个体之利遭到破坏，也就表明总体之网出现缝隙，整个链条出现断裂。对个体的修补就是对整体的完善，个体与整体不可分割地连接在一起，元亨利贞虽功用各殊而通为一体。这就是王夫之对《乾·文言》解释的精粹之处。在义利之辨上，它明确表现出"利者义之和"之精义。

这一原理在人道上的贯彻就是，通过"体仁""嘉会""和义""贞固"来体现仁、义、礼、信四德，以效法元、亨、利、贞天之四德。王夫之说：

> "体仁"者，天之始物，以清刚至和之气，无私而不容已，人以此为生之理而不昧于心，君子克去己私，扩充其恻隐，以体此生理于不容已，故为万民之所托命，而足以为之君长。"嘉会"者，君子节喜怒哀乐而得其和，以与万物之情相得，而文以美备合礼，事皆中节，无过不及也。"利物"者，君子去一己之私利，审事之宜而裁制之以益于物，故虽刚断而非损物以自益，则义行而情自和也。"贞固"者，体天之正而持之固，心有主而事无不成，所谓信以成之也。此以君子之达天德者言也。①

《文言》这一段话本天而言人，本天之四德而言人之四行，王夫之对它的解释直接承此而来，体现了占学一理、占君子不渎告小人、《易》为穷理尽性之书诸基本义理。"体仁"者，将天无私溥施之生理体之于己心，内能克己之私，外能普爱万物；清修则为高洁之士，理政则为民之托命。"嘉会"者，诸美备于一身，文采绚烂，充实光辉；喜怒哀乐中礼，己情与外物相谐。"利物"者，去一己之私利，合天下之公利；植元亨顺通之因，结利贞干固之果。"贞固"者，法天理之正于己而牢固持守，内立坚贞之志，外秉有恒之行，则自然无不利。王夫之主张效法乾之元亨利贞四德，体之于己身，而有仁、义、礼、信四行。四行是具体德目，而为仁所

---

① 《船山全书》第一册，第59页。

包贯；四德功用自殊，而为乾所总括。总括者犹《中庸》所谓"大德敦化"，殊别者犹《中庸》所谓"小德川流"。大德小德，敦化川流，皆天道的不同表现。王夫之就此义说：

> 仁、义、礼、信，推行于万事万物，无不大亨而利正，然皆德之散见者，《中庸》所谓"小德"也。所以行此四德，仁无不体，礼无不合，义无不和，信无不固，则存乎自强不息之乾，以扩私去利，研精致密，统于清刚太和之心理，《中庸》所谓"大德"也。四德尽万善，而所以行之者一也，乾也。故曰："乾，元亨利贞。"唯乾而后大亨至正以无不利也。①

此中强调，天道之利益群生是最大的利，此利最无私，最普遍。而此大利的前提是天道的大亨至正。人欲自利利他，首先必须效法天道，大亨至正，也即无私而普遍，方能达成此大愿。天道之无私而普遍同时说明，普利万物是天道的自然本性，是它不得不然的表达，无需目的，无需理由。并且也只有这样，才能形成"乾道变化，各正性命"的太和局面。正是这一点，是天道"以美利利天下，不言所利，大矣哉"的根本原因。王夫之对此句的解释，集中表达了他关于天地之大利的思想：

> "美利"，利之正也。"利天下"，无不通也。"不言所利"，无所不利之辞，异于坤之"利在牝马"、屯之"利在建侯"。当其始，倚于一端，而不能统万物始终之理，则利出于偏私，而利于此者不利于彼，虽有利焉而小矣。乾之始万物者，各以其应得之正，动静生杀，咸惻隐初兴、达情通志之一几所函之条理，随物而益之，使物各安其本然之性情以自利；非待既始之余，求通求利，而唯恐不正，以有所择而后利。此其所以为大也。②

利天下而不言所利，普利群生而无有偏私，"利天下"，不过是天道固有的

---

① 《船山全书》第一册，第59页。
② 《船山全书》第一册，第69页。

生生之几在仁之本性的表达中之自然贯彻。这就是王夫之晚年反复强调的"利"。此中多言天下之大利，多言利天下而不据为己有，此其所以为大。与早年的批判释老，批判功利主义相比，要平和、广大得多，境界与胸怀也高远得多。此时他更多地把揭示天道作为人效法的榜样这一点，置于经典诠释的最重要地位。把"六经注我"中的激愤、侧重于一义一理的发挥，自觉变为宽平、渊深、内蕴浑厚的文本阐释。这一特点是我们在对比《外传》与《内传》诠释之不同时经常能碰触到的。

四、对乾卦时位的阐释

时位是王夫之乾卦阐释中的重点问题。与其他卦相比，时位在乾卦中有特别的重要性。因为乾六爻皆阳，无有阴阳之感应、承乘、当位等说，唯以爻所处之时位为解说。时者爻之先后，位者爻之上下，时位实亦同一事物之两面。王夫之对于时位的基本态度是，君子安其时位，处于先时，不以为得先机而欲处天下之先；处于后时，不以为失先机而自甘为后。无论居何时位，皆尽道其中而听凭天命之运。这一基本态度是前后一贯的。《内传》中对"六爻发挥，旁通情也"一段的解说很好地表明了这一点：

> 乾之为德，既太始而美利天下，而六爻之动，自潜而亢，有所利，有所悔，或仅得无咎，发挥不一者，何也？自卦而言，一于大正；自爻而言，居其时，履其位，动非全体，而各有其情，故旁通之。要其随变化而异用者，皆以阳刚纯粹之德，历常变之必有，而以时进其德业，则乘龙御天，初无定理，唯不失其为龙，而道皆得矣。圣人用之，则云行雨施，而以"易知"知天下之至险，险者无不可使平。君子学之，则务成乎刚健之德，以下学，以上达，以出以处，以动以静，以言以行，无日无时不可见之于行，则六爻旁通，虽历咎悔而龙德不爽，唯自强之道，万行之统宗，而功能之所自集也。①

---

① 《船山全书》第一册，第70页。

"六爻发挥，旁通情也"是说，乾卦的意义，由龙的不同德行来彰显，而龙的德行，靠六爻所代表的各种处境来表现。乾之德，在刚健中正，精纯粹美，而乾之德靠六爻之或潜或见、或跃或飞来表现。卦为一，爻为多，自卦言则刚健纯粹，自爻言则不同之时位有不同之情状。故必会通六爻而观一卦，会通潜、见、跃、飞而观龙德。乾之刚健纯粹之德必须在变化异用上显出来。乾之德是不变的，变的是时位中的表现。圣人掌握天道，故以易御险，以一御万；常人则体悟天道，效法天道，使刚健纯粹之德表现于自己的出处、动静、言行上。能效法天道龙德，则不管穷通得丧，一以自强之道作为行为之统宗，则必有好的结果出现。在王夫之看来，这应是修习、体证乾之卦德得到的最大教益。

王夫之在对乾的总体观照下的具体措置及其意义也有深刻说明，这些说明紧扣他对历史经验的总结和现实处境的感悟，他说：

> 初者，时之"潜"也；二者，时之"见"也；三者，时之"惕"也；四者，时之"跃"也；五者，时之"飞"也；上者，时之"亢"也。一代之运，有建、有成、有守；一王之德，有遵养、有燮伐、有耆定；一德之修，有适道、有立、有权。推而大之，天地之数，有子半、有午中、有向晦；近而取之，夫人之身，有方刚，有既壮，有已衰：皆乾之六位也。故《象》曰"君子以自强不息"，勉以乘时也。①

在王夫之眼里，乾卦龙德六位具有典型的象征意义，它代表了事物由幼弱到壮盛再到衰老的过程。就一个朝代说，有建立、有成长、有守成；就一个帝王的德政说，有韬光养晦，有征伐战阵，有安定发展。就一个清修之士的德行之养成说，有求道、有树立、有权变。再推广开来，天有夜半、午中、黄昏；人有少艾、壮盛、衰老。事物虽有不同的发展阶段，各阶段有不同的特点，但都是一个总体的部分，都受总体性质的管辖制约，所以最重要的是在各个阶段皆保持总体的性质，将之贯彻始终。所以《乾·象》

---

① 《船山全书》第一册，第827页。

所说的"君子自强不息",是要勉励人始终秉持刚健之德,见几而作,乘时而动,以与天道中万物的运行节奏契合。

以上是一般原理,王夫之重点阐明的是,在事物由幼弱到壮盛再到衰老的进程中,幼弱期的潜能养成、力量聚积、待时而动是最重要的,它与置身世外的隐者完全不同。就易卦来说,乾之"潜龙勿用"与蛊之"不事王侯,高尚其事"、遁之"肥遁,无不利"是完全不同的。前者为自身能力之培养,内在力量之积聚壮大,以图后来之兴。后者则远离主流社会,不问世事,自得其乐,以保全生命与名节,不复有兴起之图。于"潜龙勿用",王夫之特别指出的典型事例是周之初兴,自先祖公刘迁豳以至太王,几代人坚韧不拔,立志兴发,开垦耕地,畜养牛马,避戎狄侵扰,卜居岐山之下,部族力量不断增强,奠定了翦灭商朝的基础。周武王继文王之遗烈,终成灭商之功。而武王自立至伐纣,十有二年。此十二年中,制礼作乐,敷教立治,内修政刑,外结诸戎,兼并小国,强大其本。无日不积聚力量,为克商作准备。这就是王夫之所说的:"十三年①之侯服,武之潜也。而不特此。礼所自制,乐所自作,治所自敷,教所自立,未有事而基命于宥密,终日有其潜焉。有其'潜',所以效其'见'也。"②

与此相反,王夫之举秦国的例子,谓秦自穆公、康公以来,汲汲于富强之图,东服强晋,西霸戎夷,广益国土,遂为春秋五霸之一。特别献公、孝公以来,四出用兵,时周室衰微,诸侯各以力相争。秦国僻在西部一隅,不与中原各国会盟,被视为夷狄。此时秦国力强盛,亟欲改变厉共公、躁公、简公、出公时内乱频仍,不遑外事,对中原影响力不大的局面。于是布惠于各国,招贤纳士,欲复秦穆公之霸业。秦孝公用商鞅,变法修刑,奖励耕战,开阡陌,立郡县,徙都城,并乡聚,国力迅速强大,自惠文王、武王、昭襄王、庄襄王至秦始皇,连年攻伐,终灭六国。秦统

---

① 王夫之此处谓:"十三年之侯服,武王之潜也。"但《吕氏春秋·首时》:"武王事之,夙夜不懈,亦不忘王门之辱。立十二年,而成甲子(按即伐纣)之事。"《史记·周本纪》亦谓:"十一年十二月戊午,师毕渡盟津,诸侯咸会。……二月甲子昧爽,武王朝至于商郊牧野,乃誓。"亦立后十二年克纣。本文从后者。

② 《船山全书》第一册,第827页。

一天下之功过，史家多有评论，此处不论。这里要说的是，王夫之出于其尊王贱霸，以中原文化为正，视秦为夷狄，进华夏、屏夷狄等观念，斥秦为"孤秦"，即残暴之孤家寡人，因此对秦国之政治、文化一直持贬斥态度。这在《读通鉴论》《宋论》《春秋家说》《春秋世论》《黄书》等著作中都有鲜明表露。在《外传》中，王夫之在阐发乾卦龙德时位时，也对秦国之政大力抨击，认为与周之修德政、兴礼乐，聚积力量，"潜"而后"见"的路向完全不同。就时位说，秦以养德深息待时而动之位为穷兵黩武极高行险之事，可谓错识机宜。所以他斥责秦政说："若秦之王也，穆、康以来，献、武以降，汲汲于用，以速其飞，而早已自处于'亢'。当其'潜'而不能以潜养之，则非龙德矣。非龙德而尸其位，岂有幸哉！故初之'勿用'，天所以敦其化，人所以深其息。故曰'君子以成德为行，日可见之行'，此之谓也。"①

在晚年的《内传》中，王夫之对"潜龙勿用"的解说，虽基本精神仍延续了《内传》，但所论更加广泛，更加切实，更加注重韬晦养德之义：

> 既已为龙，才盛德成，无不可用，而用必待时以养其德。其于学也，则博学不教，内而不出；其于教也，则中道而立，引而不发；其于治也，则恭默思道，反身修德；其于出处也，则处畎亩之中，乐尧舜之道；其于事功也，则遵养时晦，行法俟命；其于志行也，则崇朴尚质，宁俭勿奢。易冒天下之道，唯占者因事而利用之，则即占即学。……唯夫富贵利达，私意私欲之所为，初非潜龙，其于求闻达，不可谓之用，非易所屑告者。②

"潜龙勿用"是一种精神趋向，一种处世态度，于学于教，于出处，于修德，于事功，于志行，皆可用为指导原则。而求富贵利达者，则汲汲于用，非此原理所屑告。这是王夫之信从张载"易为君子谋，不为小人谋"，从而创"占学并详，而尤以学为重"③之说之深意。

---

① 《船山全书》第一册，第828页。
② 《船山全书》第一册，第46页。
③ 见《周易内传发例》五，《船山全书》第一册，第655页。

王夫之对乾九二"见龙在田"的发挥,则侧重于统治者须亲近百姓,与百姓打成一片,不洁身自好,不孤芳自赏,极高明而道中庸之义,他就此意说:

> 天以不远物为化,圣人以不远物为德,故天仁爱而圣人忠恕。未有其德,不能无歉于物;有其德者,无所复歉于己。初之为潜,龙德成矣。龙德成而有绝类于愚贱之忧,则大而化者二之功,迩而察者将无为二之所不用也?虽然,彼龙者岂离田以自伐其善哉!故曰"见龙在田"。①

意谓天之大德敦化,乃即物而化,非离物而化。圣人效法大德敦化,故能"大而化之"。大而化之者,包容万物,融会无间,不着痕迹,自然为一。故不远离万物。大德敦化,即生生之仁;大而化之,即忠恕之德。就龙德说,初主潜,二主见。潜而不见,则伤孤另;见而不潜,则乏内功。潜而后见,为内德饱满之后必有之事。但潜后之见,为不离大众,不绝愚贱同类之见,合于《中庸》"舜好问而好察迩言"之旨,非汲汲于见之见,自伐其善之见。

王夫之继续申论:

> 王道始于耕桑,君子慎于袺襭。尸愚贱之劳,文王所以服康田也。修愚贱之节,卫武所以勤洒扫也。故天下蒙其德施,言行详其辨聚,坦然宽以容物,温然仁以聚众,非君德,谁能当此哉!位正中而体居下,龙于其时,有此德矣。然则驰情于玄恍,傲物以高明者,天下岂"利见"有此"大人"乎?②

此段是对"利见大人"一语的发挥,其中用典甚多。"慎于袺襭","袺"出《诗经·周南·芣苢》:"采采芣苢,薄言袺之。"谓采车前草时提起衣襟盛之。"襭"见《左传》,指衣襟交叠处。"慎于袺襭"指勤于劳作。"文

---

① 《船山全书》第一册,第828页。
② 《船山全书》第一册,第828页。

王服康田"出《尚书·无逸》："文王卑服，即康功田功。"指文王做修路稼穑等卑下之事。①"卫武勤洒扫"指《诗经·大雅·抑》："夙兴夜寐，洒扫廷内，维民之章。"谓早起晚睡，洒扫院落，以此作百姓的表率。此诗《毛序》以为卫武公刺周厉王，亦以自警之诗。王夫之从之，故有"修愚贱之节，卫武公所以勤洒扫"之语。"言行详其辨聚"数语，出《乾·文言》："君子学以聚之，问以辨之，宽以居之，仁以行之。"王夫之此段话主旨甚为明显，百姓所乐见之大人，必是能与百姓同甘苦者，必是躬亲辛劳、先难后获者，必是爱民利物宽仁容众者，这样的统治者才能使百姓蒙其德泽，得其惠施。他反对的是自以为高明，傲然远离百姓者。"位正中而体居下"，既说《乾》九二之时位，又说他心目中的理想统治者：有中正之德，体恤下情，身先士卒，与百姓打成一片。

王夫之对九四"或跃在渊"、九五"飞龙在天"、上九"亢龙有悔"的发挥，唯在具先见之明而消灾，以善营而免灾祸。王夫之说：

> 九四之跃，时劝之也；九五之飞，时叶之也；上九之亢，时穷之也。若其德之为龙，则均也。夫乾尽于四月而姤起焉，造化者岂以阳之健行而怙其终哉？时之穷，穷则灾矣。然而先天而勿违，则有以消其穷；后天而奉时者，则有以善其灾。故曰"择祸莫若轻"。知择祸者，悔而不失其正之谓也。②

这是说九四之跃，是龙德处于劝激奋励之时；九五之飞，是处于时运谐和顺通大成之时；上九之亢，是处于物极必反泰尽否来之时。皆事物发展之中时位应有之事。比如乾代表阳气最为充盈，时当四月，之后则代表阳气开始销铄之姤继起，时当五月。造化既有满盈，就有亏缺，理之必然，势之必至。造化如此，龙德亦然。既然是应有的、固然的，它们在价值上就是均等的，并非跃、飞为善，亢穷为恶。认识到这一点，于亢穷之灾未至时，预为之备，使不达于极亢；于灾难已至时，善为经营而减消其祸患。

---

① 此处的解释从章太炎，见周秉钧注译之《尚书》，岳麓书社2001年版，第185页。
② 《船山全书》第一册，第828—829页。

祸患既不可免，则择其轻者。此即处凶危之正道。凶危不可免，虽圣人亦然。但圣人善处凶危，故灾祸可销减。王夫之举例说明：尧之子丹朱、舜之子商均皆不肖，可谓尧舜之穷厄。夏桀、商纣之失国，对于创立夏、商的禹、汤来说，可谓穷厄。但尧、舜知其穷，先将王位传于贤而消其厄。禹、汤亲亲而尚贤，奖励忠诚正直，以此消其祸。汤、武革命对夏、商来说是穷厄，但对天下后世是福音。因为汤、武之后立国为殷、周，殷、周为华夏文化之正宗，避免了华夏丧亡于夷狄、盗贼之手。就这一点说，夏的开国者禹和商的开国者汤可谓善处灾厄者，因为他们把天下交给了继起的殷、周。

王夫之继续申论：

> 三代以下，忌穷而悔，所以处亢者失其正也。而莫灾于秦、宋之季。秦祚短于再传，宋宝沦于非类。彼盖詹詹然日丧亡之为忧，而罢诸侯，削兵柄，自弱其辅，以延夷狄盗贼而使乘吾之短垣。逮其末也，欲悔而不得，则抑可谓大哀已。呜呼！龙德成矣，而不能不亢，亢而不能不灾。君子于乾之终知姤之始，亦勿俾羸豕之蹢躅交于中国哉！①

"羸豕之蹢躅"，出《易·姤》初六："系于金柅，贞吉。有所往，见凶。羸豕孚蹢躅。"王夫之《内传》注谓母猪发情淫走不止。② 《外传》则贬称夷狄、盗贼之铁蹄践踏中国。王夫之这一段话是对孤秦、陋宋之痛斥，更针对明代亡国而发。他心目中的理想是三代之治，三代以下，皆忌讳穷厄，但处亢高之道有误，故皆招致恶劣之结果。其中以秦、南北宋末叶之教训最为惨烈沉痛。秦二世而亡，南北宋为后金、元外族所灭。此中之原因，主要在秦罢诸侯、立郡县，宋削夺武人兵权，黩武备。王夫之鉴于清入关和李自成纵横中原之史实，认为诸侯本王室之藩屏，亦是各地抵抗入侵之堡垒，罢诸侯则自撤藩屏，致外敌入侵时，无垒可守，无屏障可御

---

① 《船山全书》第一册，第829页。
② 见《船山全书》第一册，第363页。

敌，敌骑如入无人之境，长驱直入，迅速占领中国。照王夫之的说法，郡县制于君，弊大于利；封建制于君，利大于弊；以天下计，两相比较，则郡县优于封建。① 而为君计，则封建有藩屏国君之利。虽郡县行二千年，其制度已习为常则；但封建不可全毁，尤其在抵御外敌入侵时有重要作用。而秦罢封建，则自毁其藩篱。至于对宋代优待文人，尚文抑武之功过，王夫之《宋论》对宋太祖的评论中多处涉及，其中《太祖誓不杀士大夫》一节最为恺切：

> 自太祖勒不杀士大夫之誓以诏子孙，终宋之世，文臣无欧刀之辟。……夫太祖，亦犹是武人之雄也。其为之赞理者，非有伊、傅之志学，睥睨士气之淫邪而不生傲慢，庶几乎天之贮空霄以翔鸢，渊之涵止水以游鱼者矣。可不谓天启其聪，与道合揆者乎！而宋之士大夫高过于汉、唐者，且倍蓰而无算，诚有以致之也。……以吏道名法虔矫天下士，而求快匹夫婞婞之情，恶足以测有德者之藏哉！②

认为宋太祖之宽待士夫，是宋代士夫高过汉唐，宋代文教大过前代的根本原因。并赞宋太祖为有德之君。但对宋亡之因，则归于宋惩唐藩镇割据之弊而撤河北布防之重兵。在《宋以河北无重兵而亡》一节中，王夫之说：

> 呜呼！宋之所以裂天维、倾地纪、乱人群、贻无穷之祸者，此而已矣。其得天下也不正，而厚疑攘臂之伪；其制天下也无权，而深怀尾大之忌。前之以赵普之佞，逢其君猜妒之私；继之以毕士安之庸，徇愚氓姑息之逸。于是关南、河北数千里阒其无人。迨及勍敌介马而驰，乃驱南方不教之兵，震惊海内，而与相枝距。未战而耳目先迷于向往，一溃而奔保其乡曲。……向令宋当削平僭伪之日，宿重兵于河北，择人以任之，君释其猜嫌，众宽其指摘，临三关以扼契丹；即不能席卷燕、云，而契丹已亡，女直不能内蹂，亦何至

---

① 此说法见《读通鉴论》卷一《变封建为郡县》，《船山全书》第十册，第67—68页。
② 《船山全书》第十一册，第24—26页。

弃中州为完颜归死之穴，而招蒙古以临淮、泗哉！①

王夫之之所以对宋之亡有如此沉痛之论，关键在于他认为汉、唐之亡是亡于同一种族之手，而北宋南宋之亡，皆亡于异族。前者亡是亡国，是同族人之间的政权转移，后者则是亡天下、亡文化，是"举黄帝、尧舜以来道法相传、人禽纪别之天下而亡之也"。②王夫之认为清入关，明朝宗社隳堕也是亡天下，故在对乾卦的阐发中多有影射明事者。他对汤武革命的肯定主要是肯定通过同种族间的政权转移而避免了中国落入异族非类之手。他对孤秦、陋宋的指斥，也主要着眼于其罢诸侯、削兵权，自弱其辅，给夷狄、盗贼以可乘之机。他所指斥的夷狄、盗贼明是女直、蒙元与陈胜吴广，实是指清、李闯。而他所论备御之策，亦是认识物极必反之理，知乾之终即姤之始，早为之备，以避免亢龙之悔。这都是在借古讽今，总结历史经验，探索明亡之由，为中国文化的兴复准备思想上、理论上的条件。

对"用九"，王夫之也有发挥。他的发挥，《内传》《外传》一致，集中在群龙无首何以为吉，及对王弼以无为本的批判上。关于"用九"，朱熹解释为，凡筮得阳爻者，皆用老阳九而不用少阳七，此为通例。六十四卦共三百八十四爻，其中阳爻一百九十二，皆用九而不用七。因乾卦皆阳，又居六十四卦之首，故于此处特为点出。王夫之则解释为乾卦六爻皆九，至上九阳已极矣，阳为动，动则见用于事。故名"用九"。对爻辞"见群龙无首，吉"，朱熹解为，若筮得六爻皆阳，则因阳极而皆变为阴爻。六阳皆变，刚而能柔，吉之道也。故为群龙无首之象，并引《春秋左氏传》中蔡墨论龙"乾之坤曰：'见群龙无首，吉'"一句为证，以为"乾之坤"即乾卦六爻皆变而为坤。③王夫之不同意此说，认为群龙无首吉是因为乾卦六爻皆具象数之全，秉至刚之德，各乘时以自强。二、五虽

---

① 《船山全书》第十一册，第337页。
② 见《船山全书》第十一册，第335页。
③ 后人解用九、用六多有与朱熹此说不同者。代表性的解释如尚秉和：《用九用六解》，载《周易尚氏学》，九州出版社2005年版，第439—443页。

然居中为尊位，但六爻志同德齐，相与为群，无贵贱等差，故无首。而无首正所以各敏其行，各效其能，非有一强者领袖群伦，以一统万。此意在《内传》解释小《象》"用九，天德不可为首"时表达得最为清楚：

> 天无自体，尽出其用以行四时、生百物，无体不用，无用非其体。六爻皆老阳，极乎九而用之，非天德其能如此哉！天之德，无大不届，无小不察，周流六虚，肇造万有，皆其神化，未尝以一时一物为首而余为从。以朔旦、冬至为首者，人所据以起算也。以春为首者，就草木之始见端而言也。生杀互用而无端，晦明相循而无间，普物无心，运动而不息，何首之有？天无首，人不可据一端以为之首。见此而知其不可，则自强不息，终始一贯，故足以承天之吉。①

这是从万物平等、各极其用为天之德来解释群龙无首何以为吉，并指出，这样解释的好处是，利于人破除持一物为万物之首之观念，平等待物，尊身信己，不恃在外之主宰，唯有努力自强。这个解释，是对早年即表现于《外传》中的"群龙皆有首出之能，而无专一之主，故曰：'天德不可为首'，明非一策一爻之制命以相役也"思想的发挥。

王夫之以上六爻皆刚，尊身信己，对老子"不敢为天下先"和据老子而有的王弼"以无为本"思想进行了尖锐批判。在《外传》中王夫之即指出：

> 自老氏之学以居锊处后玩物变而乘其衰，言易者惑焉，乃曰"阳刚不可为物先"。夫雷出而花荣，气升而灰动，神龙不为首而谁为首乎？德不先刚，则去欲不净；治不先刚，则远佞不速。妇乘夫，臣干君，夷凌夏，皆阳退听以让阴柔之害也，况足以语天德乎！②

《内传》中其批判锋芒更扩大至佛教与陆王心学：

---

① 《船山全书》第一册，第58页。
② 《船山全书》第一册，第830页。

"无首"者，无所不用其极之谓也。为潜，为见，为跃，为飞，为亢，因其时而乘之耳。……邪说诐行，皆有首而违天则者也。如近世陆、王之学，窃释氏立宗之旨，单提一义，秘相授受，终流为无忌惮之小人，而凶随之，其炯鉴已。王弼附老氏"不敢为天下先"之说，谓"无首"为藏头缩项之术，则是孤龙而丧其元也。①

此中说陆王之学单提一义，指心学特别是明代心学讲学喜标宗旨，往往以二三字概括其讲学内容。如王阳明之"致良知"，邹守益之"戒惧"，聂双江之"归寂"，刘宗周之"诚意"之类。此种风格，黄宗羲甚为表彰，并许为明儒讲学特出之处："大凡学有宗旨，是其人之得力处，亦是学者之入门处。天下之义理无穷，苟非定以一二字，如何约之使其在我？故讲学而无宗旨，即有嘉言，是无头绪之乱丝也。"②而王夫之不喜陆王之学，更不喜明儒惯用之语录之学，故对"单提一义"大相挞伐。但明儒是否"单提一义，秘相授受"，而单提一义是否"终流为无忌惮之小人"，是有疑问的。这个问题很大，牵涉极广，此处不辩。这里要说的是，王夫之要重建中国文化，重张刚健笃实、正大昂扬的学风，故对纤弱、讨巧、阴柔、浮夸诸风格的学术，皆吐弃不顾。他要总结明亡教训，故对士大夫明哲保身、洁身自好，缺乏豪杰自我担当和社会批判精神，皆归之为阴柔、退让，认为受了老子"不敢为天下先"和王弼"以刚健而居人之首，则物之所不与也"③的毒害，遂有"阳刚不可为物先"的思想。甚至认为中国历史上妇乘夫、臣干君、夷凌夏局面的出现，皆由于阴无有阳之抑制而坐大遂以蔑阳而乘之，皆刚健退守、阴柔用事招致的恶果。故须确立阳刚为首，以刚统柔之精神，改变明代后期政治昏暗，君主无为，小人当道，士大夫私欲泛滥，以"酒色财气不碍菩提路"相号召，以藏头缩项明哲保身为处世之术，上下相蒙、萎靡畏葸的局面。对九三爻辞"君子终日乾乾，夕惕若，厉无咎"的阐发，意亦在此。王夫之曾说过，就乾六爻之时位

---

① 《船山全书》第一册，第50页
② 见《明儒学案》发凡，中华书局1985年版，第17页。
③ 见李学勤主编《周义正义》，十三经注疏本，北京大学出版社1999年版，第7页。

言，初至三主要说内修之功，四至上主要说此内修之功所发生的效果。①另三、四为人位，三尤说人事，故专言君子之道。君子此时此位，应何所修？《外传》于此言之甚详：

> 夫离"田"而上即"天"也，离"天"而下即"田"也。出乎田，未入乎天，此何位乎？抑何时乎？析之不容毫发，而充之则肆其弥亘。保合之为太和，不保不合则间气乘，而有余、不足起矣。乘而下退，息于田而为不足；乘而上进，与于天而为有余。不足则不可与几，有余则不可与存义。勉其不足之谓文，裁其有余之为节。节文著而礼乐行，礼乐行而中和之极建。是故几者所必及也，义者所必制也。人为之必尽，一间未达而功较密也。天化之无方，出位以思而反失其素也。舍愚不肖之偷，而绝贤知之妄，日夕焉于斯，择之执之，恶容不"乾乾""惕若"哉！②

这里王夫之把九三爻辞和《文言》"忠信，所以尽德也；修辞立其诚，所以居业也。知至至之，可与几也；知终终之，可与存义也"联系起来加以解说，而紧扣"中"之义。意思是，九三处"见龙在田"之上、"飞龙在天"之下，不上不下，可上可下，下则不足，上则有余，可谓有余、不足之抉择关头。不足就不能应和稍纵即逝之事几，有余则过头而不能吻合事理之义。欲达无过、无不及之中道，则唯有修为。修为最主要的是两个方面，一是以文采补其不足，一是以节制裁其有余。文采与节制彬彬之时，就是礼乐充盈之时，礼乐充盈才能达于中和之标准。达于中和则事几必能应，理义必能合。只有舍去偷惰之不足与浮智之过头，不懈用功，不断提高，心怀敬畏，经常反省，日臻于完善精密，才能达成此目标。此即"乾乾""惕若"之实功。王夫之此处强调的是君子之实修，而修为之重点，在培植礼乐以驯至中和。故王夫之说易虽不直言"中"而从其论说之中可抽绎出"中"。③

---

① 见《船山全书》第一册，第63页。
② 《船山全书》第一册，第831页。
③ 见《船山全书》第一册，第831页。

第九章 乾卦阐释的几个维度

但王夫之在强调了内功修为之重要后，又特别申明，修为在己，修为之结果显现为何种状态，则往往非人力所能把握。故君子当致力于在我者，非我者则照之以天，也即尽人事而听天命。王夫之说：

> 夫九三者功用之终，过此则行乎其位矣。功用者我之所可知，而位者我之所不可知也。功用者太和必至之德，位者太和必至之化也。德者人，化者天。人者我之所能，天者我之所不能也。君子亦日夕于所知能，而兢兢焉有余、不足之为忧，安能役心之察察，强数之冥冥者哉！此九三之德，以固执其中，尽人而俟天也。①

这一段话可看作王夫之对当时政治大势的看法和他应对此种大势的根本策略。王夫之 24 岁中举，赴北京参加会试途中为战事所阻，返回家乡。次年拒绝张献忠部"招贤纳士"之请，避兵四方。27 岁开始读《易》，28 岁上书湖北巡抚章旷，提出调和南北督军和联合农民军抗清的主张，章旷不能用。29 岁清军占领衡阳后全家逃难，二哥、叔父、父亲相继死于道路。30 岁与夏汝弼、管嗣裘等在南岳举兵抗清，战败军溃，奔肇庆投南明永历政权，被荐为翰林院庶吉士，以父丧辞谢。32 岁到梧州，被永历政权任为行人司行人。后因弹劾权臣王化澄，被迫逃往桂林，又由桂林返回湖南。36 岁，在躲避战乱之流离生活中开始为从游学生讲《周易》《春秋》，并开始写作《周易外传》。写成时间大概在此后的二年中。② 从王夫之的经历可知，他是在甲申明亡后的十几年中，参加抗清斗争，失败后四处流离，并目睹清兵占领了差不多整个中国，不断播迁的南明政权在残山胜水间仍互相倾轧、争权夺利，中国兴复无望的情势下才彻底死心避世著书的。而《周易外传》正完成于此时，他把一腔怨愤都写入此书中。同时也曲折表达了明朝大势已去、无可挽回的基本判断。虽倔强一生，不愿作清朝臣民，但兴复无望的事实却是不容怀疑的。此时他处此形势的自我定位是，坚贞不二，著书以终；不废士君子之志，但前事不可逆料，亦不

---

① 《船山全书》第一册，第 831 页。
② 此处王夫之的经历参考了萧萐父：《王夫之年表》，载《船山哲学引论》，江西人民出版社 1993 年版，第 223—248 页。

加逆料。故以乾之九三自警自励，尽人事而俟天命。这就是王夫之解释乾卦之文以"君子服膺于易，执中以自健，舍九三其孰与归"[①]一语作结的良苦用心。另外，王夫之将九三放在最后解释，而非按爻序在九二之后，这也说明，执中以自健，尽己之力而俟天命，是王夫之此时心迹最切实的表述。

---

① 《船山全书》第一册，第 832 页。

第十章

坤卦与史事鉴戒

王夫之对坤卦的阐发主要表现在：其一，表彰坤主动经受磨难，增益其所不能，灵魂上净化自己，境界上提升自己，破除一切系缚粘滞的精神。其二，指出阴之慝乃阳放任、纵容的结果，恶乃积渐而成，驯至其大。故阳须加强监管之责，不给阴以坐大的机会。其三，坤虽阴柔，亦有大美。其美在含弘光大，内敛致深，而又笃实平易。故体此精神而兴礼乐教化以充实、坚韧自己。王夫之这三点发挥，是他纠正明代文化弊病，为未来文化建设树立刚健、正大、笃实的基调这一文化意识的体现。

一、易之赞坤，必赞其行：以健为顺

在王夫之的易学系统中，乾坤为父母卦，处在最为重要的地位。他对坤卦的发挥，虽较乾卦为少，但其中寄寓的道理颇为深刻。王夫之认为，乾坤两卦异于他卦者，在乾坤专言卦之德行，其余卦多从物理人事不同时位之变化应机而言。乾坤之德行为何？乾以阳刚赋予万物以开始，坤以阴柔赋予万物以成长；乾主事物之性质，坤主事物之形体；乾健而主动，坤顺而配合。此为乾坤之正道、准则，王夫之对坤卦的阐发多遵此义，如《内传》

在解释坤卦卦辞"坤，元亨，利牝马之贞。君子有攸往，先迷后得主，利"时说：

> 坤之德，"元亨"同于乾者，阳之始命以成性，阴之始性以成形，时无先后，为变化生成自无而有之初几，而通乎万类，会嘉美以无害悖，其德均也。阴，所以滋物而利之者也。然因此而滞于形质，则攻取相役，而或成乎惨害，于是而有不正者焉。故其所利者"牝马之贞"，不如乾之以神用而不息，无不利而利者皆贞也。[①]

意谓，乾坤二卦之断辞同为"元亨"，这是因为，乾坤两者共同完成对万物的生成，其中乾赋与万物以性质，坤肯认此种性质而赋与其形体，而形体是由气构成的。万物之性质与形体之生成，从时间上说无有先后，可以说是同时成就，二者共同作为个体事物产生和发展的基础。在和其他事物的联系中接受各种滋养以和谐地发展自己的过程中，乾与坤所具有的功德是齐等的，其间无有轩轾，亦不相悖害。但坤主形体，个体事物在发展中有攻取、役使他者的意愿，并在现实中造成彼此间的惨害。这样不公正、不均平、不合理的事是不可避免的。坤不像乾那样刚健发于自身，周遍施予万物而自然均平、自然熙恰、自然合道。故坤须在乾的主持分剂下，才能做到公平贞固。坤卦因此以"牝马"为利为贞。牝代表柔顺，马代表刚健，"牝马之贞"象征阴阳相丽、阴阳合德为正。君子之行，也应以阴阳合德、以阳镇阴为指导原则。王夫之说：

> 乾之龙德，圣人之德；坤之利贞，君子希圣之行也。刚以自强，顺以应物。坤者，攸行之道也。君子之有所往，以阴柔为先，则欲胜理、物丧志而"迷"，以阴柔为后，得阳刚为主而从之，则合义而利。此因坤之利而申言之，则君子之所利于坤者，"得主"而后利也。[②]

[①] 《船山全书》第一册，第74—75页。
[②] 《船山全书》第一册，第75页。

王夫之这个解释,明显地是理学根本原则"存理去欲""以理节欲"在易学上的翻版。不过在王夫之这里,由于阴阳同等重要,理学家以理为主、以气为从的意味大为减杀,他强调的是,阴虽顺承,但与阳有同等价值、阴阳共生共成之意,如《内传》在解释坤卦《彖传》"至哉坤元!万物资生,乃顺承天"一句中说:

> 阴非阳无以始,而阳借阴之材以生万物,形质成而性即丽焉。相配而合,方创而即方生,坤之"元"所以与乾同也。"至"者,德极厚而尽其理之谓。乃其所以成"至哉"之美者,唯纯乎柔,顺天所始而即生之无违也。①

在解释"含弘光大,品物咸亨"一句时也说:

> 唯其至顺也,故能虚以受天之施,而所含者弘。其发生万物,尽天气之精英,以备动、植、飞、潜文章之富,其光也大矣。品物资之以昌荣,而遂其生理,无有不通,坤之"亨"所以与乾合德也。②

这里都强调阴与阳有同等价值,阴阳合德共成资始资生之美这一核心观念。

因为阴阳共生共成,为一体之两面,阳可带动阴使之分有己之刚健,阴因而也具有刚健的一面。在早年的《外传》中,王夫之重点发挥的是这一意义。故在坤之起首,王夫之即指出乾坤在卦体卦德上的不同:

> 太极动而生阳,静而生阴。动者至,静者不至。故乾二十四营而皆得九,九者数之至也;坤二十四营而皆得六,六者数之未至也。数至者德亦至,数未至者德有待矣。德已至,则不疾不速而行固健;德有待,则待劝待勉而行乃无疆。固健者不戒而行,调其节而善之,御之事也。无疆者从所御而驰焉,马之功也。天以气而地

---

① 《船山全书》第一册,第76页。
② 《船山全书》第一册,第76页。

以形,气流而不倦于施,形累而不捷于往矣。阳以乐而阴以忧,乐可以忘其厉而进,忧足以迷其方而退矣。则坤且凝滞萦回,而几无以荷承天之职也。故易之赞坤,必赞其行焉。[①]

这里强调的是乾坤两卦性质上的不同。由数之不同决定象之不同,由象之不同决定卦之不同,由卦之不同,其动静、刚柔、健顺、主从、施受、捷滞、进退皆由此分。由于坤的被动、凝滞,须由乾之带动、鼓舞、提携。坤之《文言》赞坤,赞扬其"牝马地类,行地无疆,柔顺利贞",主要在表彰其虽为阴类,顺阳而行,行而不已的精神。坤何以被动、迟滞?王夫之解释说:

> 夫坤何为而不健于行也?流连其类而为所系也。西南者,坤之都也,隋山峻嶷之区也。(自注:据中国言之。君子之言,言其可知者而已。)坤安其都而莫能迁矣。(自注:自然不能迁。)且乾气之施左旋,自坎、艮、震以至于离。火化西流以养子而土受其富,则坤又静处而得陨天之福矣。其随天行以终八位而与天合者,兑之一舍而已,又只以养其子也。(自注:土生金。)天下有仰给于彼,自保其朋,饮食恩育,不出门庭而享其宴安者,足以成配天之大业者哉?[②]

这里八卦方位取自《文王八卦方位》,当时通行朱子之《周易本义》,以为科举令甲,《本义》卷首有《河图》《洛书》《伏羲八卦次序》等八图,王夫之读《易》之初当即精研此八图。《文王八卦方位》离南、坎北、震东、兑西、坤西南、乾西北、巽东南、艮东北。卦配五行与季节,则震主木,春;离主火,夏;兑主金,秋;坎主水,冬。坤为地,自然主土。此段话是对坤卦卦辞"西南得朋,东北丧朋,安贞吉"一句的发挥,认为坤之所以不健于行而迟滞,原因是为其朋类所牵绊。坤既属西南,西南为中国山川险峻之区,坤安于其区而不愿迁徙。且坤受地理方位自然之赐:乾顺时针旋转,经坎、艮、震而至离,离为火,火西流至兑,必经西南之

[①] 《船山全书》第一册,第832页。
[②] 《船山全书》第一册,第832—833页。

坤，火生土，故土受其富。而坤无任何劳作，仅因处南与西之间，为火流途经之地，即有不劳而获之福。而西南之坤继续顺时针旋转，达西北之乾以求与乾谐行，亦只经过西方之兑，兑主金，故又得生子之利。亦顺带而得之福。在王夫之看来，天下哪有此等好事，不出门庭，不施劳作，即能仰给于自身之外，朋类能得到恩惠、养育？坤如仅这样，又怎能成就配天之大业！王夫之指出，坤必须主动地与乾配合，主动地经受磨难，以获得磊落之胸怀，方能抛弃一切己所爱恋的私有之物，与乾之刚健同行。这一意思同时是对"东北丧朋"的发挥，王夫之说：

> 是故君子之体坤也，乾化施而左，则逆施而右以承之。其都不恋，其朋不私，其子不恤，反之于离以养其母。凡四舍而至于东北之艮。艮者，一阳上止，阏坤而不使遂者也。坤至是，欲不弃其怀来而不得矣。夫阳之左旋也，艮抑阴而止之，震袭阴而主之，离闲阴而室之，将若不利于阴，阴且苦其相遇而不胜。然闲之使正，袭之使动，抑之使养其有余，则亦终大造于阴。故陨天之福为阴庆者，非阴所期也，而实甘苦倚伏之自然。使阴惮于行而怀土眷私，仅随天以西旋于兑，亦安能承此庆于天哉？则坤之"利牝马"者，利其行也；君子之以"丧朋"为庆者，庆其行也。①

这一长段话实是王夫之坤卦阐释中最重要的，意思是，坤之顺承是其卦德，但顺承不是无所作为，雌伏等待，而是主动寻求与为主者配合，与之谐行。此种行即不是被动携带而行，而是互相激发、互相补足，以产生共动共生之能。故乾左旋而施、坤即右旋而承之。不爱恋其地，不顾惜其朋类子孙，毅然而行，返回南方之离以养其母。坤继续逆时针旋转，经离、巽、震而至于艮。在此过程中，艮卦为坤之上一画变为阳爻而得，艮有止义，象征坤遭到阻遏而止。震卦为坤之下一画变为阳爻而得，震有动义，象征坤被震所袭取而以动主宰之。离卦为坤上下二画变为阳爻而得，从卦象上看，有阴为阳所围护而遭窒困之义。此种际遇表面上看似皆不利于

---

① 《船山全书》第一册，第833页。

坤，坤且不能战胜所遇而有苦痛。但离的围护使之免于邪污之侵蚀而得纯正之体，震的袭取使之动而去其怠惰、畏葸、退缩之心，艮之抑制冒进使之补足、充养、滋长而有宽绰裕如之气。这些看起来是磨难的恰恰成就了坤。认识到了这一点，那些原以为是便宜的意外之福皆非应该希望的，不过是苦中有时会有的非分之乐而已，不能倚为常例。假如坤不敢大胆去行而眷恋私己之利乐，或仅仅安于小成，无有远大之志，顺遂乾之意志，则不够资质承此配天之大任。在王夫之看来，坤的"利牝马之贞"，在其主动配合乾的行动，以在行中经受锻炼去其污浊壮大自己的行动为利。故坤有"行地无疆""承天而时行""直方大，则不疑其所行""含章可贞，或从王事"及"东此丧朋""含弘光大""厚德载物""敬以直内，义以方外""黄中通理"等对行的强调、赞扬，对内敛修养、广德弘业的告诫与期许。它的总的看法是，坤卦之所以强调行，是因为坤德"以健为顺"。这是坤德最可贵的地方。

王夫之这一解释，吸收了程颐《程氏易传》的思想，而与朱熹对坤卦性质的定位与解释方向大为不同。程颐虽也肯定乾坤的基本定位乾刚健、坤柔顺，也以为"乾以刚固为贞，坤则柔顺而贞"[1]，但认为坤也有健的一面。坤之所以健，在能含弘光大，厚德载物，又能以己之德行与乾配合。程颐在解释《坤·彖》"牝马地类，行地无疆"一段时说：

> 以含、弘、光、大四者形容坤道，犹乾之刚、健、中、正、纯、粹也。……有此四者，故能成承天之功，品物咸得亨遂。取牝马为象者，以其柔顺而健行，地之类也。……乾健坤顺，坤亦健乎？曰：非健何以配乾？未有乾行而坤止也。其动也刚，不害其为柔也。柔顺而利贞，乃坤德也。君子之所行也。君子之道合坤德也。[2]

王夫之对坤的发挥，也在其含弘光大，以健配乾。不过王夫之更结合八卦方位，将其何以能含弘光大，归结为所遭逢际遇之磨炼。但基本方向继承

---

[1] 《二程集》，第706页。
[2] 《二程集》，第707页。

了程颐。而朱熹《周易本义》则强调坤之柔顺之德，坤对乾的顺承。故在解释"坤，元亨，利牝马之贞"时说："坤者，顺也，阴之性也。……牝马，顺而健行者。阳先阴后，阳主义，阴主利。……遇此卦者，其占为大亨。而利以顺健为正。"[①]这里强调的是，坤之性为阴柔，当以顺从乾之刚健为主。其正其利，皆因顺从乾健。在解释"牝马地类，行地无疆"一句时也说："牝，阴物，而马又行地之物也。行地无疆，则顺而健矣。柔顺利贞，坤之德也。君子攸行，人之所行如坤之德也。"[②]也强调柔顺之德，以顺为健。又在解释"先迷失道，后顺得常"一句时说："阳大阴小，阳得兼阴，阴不得兼阳。故坤之德，常减于乾之半也。"[③]在解释坤卦"用六，利永贞"时，同样认为，"用六"之所以能"永贞"者，按照筮例，至此纯阴之爻皆变为阳爻，因为阴柔不能固守，须变而为阳，才能"有利"，得到好的结果。而此好的结果，是乾带来的，非坤所固有。另外，坤卦卦爻辞与乾相比，用六只"利永贞"，未能"元亨"，也是因为此乾由坤变来，非本有之乾，所以示其不足。

朱熹的以上解释中，扶阳抑阴之意是很明显的。朱熹这样解释，完全受其阳主义、阴主利，阳主性、阴主情原则的支配，意在强调阴须在阳的主宰、管辖之下，义利之辨、性情之辨才能走在正确的轨道上。否则利益至上、情欲为先有泛滥难遏之虞。这是朱熹的一贯思想。朱熹要反对程颐解易只讲义理不讲象数的弱点，恢复"易本卜筮之书"的原貌，故多据象占，强调乾健阴顺之卦德，反对在卦爻辞上过多发挥。而王夫之则强调坤的主动健行以承天之运这一面，两相比较，坤的能动性、主体性被大大加强了。

二、履霜而知坚冰：辨之须早

王夫之坤卦解释的第二个方面，是对恶的结果中阴阳二者责任问题

---

① 《周易本义》，第34页。
② 《船山全书》第一册，第35页。
③ 《船山全书》第一册，第35页。

的讨论，它是针对坤初六爻辞"履霜坚冰至"及其《象传》《文言》的发挥，同时也因明代之事而发。"履霜坚冰至"，程《传》所言甚为简洁，也不多发挥："阴之始凝而为霜，履霜则当知阴渐盛而坚冰至矣。犹小人始虽甚微，不可使长，长则至于盛也。"① 朱熹的解释则不但保留了程颐此意，而且对阴的作用及积渐而深的必然性有所肯定，同时认为，阴阳虽自然而不可免，但有主从、淑慝之分。扶阳而抑阴，正圣人参赞天地化育之具体作为：

> 霜，阴气所结，盛则水冻而为冰。此爻阴始生于下，其端甚微，而其势必盛，故其象如履霜，则知坚冰之将至也。夫阴阳者，造化之本，不能相无，而消长有常，亦非人所能损益也。然阳主生，阴主杀，则其类有淑慝之分焉。故圣人作易，于其不能相无者既以健顺仁义之属明之，而无所偏主。至其消长之际，淑慝之分，则未尝不致其扶阳抑阴之意焉。盖所以赞化育而参天地者，其旨深矣。②

王夫之在肯定阴的作用与其存在之必然性这一点上继承了朱熹，但他的发挥则别有深旨，其深刻处在于，指出在阴积渐而成的过程中，阳担负何种责任。王夫之说：

> 霜者露之凝也，冰者水之凝也。皆出乎地上而天化之攸行也。涸阴冱寒，刑杀万物，而在地中者，水泉不改其流，草木之根不替其生，蛰虫不伤其性，亦可以验地之不成乎杀矣。天心仁爱，阳德施生，则将必于此有重怫其性情者。乃逊于空霄之上，潜于重渊之下，举其所以润洽百昌者听命于阴，而惟其所制，为霜为冰，以戕品汇，则阳反代阴而尸刑害之怨。使非假之冰以益其威，则开辟之草木虽至今存可也。治乱相寻，虽曰气数之自然，亦孰非有以致之

---

① 《二程集》，第 708 页。
② 《周易本义》，第 35 页。

哉！故阴非有罪而阳则以怨，圣人所以专其责于阳也。①

"出乎地上"者，坤之初爻也，"天化攸行"者，阴乃天之运化必不可少之要素，明其必然也。虽极阴之时，万物皆潜藏其生意，故阴虽盛而阳仍可做主。但阳若放弃做主之责，逃遁隐藏，则阳之生生之德就会被重阴所掩，无所发挥，任阴坐大，终至为阴所制，任由阴以肃杀戕害万类。而此时人仍以为阳做主宰，故将戕害万类之名加于阳之上，阳实代阴受过。假使不是阳放弃做主之责，给阴以坐大之地，则阳春之和气将延续至今。虽然阴亦阴阳平衡天地运化不可或缺之物，但阴过盛以致肆虐，则阳难辞放任之咎。

就历史上之朝代治乱兴替看，虽一治一乱是自然之数，但昏乱之政必是当政者措置失当所招致，其间一些位高权重担当大任者尤其难辞其咎。就这一点说，阴之罪愆实由阳造成。这是王夫之对《坤·文言》"积善之家必有余庆，积不善之家必有余殃。臣弑其君，子弑其父，非一朝一夕之故，其所由来者渐也！由辩之不早辩也"一语的注目所在。即必须早辨别、早遏止，阳始终监管、镇压乃至窒困阴，不使其坐大而失控。

王夫之借历史事实和人物来说明这一点：

> 先期不听于子羽，则钟巫不弑。爵禄不偏于宋公，则子罕不僭。宫中无"二圣"之称，则武瞾不能移唐。燕、云无借师之约，则完颜、蒙古不能蚀宋。阴之干阳，何有不自阳假之哉！辨之早者，自明于夫妇、君臣、夷夏之分数，自尽焉而不相为假也。②

"听于子羽"事出《春秋公羊传》隐公四年，子羽即鲁国大夫公子翚。公子翚谄媚鲁隐公，很得隐公信任，公子翚谓隐公得民心，得各诸侯国之心，可将国君做到底。但又恐此话被急于得位的桓公得知而罪己，于是劝桓公弑隐公。隐公终于被弑于祭钟巫之时。子罕事出《韩非子·二柄》。子罕为春秋时宋国之相。曾谓宋君：赏赐是人所喜好的，请君主来做；杀

---

① 《船山全书》第一册，第834页。
② 《船山全书》第一册，第834页。

戮刑罚是人所不喜的，由他子罕来做。刑罚有权力有威严，由此渐渐大权在握，宋君权力旁落，反为子罕挟持。武曌即武则天，据《旧唐书·则天皇后本纪》，武则天为唐高宗皇后，当时称高宗为天皇，则天为天后。高宗多病，百官表奏，多委托则天处理。自此辅政数十年，威势与高宗无异，当时称为"二圣"。后则天废中宗自立，国号周。"燕、云借师"事，见《资治通鉴·后晋高祖天福元年》。五代时石敬瑭在契丹的帮助下打败后唐，建立后晋，称帝后割让燕、云十六州予契丹，自此中原丧失北方重要屏障，为北、南宋被金、元所灭造下祸端。王夫之认为，此数事皆有国者自削其权，自弱其势，遂使阴干阳，下凌上，主上反受其害。王夫之以上所举四事中，包括小人、夷狄、女主，涉及夫妇、君臣、夷夏关系，与王夫之一贯主张的严于夷夏之防，严于君子小人、正统篡弑之辨有关。王夫之一再强调的是，小人坐大，夷狄凌夏，女主篡国诸阴干阳之事，说到底是阳没有早察觉阴之图谋，没有早将其图谋消灭于幼弱之时，更没有正确地认识各自之位分，自尽其责，不相逾越，不相侵夺。这是王夫之对"履霜坚冰至，盖言顺也"一语所作的发挥，是他从坤卦中吸取的最大教训，也是他防止阴干阳、下凌上而提出的根本之策。

三、坤之为美：以礼乐文章配天

王夫之对坤卦的第三方面的发挥，在于对六五爻辞"黄裳，元吉"及其《象》传"黄裳元吉，文在中也"、《文言》"君子黄中通理，正位居体，美在其中，而畅于四支，发于事业，美之至"诸义的阐发。

王夫之首先认为，乾之九五"飞龙在天"，象征大人物事业畅达，至于极盛阶段。而之所以能达于极盛，是因为他们积刚健之德，至此而大成，德凝于身，命受于己。坤之六五"黄裳，元吉"，六五为上卦之中，又处上体，卦德柔顺安贞。况自六二"直方大"以来，敬以直内，义以方外，德不孤而必有邻，又得友人辅仁之助，积渐而成。又能与天配合而行，德行纯粹深厚，故"美在其中"。美在其中，充实而有光辉，必畅发于事业而元吉。王夫之在《内传》中对《坤·文言》的解释，此义极为显豁：

> 六五黄中之美，与二合德；敬、义诚于中，形于外，无异致也。故曰"通理"。端己以居位，而盛德表见，以充实其安贞之体，则美既在中，而威仪之赫喧，文章之有斐，美无以尚矣。坤无君道，以二为内美、五为外著，君子暗然日章之德也。①

这里对于六五何以能"畅于四支，发于事业"而元吉，解释得很明确。

王夫之又从乾坤所担当的不同角色，论乾坤使命之不同。指出坤的使命在"文"，而守文适所以"元吉"。王夫之说：

> "乾知太始，坤作成物。"因乎有者不名"始"，因乎无者不名"成"。因乎无而始之，事近武，非天下之至健，不能特有所造；因乎有而成之，事近文，非天下之至顺，不能利导其美。夫坤之为美，利导之而已矣。利导之而不糅杂乎阳以自饰，至于履位已正，而遂成乎章也，则蚑者、蠕者、芽者、花者，五味具，五色鲜，五音发，殊文辨采，陆离焜烂，以成万物之美。②

意谓乾主万物之开始，坤主万物之生长。始者从无创造出有，生者对有之继长增高。始近于武，因就谥法来说，武者以兵事平定、止息混乱而肇造安定、统一的新国家。就新朝之建立而言，类似于从无到有。成近于文，因文是以文教化民成俗，是就已肇造而成的新朝施以礼乐教养，使之蔚然郁盛。武事须刚健勇毅，文事须舒缓渐渍。武事为马上打天下，文事为马下治天下。武事如乾之大造，文事如坤之内美。王夫之对坤的发挥，紧紧把握"黄裳元吉，文在中也"之"文"，突出坤的以礼乐教化配合乾之统御这一点。

文事的特点，王夫之还特别点出"利导"。因坤德以顺为主，所以贵在利导。利导重在将原有的包蕴导之使畅发，使强大，使充实光辉、文采蔚富，非原本无有而强加之，使畏服听命。其方法特点是和风细雨的，温润内敛的，故不须耀眼，不须强悍，更不须借乾之光采文饰自己，借乾之

---

① 《船山全书》第一册，第88页。
② 《船山全书》第一册，第835页。

霸气撑拄自己。坤有自己的特出之处，即阴柔内敛之美，暗然成章之美，虽欲尚纲而其美终不可掩。坤虽阴，履其位而配天，亦可使这些特点显发出来，成就万物。

王夫之又据坤之《文言》"坤道其顺乎，承天而时行"和"阴虽有美含之，以从王事，弗敢成也，地道也，妻道也，臣道也。地道无成而代有终也"之义，特别突出坤的逊让、不居功之义，他紧接上文说：

> 虽然，凡此者皆出乎地上以归功于天矣。若其未出乎中，而天不得分其美者，坤自含其光以为黄。玄色冲而黄色实，玄色远而黄色近。实者至足者也，近者利人者也，"含万物"者在此矣。若是者谓之至美。以其俪乎玄而无惭也，故言乎"黄"；以其不炫乎表以充美也，故言乎"裳"。顺道也，实道也，阴位之正也。圣人体之，故述而不作，以兴礼乐而成文章，则成以顺而美有实，亦可以承天而履非位之位矣。（自注：六五阴不当位。）①

这是说，坤之内美充实而表显于外者，须归功于乾。因为坤之德行为顺，坤为乾之配合，乾为坤之主宰；乾主资始，坤主资生，坤的所有功绩，都是在"承天而时行"中取得的，故须归功于天。但坤尚有未表显出来而为内美者，则天不能分其美。这一部分是坤自己的含藏，此含藏之物仍不失其畅达、丰茂，故为"黄"。此"黄"即"皇"，为大之义。而下"玄黄"之"黄"，为黄色之义。"坤自含其光以为黄"，承《彖辞》"坤厚载物，德合无疆。含弘光大，品物咸亨"，及《文言》"含万物而化光"而来。王夫之并将代表天的玄与代表地的黄作了对比：玄之颜色冲淡，黄之颜色实在；玄所代表之天高不可及，黄所代表之地近在身边。两相比较，地较天更为实在可亲。实在的是至足的，玄远的较为虚幻；亲近的能使其邻直接享受其利益，玄远的则虽有利益而纡曲难接。故坤能"含万物而化光"。能达此者是为至美。至美者不自以为美而美自然具备，不显露美而美自然光畅。

---

① 《船山全书》第一册，第835页。

王夫之进而申论,"黄裳,元吉"也可以此义解释。"黄裳"之黄,因其与玄配合,功绩勋劳皆可与天并列而无惭,又不炫耀其功绩,敛藏其美有如下衣之裳。王夫之认为,这才是坤道之正:顺承、笃实、内敛。而孔子是坤道的最高体现。他有见于坤道之美,将此德、此行体之于身,在经典传承上是述而不作,在文化兴作上是完善诗书礼乐,化民成俗。故有顺成之美,有实绩之效,为万世文运之主。坤之六五"阴不当位"而"黄裳,元吉","承天而履非位之位",王夫之实有赞孔子"素王",有德而无位,故删述六经为后世立法之意。

　　至此,王夫之对坤卦之阐发所要表达的意思可以说是和盘托出了:其一,揭出坤之不能健行之因:流连其朋类而为其所系,怀土眷私。由此主动经受磨难,增益其所不能,灵魂上净化自己,境界上提升自己,破除一切系缚粘滞。虽卦德为顺,但以健为顺,表彰果于行的精神。其二,揭出阴之慝乃阳放任、纵容的结果,且恶乃积渐而成,驯至其大。故阳须加强监管之责,不给阴以坐大的机会。其三,坤虽阴柔,亦有大美。其美在含弘光大,内敛致深,而又笃实平易。故体此精神而兴礼乐教化以充实、坚韧自己。王夫之此三点着重处,与他胸中时时激荡奔涌着的纠正明代文化弊病,为华夏未来文化建设树立刚健、正大、笃实的基调这一文化意识有关。一方面他坚定地认为,华夏为阳,夷狄为阴;君子为阳,小人为阴;君统为阳,女主为阴。从严于夷夏之防、君子小人之辨、正统与篡弑这一点说,他强调阳主阴,阳镇阴,阳统阴,这在他的多种著作中反复道及。但他又痛感于明代后期特别是万历十四年以后的长期怠政,帝王不励精图治,官吏庸懦自保,朝政因循不振的情况,故特别倡导实行。

　　万历后之怠政,突出地表现在皇帝长期不上朝,不接见大臣,不亲行大典,罢去经筵日讲,奏疏留中不批答等事上。史载万历皇帝以体弱多病为借口,长期不见大臣,有的说神宗"深居二十余年,未尝一接见大臣。"有的说到万历四十三年,神宗"不见廷臣已二十五年"[①]。对享太

[①] 见南炳文、汤纲:《明史》,上海人民出版社2003年版,第648页。

庙这一帝王最重视的祭祀大典，数十年皆不亲历，而别遣官吏代行。对专为皇帝设立的经筵日讲，也罢去不用。在经筵讲习中，常常联系朝政进行讨论，是皇帝与主经筵之大臣研究、讲明朝政的好机会。罢经筵不讲，足见其怠学、怠政之深。万历中期以后，奏章留中现象日益严重，如万历三十七年大学士叶向高慨叹："一事之请，难于拔山；一疏之行，旷然经岁。""御前之奏牍，其积如山；列署之封章，其沉如海。"① 皇帝怠政带来的直接后果，便是官吏不能正常升迁，缺员不能及时补充，这种情况，从中央到地方，从九卿到藩臬皆有。时人评论说："时上（按指明神宗）怠荒益甚，久不御政，曹署多空。"② 政务的处理受到很大影响，该兴办的事常常因缺员而搁置。加上神宗对官吏的猜疑，宁肯缺人也不轻易任用，又讨厌大臣上疏议论国事，因此廷臣皆因循自保，不敢大胆兴作。这都严重削弱了政府的执政能力，也直接造成了政治沉闷的局面。天启朝因魏忠贤乱政，树立党羽，打击异己，不愿依附的正直官吏皆避其凶焰以自保。另此时朝中党争甚为激烈，外官与朝中相呼应，许多官吏为避祸也多不敢作为。而明熹宗宠信宦官，不加防范，甚至沉溺于木工活中放任魏忠贤等奸人窃弄权柄。《三朝野记》载：明熹宗"性好走马，又好小戏，好盖房屋，自操斧锯凿削，巧匠不能及。又好油漆匠，手持器具，皆内官监、御用监办进。日与亲近之臣涂文辅、葛九思辈朝夕营造。造成而喜，不久而弃；弃而又成，不厌倦也。当其斤斫刀削，解衣盘礴，非素昵近者，不得窥视。王体乾等每伺其经营鄙事时，即从旁传奏文书。奏听毕，即曰：'尔们用心行去，我知道了。'所以太阿下移，忠贤辈操纵如意。而呈秀、广微辈通内者，亦如枹鼓之捷应也。"③ 此正魏忠贤集团逐渐坐大的直接原因。崇祯帝虽锐意求治，勤于政事，多有兴利除弊之举，但明朝至此已千疮百孔，左支右绌，败局难以挽回，终在内外交困中寿终正寝。对于明朝政弊，王夫之在其多种著作中都有涉及，《尚书引义》《黄书》《噩梦》中论之尤为具体。但从哲学思想上对之进行批判，则以《周易外

---

① 见《明神宗实录》卷四五八、卷四六一。
② 见《明通鉴》卷七四，中华书局1974年版。
③ （清）李逊之：《三朝野记》卷二《天启朝纪事》，北京古籍出版社2002年版，第67页。

传》最为明确而深刻。在《坤》卦阐发中，王夫之倡导"《易》之赞坤，必赞其行焉"，"《坤》之'利牝马'者，利其行也；君子之以'丧朋'为庆者，庆其行也"，鼓励"其都不恋，其朋不私，其子不恤"，都在鼓励去掉系缚粘滞，振刷因循畏葸，以健为顺，勇于实行。而他反复强调之阴干阳、夷凌夏、小人亵渎君子、宦官宫妾窃弄权柄，无一不由阳自弃监管之权，假阴以坐大之地所致。因而倡言早加辨别，早加防范，使各司其职、各尽其责，不给其假手之机。此皆可说有见于明代后期邪恶势力特别是魏忠贤集团兴起之由，对上至皇帝下至公卿百官之警示：乍履霜即知阴始凝，其可驯至坚冰。故辨之须早，防之须谨。

而表彰坤在承天之施中主动配合以经受磨炼，终大有益于己，也在倡导帝王勤于民事，多受艰苦，养成坚韧之志，万几之才，避免因长在深宫，不多更事而有骄娇之气。其"闲之使正，袭之使动，抑之使养其有余，则亦终大造于阴"，是王夫之对贪图享乐、不亲民事、不经受锻炼的青年帝王的重言劝告。而倡导"夫坤之为美，利导之而已矣""顺道也，实道也，阴位之正也"，则意在表彰内敛无炫，含弘光大，兴礼乐，成文章，在明朝已经灭亡，兴复无望，外族入侵者已经初步坐稳江山的情势下，忍辱负重，卧薪尝胆，保存中华文化，使之发扬光大。则虽明朝亡而天下不亡，国家灭而文化不灭，终将以夏变夷，光复华夏之邦。这些意思王夫之虽未明言，但对照他前后期易学阐发重点之不同，体味他澎湃激荡于胸中的对华夏文化的褒崇、眷恋之情，及深藏于心中不缁不磷地重建健实正大的中华文化的雄心壮志，这些意思是蕴含在他的坤卦阐发中的。

第十一章

无妄、震卦的阐发及其时代关切

王夫之对无妄卦的阐发，着力彰显的是存在的真实性，存在的辩证本性和复杂过程，以此批评佛教、道教所宣扬的"空""无"。对震卦的阐发，彰显的是震所代表的能动精神，以及动静互涵中动控御静、激活静、带起静的主导作用。通过装裹在易学语言中的哲学理念，可以看出王夫之在明朝甫亡、民皆疑惧之时，倡导发起信心、勇敢担当、立体致用、争取民族兴复的精神。

一、"无妄"：存在的真实

《周易外传》的《无妄》篇，是王夫之阐发他关于存在问题的根本见解，以"有"的实在性、恒常性批判佛教、道教宣扬的"空""无"学说，恢复刚健、笃实的中国文化基调，消除士大夫由浸染佛、道而有的软弱、委靡的精神气质的重要篇章。本章结合晚年所作的重要著作《周易内传》，分析王夫之在无妄卦诠释中的特别关切。

王夫之的诠释从解析卦名开始。他认为，"无妄"是相对"妄"而言，没有"妄"，则"无妄"无从谈起。无妄与妄处在一个统一体中。从卦辞说,既有"其匪正有眚,不利有攸往",又有"元亨利贞"。"妄"与"无妄",处在同一卦中。要解通整个卦辞,就要把妄和无妄作为统一体的两个方面来解释。更重要的是,王夫之想通过这样的思想方法,引出他的一个深刻见解:之所以无妄,乃是因为有妄。承认妄,正视妄,从而认识天理、顺承天时,可以因祸得福,化妄为无妄。王夫之先从无妄的卦体进行解说:

> 时当阴积于上,阳秉天化,以震起而昭苏之,则诚所固有之几也。乃此卦天道运于上,固奠其位,二阴处下,非极其盛,而初阳震动,非以其时,理之所无,时之或有,妄矣。然自人而言则见为妄,自天而言,则有常以序时,有变以起不测之化,既为时之所有,即为理之所不无。理,天理也。在天者即为理,纵横出入,随感而不忧物之利,则人所谓妄者,皆无妄也。君子于天之本非有妄者,顺天而奉天时,于妄者深信其无妄,而以归诸天理之固有,因时消息以进退,而不敢希天以或诡于妄。故天道全于上,天化起于下,元亨利贞,四德不爽。①

这是说,无妄震下乾上。在上之乾象征天道运行于上,为万物奠定时位基础。震之初爻为阳爻,其上二爻为阴爻。初九秉承天运化之机,以天所奠定之时位为根据,以震起六二、六三使之苏醒、鲜活为己任。但下卦之二阴爻,尚未能积累至三阴达于极盛;初阳尚未阳气充盈,其震动非恰当之时节。故可视之为理之所无,时之或有。从一般眼光看,是"妄"。但人视为妄的,从天的视角看,则非妄。天一方面有它的运行常规,一方面有表面上不合常规的变局,而变局实际上是常规的另一种表达,不过神妙不测,不常见而已。王夫之此处一个卓越的理解是,既然是客观存在,就是理之所有的。理,"在天为理",既为天理,就是合当有的。理有其不以人的意志为转移的必然性。这种必然性无意志、无目的,纯按自己本性运动。则人所谓妄,从天的角度看,皆无妄。君子于此,知天之无妄,将浅

---

① 《船山全书》第一册,第235页。

见者视为妄的，皆看作天理本来就有的，万事皆顺天道天理而行，不敢有半点侥幸。这样，天的运行规则没有遭到破坏，因而天的运化也顺利进行。人间的灾祸，都是人违背天道，逞私意蛮干的结果。要说有妄，都是人自取之妄。天本无妄，理本无妄。这就是王夫之对"无妄"的根本看法，他对佛道二教的批评，对世间虚妄之事的批评，皆以此为出发点。

此外，王夫之还从卦变解释无妄卦义。无妄自何卦变来，王夫之早晚年有不同的看法。在晚年的《内传》中，王夫之在解释无妄彖传"无妄，刚自外来，而为主于内"时认为，无妄从遁卦变来，遁九三之阳入而来初，即为无妄。遁卦外卦皆阳，阳与阳为类，于是将九三带离内卦而与外卦之三阳为群，有遁离之象。九三来至初地，离开逃遁之地，返归于内，以一阳而主二阴，为无妄之象。[①]而在早年的《外传》中，则认为自否卦变来，目的是说明无妄因妄而有：因为否之象，上乾下坤，代表"天地不交而万物不通"。外刚内柔，外阳内阴，代表"内小人而外君子，小人道长，君子道消"，为否塞之象。否塞，就是"妄"。而否卦初六变而为阳，则为无妄。初九为主动求变，来为二阴之主，从昔日的不交、否塞，变为今日之无妄、有主，变哀为乐，变苦为甘，故"无妄"[②]。这里，是为了突出无妄是妄之否定，是妄之改变，为他批判佛道二家的"妄"做好铺垫。

王夫之在《外传》中，将以上关于"妄"的基本观点运用于对佛道的批评，认为佛道所斥为妄的，实为无妄；而佛道所谓无妄者，皆大妄。他首先批评佛教：

> 索真不得，据妄为宗，妄无可依，别求真主。故彼为之说曰："非因非缘，非和非合，非自非然，如梦如幻，如石女儿，如龟毛兔角；捏目成花，闻梅生液；而真人无位，浮寄肉团；三寸离钩，金鳞别觅。"率其所见，以真为妄，以妄为真。故其至也，厌弃此身，以拣净垢；有之既妄，趣死为乐；生之既妄，灭伦为净。何怪其裂

[①]　《船山全书》第一册，第236页。
[②]　《船山全书》第一册，第889页。

天彝而毁人纪哉！①

这里，王夫之是以儒家立场来批评佛教的。从对佛教主旨概括得准确、深入来说，王夫之对佛教是用过很深功夫的。他指出，佛教为了寻求出世、解脱，把世间一切看成空；为了证成这个"空"，造出了许多理论和实践，其中最基础的就是所谓万法因缘和合为假有，故本性空；须勘破、离弃假有。而要达到此目的，首先应打破人世间的既成条规，包括社会伦理、身体、生死等，一切视为虚妄而鄙弃之。王夫之认为，佛教的这些做法，从儒家入世的眼光看，皆是以妄为真，以真为妄，为了达到特定目的而颠倒了真实情况。

他又批评道家说：

> 若夫以有为迹，以无为常，背阴抱阳，中虚成实，斥真不仁，游妄自得，故抑为之说曰：吾有大患，为吾有身；反以为动，弱以为用；穅秕仁义，刍狗万物。究其所归，以得为妄，以丧为真，器外求道，性外求命，阳不任化，阴不任凝。故其至也，绝弃圣智，颠倒生死；以有为妄，斗衡可折；以生为妄，哀乐俱舍。又何怪其规避昼夜之常，以冀长生之陋说哉！②

这里对道家、道教的批评同样十分广泛、深入，涉及本体论、方法论、政治观、伦理观、身体观、生死观等。中心是其以有为妄，以无为常，鄙弃身体，破除世间一切伦理规范，追求虚静的本体，抛弃普通生活，追求长生这些虚妄的东西。王夫之对道家、道教的批评，仍在其视真实的人世生活为虚妄，以虚妄的出世为真这个方面。

王夫之重点阐述的是人世生活的真实性，以此批评佛道的虚妄；而在其阐释中，对事物的生成、壮大过程进行了细致刻画，由此阐发出许多精辟见解。首先王夫之认为，人是活生生的真实存在，人必须依赖物质世界，过真实的、属人的物质生活。人所依赖的物质世界，是有自身的实在

---

① 《船山全书》第一册，第886页。

② 《船山全书》第一册，第886页。

性和规律性的。依靠此实在性与规律性，人才能认识世界、取用世界，维持人的生存与传衍。这个道理虽然简单，但却是最基本的；人的一切识见、一切行为，皆应从此最基本的地方出发，他说：

> 若夫以粟种粟，以器挹水，枫无柳枝，栗无枣实，成功之退，以生将来，取用不爽，物物相依，所依者之足依，无毫发疑似之或欺。……是故阴阳奠位，一阳内动，情不容吝，机不容止，破块启蒙，灿然皆有。静者治地，动者起功。治地者有而富有，起功者有而日新。殊形别质，利用安身。其不得以有为不可依者而谓之妄，其亦明矣。①

这是认为，万物皆由阴阳为它们规定发展的潜在功能，阳为预有之性质，阴为其物质支撑。迨时机成熟，万物蓬勃开展。动者，应机而动，无丝毫滞留；静者，随动提供其质地，无丝毫吝啬。质地，是表现出来的，万物之质地，就是万物的可经验的现实存在；而此现实存在，是动者见机而作，不断提供新的可能性的基础。阴阳二者，动静各别，共同为万物的存在和传衍发生作用。由此机缘、质地之不同，万物各各殊别。而由殊别的万物构成的世界是真实不诬的，无丝毫虚妄处。

王夫之也论证了生死的客观性、真实性、不可改易性。生死之理在一般层面上本来极其浅显，也极易明了，但道家、道教的人为长生之说所迷惑，置此基本道理于不顾，并且自欺欺人。王夫之说：

> 既已为之人矣，生死者昼夜也，昼夜者古今也。祖祢之日月，昔有来也；子孙之日月，后有往也。由其同生，知其同死；由其同死，知其同生。同死者退，同生者进，进退相禅，无不生之日月。……物情非妄，皆以生征。征于人者，情为尤显。跽折必喜，箕踞必怒，墟墓必哀，琴尊必乐。性静非无，形动必合。可不谓天下之至常者乎？……夫然，其常而可依者，皆其生而有；其生而有者，非妄而必真。故雷承天以动，起物之生，造物之有，而物与无

---

① 《船山全书》第一册，第887页。

妄，于以对时，于以育物，岂有他哉！①

生死如昼夜，昼夜如古今。有古即有今，有昼即有夜，生死乃世间至为明显、自然之事，不容虚妄视之。人也是如此，喜怒哀乐，性情动静，皆至为平常、至为真实之事，亦不容虚妄视之。这里需要指出的是，王夫之在论证物与人的真实性时，特别结合无妄卦的象辞点明人对万物之变化应取的态度。象辞云："天下雷行，物与无妄，先王以茂对时，育万物。"意思是，无妄下卦为震，象征雷；上卦为乾，象征天。天下雷行，指雷应时节发生，惊起万物，出蛰萌生。万物不管灵蠢，各如其性质，无有妄动。先王效法天道，使万物各遂其生，发育长养。对其中的"以茂对时"，王夫之有深入阐释，他说：

> 以无择为盛，以不测为时，此其为无妄者。虽若有妄，而固无妄也。先王不以此道用之于威福，恐其刑已滥而赏已淫，虽自信无妄，而必有妄矣。唯因万物之时，天所发生之候，行长养之令。金、木、水、火、土、谷惟修，草、木、鸟、兽咸若，使之自遂其生，则道虽盛而无过。然所谓"对时"者，因天因物以察其变，非若吕不韦之《月令》，限以一切之法也。②

"无择"者，平等对待一切事物，无有厚薄，使万物皆得享受天地的润泽，无有遗漏。"不测"者，按照事物的本来面目，自然地、应机地应对事物，使之自然发展，不有人力逆天强为。这就是"茂"，这就是天地的本来面目，这就是以人合天应取的态度。不以威福滥用刑赏，就是要抑制人因为己"茂"而可能发生的骄奢。对《月令》的批评，表示王夫之不愿把生动的、多样的天象物候，框定在一个统一的、有限的图式中，提倡以具体的、变化的观点来考察事物。此皆"无妄"之意。

为了对"无妄"做更深入、更使人信服的肯定，王夫之对事物变化发展的一般规律也做了富有哲理的阐发。这一部分是他的无妄解释中最有

---

① 《船山全书》第一册，第887—888页。
② 《船山全书》第一册，第238页。

价值的地方。他说：

> 凡生而有者，有为胚胎，有为流荡，有为灌注，有为衰减，有为散灭，固因缘和合自然之妙合，万物之所出入，仁义之所张弛也。胚胎者，阴阳充积，聚定其基也。流荡者，静躁往来，阴在而阳感也。灌注者，有形有情，本所自生，同类膈纳阴阳之施予而不倦者也。其既则衰减矣。基量有穷，予之而不能多受也。又其既则散灭矣。衰减之穷，与而不茹，则推故而别致其新也。①

在王夫之看来，万物都可以说是某种物质因素聚合的产物。事物都是某种物质因素进入此物因而其生，出离此物因而其死的过程。在这一出一入间，代表增加的势用的"仁"用事，则事物增长，此为"张"；代表保持此事物限度的"义"用事，则抑制其逾越规范增长，此为"弛"。事物就是一个个张弛有度、出入有节的独立体。此中的"出入"，很容易使我们联想到后王夫之数百年的现代哲学家金岳霖的"道、式、能"和冯友兰的"理、气、无极而太极"学说②，不过王夫之说得更加浑融、原始而已。对于事物的发展，王夫之将其分为五个阶段："胚胎"为阴阳二气聚合产生事物的最初基底，"流荡"为在此基底上发生的感与应。此基底为阴、为静，其上之感应为阳、为躁。此感应为后一阶段的"灌注"之发生造下了契机。"灌注"指此事物接受外部的给予而生长壮大。形，指事物的物质形体，情指事物的性能，特别是它想接受外部给予发展壮大自己的内在欲望。二者皆事物本有。有此形体和欲望，则此种接受和成长就是自然而然的。往下的阶段是"衰减"。为什么会有衰减？王夫之不抽象地从有盛就有衰这个一般性理解去解释，而是从事物本身的质量界限与它的欲望之间的矛盾去解释。"基量有穷"，指事物皆有由它的本性所决定的受体的数量限制。如果可以无限量地接受外部的给予，则它可以无限增长或长盛不衰；但事物的数量界限限制了它的生长欲望。这一限制也是自然的，无

---

① 《船山全书》第一册，第888页。
② 见金岳霖：《论道》，商务印书馆1985年版，第36页；冯友兰：《新理学》，载《三松堂全集》第四卷，河南人民出版社1986年版，第53页。

可奈何的。再下的阶段是"散灭"。衰减到极致，其基量不能接受外部给予，其生命力渐渐耗尽，只好散灭形成其他新的事物。这一对事物的总体性说明和对事物生灭诸阶段的解释，涉及气与理、内与外、度与量、出入张弛等形上话语，充满了对事物的深切体察，和富于哲学识度的思辨。

王夫之进一步说：

> 夫生理之运行，极情为量；迫其灌注，因量为增。情不尽于所生，故生有所限；量本受于至正，故生不容乖。则既生以后，百年之中，阅物之万，应事之赜，因事物而得理，推理而必合于生，因生而得仁，因仁而得义，因仁义而得礼乐刑政，极至于死而哀之以存生理于延袤者，亦盛矣哉！终日劳劳而恐不逮矣，何暇患焉！……故贱形必贱情，贱情必贱生，贱生必贱仁义，贱仁义必离生，离生必谓无为真而谓生为妄，而二氏之邪说昌矣。①

这是说，就人来说，每个人的生命，都有它的限度，这个限度，是由它本性的必然性规定的；它的生，是在这一限度内的增长；它的死，是这一限度的充其极。人在有限的生命中，要经历很多事情，有些事情是很繁杂的。人认识事物，得到它的道理；上溯其过程，推想此理，必符合人的生命活动的轨迹。因有生命，所以有仁爱，因为仁是人之为人的本质规定；有仁爱必有对它的具体实现方式，这就是义，因为义是仁的"断制"、仁的分别。有仁义之心，必有它的外在表现礼乐、刑政，因为心的内容必须实现为某种作为、制度。生死在制度上的表现就是各种养生丧死的具体仪节。可以说，丧礼、祭礼就是把人的生命活动延续久远的一种迂回的、象征的文化形式。对人的一生的评价，褒奖是人所喜欢的，贬损是人所厌恶的，所以代表人的盖棺之论的谥号受到普遍重视。从文化人类学来说，丧祭、谥名这些活动，也是有根据的、无妄的。而佛家、道家轻贱生命，侈谈出离。王夫之从人的文化获得、人禽之别的高度，对这种对待生命的愚昧态度，进行激烈批评：

---

① 《船山全书》第一册，第889页。

> 且天地之生也，则以人为贵。草木任生而不恤其死，禽兽患死而不知哀死，人知哀死而不必患死。哀以延天地之生，患以废天地之化。故哀与患，人禽之大别也。而庸夫恒致其患，则禽心长而人理短。愚者不知死之必生，故患死；巧者知生之必死，则且患生。所患者必思离之。离而闪烁规避其中者，老之以反为用也；离而超忽游佚其外者，释之以离钩为金鳞也。其为患也均，而致死其情以求生也均。[1]

尤其是人的情感活动，作为人一切活动的控御者、统率者，代表人的现实存在，是无法废弃的。王夫之把情感定义为"情者，阴阳之几，凝于性而效其能者"[2]，赋予极重要的地位。阴者，身体的自然欲望，阳者，人性之正理。阴阳之几，指生于人性、表现人性的某种身体欲望。这里王夫之对情的理解，虽有取于朱熹"性体情用，性静情动"的思想，但主要是出于对情的现实作用、其无妄的性质的肯定。

王夫之由此提出他对待生死的态度：

> 是故圣人尽人道而合天德。合天德者，健以存生之理；尽人道者，动以顺生之几。百年一心，战战栗栗，践其真而未逮，又何敢以此为妄而轻试之药也哉！故曰："先王以茂对时，育万物"，盖言生而有也。[3]

这里的天德人道，即《周易》的"天行健，君子以自强不息"。合天德，就是以健动不息的天道为效法对象，将人之所以为人者发扬光大，使生命活动极尽其光彩，从精神到肉体，都展现其辉煌。这也就是他后来重点发挥的"践形"学说。尽人道者，尊重生命，按照发于人性的真实情感去活动，保持这样的态度，终其一生。珍视生命的真实无妄，不敢违背。这也就是《中庸》的"率性之谓道"。合天德，尽人道，就是王夫之认为应

---

[1] 《船山全书》第一册，第889页。
[2] 《船山全书》第一册，第889页。
[3] 《船山全书》第一册，第890页。

该采取的"以茂对时"的态度和方法。王夫之所谓"无妄", 解释方向在此,行动的归结点亦在此。

二、"震":对动的表彰

王夫之对震卦阐发,重点与无妄不同。虽然也有批评道家的地方,但着眼点与无妄大异。在震卦的阐发中,接触到的哲学义理更为复杂深刻,其中暗含的时代关切更为激切。

王夫之首先阐明的是震卦的有主问题,这涉及事物有无主宰,何者为主宰,借以批评道家的"重为轻根""静为躁君"。王夫之先从"常"与"变"引出主宰问题,他说:

> 天下亦变矣。变而非能改其常,则必有以为之主。无主则不足与始。无主则不足与继。岂惟家之有宗庙,国之有社稷哉?离乎阴阳未交之始以为主,别建乎杳冥恍惚之影,物外之散士不足以君中国也。乘乎阴阳微动之际以择主,巧迓之轻重静躁之机,小宗之支子不足以承祧也。故天下亦变矣,所以变者亦常矣。相生相息而皆其常,相延相代而无有非变。故纯乾纯坤,无时有也。有纯乾之时,则形何以复凝?有纯坤之时,则象何以复昭?且其时之空洞而晦冥矣,复何从而纪之哉?夏至之纯阳非无阴,冬至之纯阴非无阳。黄垆青天,用隐而体不隐。……纯乾纯坤终无其时,则即有杳冥恍惚之精,亦因乎至变,相保以固其贞,而终不可谓之"杳冥""恍惚"也。且轻重、静躁迭相为君,亦无不倡而先和,终不可谓"静为躁君"也。①

这是说,天地万物皆变、皆动,变动的根据是蕴于自身中的各自的性质。性质是常,无此性质则无此事物。具体的变化是此性质在不同时空条件下的表现。常是一个事物的主宰,没有主宰,事物既不能有其开始,也不

---

① 《船山全书》第一册,第946—947页。

能有其继续。主宰无物不有，无物不然。事物之有主宰，就如家有宗庙，国有社稷。由于有主宰，事物皆处在不断的流行变化中，生灭不已是其常态，延续和替代之变化正所以表现其性质之稳定性。而老子的"有物混成，先天地生"，即主张在阴阳未交之始有一物为之主宰；其"恍兮惚兮，其中有物"，即主张有杳冥不可知之物为之主宰。由此看来，作为隐士的道家不能做中国的统御者，窃弄阴阳、玩弄机巧的道家思想，也不能做中国文化的主体。天地间绝无纯乾纯坤之时。乾主产生，坤主长养。有乾无坤，则导致有潜在之机能而无形体之支撑；有坤无乾，则导致有质地而无产生之机能。且既无乾坤，此时之空洞浩渺辽远无际无从刻画。事物初生时的即有即无、恍惚难明状态，在其发展壮大中，其"有"肯定会被贞定保留，其"无"肯定会被显现彰明。

此外，王夫之这段话还涉及一个深刻的哲学问题，即体与用、隐与显的关系。既无纯阴纯阳，则阴与阳二者共同构成本体。也就是说，本体只能是既阴又阳的，如夏至时阳气最盛，但此时亦有阴；冬至时阴气最盛，但此时非无阳。即如天地为至大之物，天与地二者中之任一物，亦不能做万物之本体。万物之本体，是天与地构成的共同体。王夫之所说的"黄垆青天，用隐而体不隐"，即是指这个道理。意为，天（青天）、地（黄垆）都是个别、具体，而天地之共同体为一般。一般为体，个别为用，在说到天时，就逻辑地包含地，此时天为显，地为隐；说到地时，就逻辑地包含天，此时地为显，天为隐。作为用的天、地，都有隐掉其对方之时，而作为体的天地共同体，则永无隐掉对方之时，永远是天地并有。故"用隐而体不隐"。这一观点，是与他以上"纯阳纯阴无时也"的思想紧密相关的，是这一思想的直接推论。从远处说，这一观点是与他的"乾坤并建""阴阳向背隐显"诸学说遥相呼应的。这是王夫之的重要义理，在他的著作中是贯穿始终的。

王夫之在以上阐述中，主张"有主"。何者为主？"动"为主。以动为主的思想，在无妄卦阐释中，已经充分表露，并以此为批评佛道的空无、虚静的根据。比如"不动之常，惟以动验；既动之常，不待反推。是静因动而得常，动不因静而载一。……一岁之生，一日之生，一念之生放于无穷,范围不过,非得有参差傀异、或作或辍之情形也"①。在对震卦的阐发中,以动为主是中心观念,其他论述,都围绕此观念展开。并以此批评老子的"重为轻根,静为躁君"。王夫之说:

> 轻重、静躁迭相为君,亦无不倡而先和,终不可谓"静为躁君"也。尝近取而验之,人之有心,昼夜用而不息。虽人欲杂动,而所资以见天理者,舍此心而奚主! 其不用而静且轻,则寤寐之顷是也。旦昼之所为,其非寤寐之得主,明矣。寐而有梦,则皆其荒唐辟谬而不可据。今有人焉,据所梦者以为适从,则岂不慎乎? ②

这是说,轻与重、静与躁皆可为君,非如老子所说。凡物皆对立而统一,如有独倡,必定先和。比如人之心,昼有所思,夜有所梦,此无息处;而欲望交攻,天理常存,此以动为主。心之活动,其静且轻者,唯睡梦之时。也就是说,以静为主,只有此时。人大量非睡梦状态的活动,皆以动为主宰。睡梦中的大量荒唐怪诞之事,是不能作为人的行为的根据的。故静不能为动之主,无不能为有之君。老子的"重为轻根,静为躁君",恰是以静为主,是与人的思想行为的实际情况相违背的。

王夫之认为,能作为万物本体的,是理与气的统合。他将此本体称为"帝"。引出"帝"这个概念,是为了切合《周易·说卦传》的"帝出乎震"和"震为长男"等说法,加强"震"的权威性、不可违抗性。王夫之在说明了静不能为主的道理后接着说:

> 夫理以充气,而气以充理。理气交充而互相持,和而相守以为之精。则所以为主者在焉。……今喑者非无言,而终不能言;痿者非无不行,而终不能行,彼理具而气不至也。由是观之,动者不藉于静,不亦谂乎? ……自其为之主以始者帝也,其充而相持、和而相守者是也。非离阴阳,而异乎梦寐。自其为之主以继者震也,其气动以充理而使重者是也。非以阴为体以听阳之来去,而异乎喑

---

① 《船山全书》第一册,第 888 页。
② 《船山全书》第一册,第 947 页。

> 痿。帝者始，震者继，故曰："帝出乎震。"又曰："出可以守宗庙社稷，以为祭主。"①

这是正面说明以动为主的必然性。作为本体的帝既非如朱熹之理在气先，也非有气无理，而是理气相互依持，相互倚赖，二者互为对方存在的根据。这个本体不离阴阳，不像梦境那样有气无理，虚浮杂乱。继本体而有，自本体一根而发者为"震"。震继承并复制了帝的性质。除了本体理气交充的性质外，王夫之这里更加重了动为主、阳为主这个方面。震的德行是动，主动者、主阳者的气可以激发主静者、主阴者的理使之动、使之发生主宰等作用。阴不能为主体，阳也不是其临时的、外在的辅助。能为万象之主的震，是理气互相依持中的动，不像暗者痿者那样理至而气不至。帝是本体，故为始；震是帝按照自己的样式产生出来的，故为继。此继肖其父母，理气完足，动以带静，故可为承祧之主。照《震·象》的说法，即"出可以守宗庙社稷，以为祭主"。这里需要注意的是，《说卦传》中的"帝出乎震"，是"帝"由震生出，其根据是"万物出乎震，震，东方也"。按照朱熹的解释，"帝者，天之主宰"②，帝代表天地万物，而东方为事物开始之地。故帝由震生出。而王夫之的解释与此相反，是"帝"生出震。在王夫之的思想中，代表万物本体的"帝"是最高的，它不能由别的东西生出，它的基本思想是"乾坤并建"，即作为本体的天地生出其余六十二卦，震是其中之一，当然是"帝生出震"了。帝生出的震继承了帝的全部性质，特别是阴阳互倚中阳与动的首出地位。

王夫之继而从《说卦传》的"震为长男"及父子承继关系来说明这一道理：

> 尸长子之责，承宗社之大，盖其体则承帝而不偏承乎阴阳，其用则承乾而不承坤。何也？坤已凝而阳生，则复是已，是人事之往来也。未成乎坤而阳先起，则震是已，是天机之生息也。复为人事

---

① 《船山全书》第一册，第947—948页。
② 见朱熹《周易本义》，第199页。

之改图，故屡进而益长；震为天机之先动，故再震而遂泥。帝不容已于出，而出即可以为帝，故言不言、行不行，动静互涵，以为万变之宗。帝不容已于出，故君在而太子建；出即可以为帝，故君终而嗣子立。受命于帝而承祚于乾，故子继父而不继母；理气互充于始而气以辅理于继，故动可以为君而出可以为守。借曰坤立而阳始生以为震，因推坤以先震，立静以君躁，则果有纯坤之一时也。有纯坤之一时，抑有纯乾之一时，则将有未有乾、未有坤之一时。而异端之说，由此其昌矣。①

"尸长子之责"，指《易·说卦传》所谓乾坤为父母，震为长男之说。长男承嗣了帝的性质，其体则理气交充，阴阳至足，无有或偏；其用则偏承乾父，以动为主。复卦承坤母，六阴尽而阳生，但复卦多象征人事之否尽泰来，非若震卦多象征天地万物之动的生机之不容已。但震为雷，迅雷之初震轰然势大，将散则缓而弱。震卦九四为再震之象，故有缓弱泥滞之意。作为本体的帝则理气交充，动静互涵，始终健动不已。震为帝之长子，帝在则为储君，帝殁则继帝而立，为万物主。其为帝则彰显其理气调谐之性质，其为继则主要彰显以动为主、以气辅理的性质。故"动可以为君而出可以为守"。王夫之认为，老子就是因为先立一虚静之本体，故以静为动之主，以无为有之宗，不但导致理论上的有阴无阳、有坤无乾之时之存在，实践上也会出现弱丧、退守的结果。王夫之因之强调动的作用：

> 震承乾而乾生于震。震之出于帝，且与乾互建其功而无待于乾，奚况于坤之非统而何所待哉？是故始之为体，则理气均；继之为用，则气倍为功而出即为守。气倍为功，则动贵；出即为守，则静不足以自坚矣。建主以应变者，尚无自丧其匕鬯夫！②

这里"不丧匕鬯"切震卦卦辞"震惊百里，不丧匕鬯"，指震之盛者，百里皆惊。以此所象征之动为主而后感奋兴起，则可不失宗统之祭。这是王

---

① 《船山全书》第一册，第 948 页。
② 《船山全书》第一册，第 949 页。

夫之对震的主宰地位的总结性说明。震出于帝，因而阴阳不偏废；震承于乾，因而在阴阳两者中更加强调动的主宰、统御作用。此中王夫之明确说坤非正统，即否定了道家"有生于无""静为躁君"之说。他强调的是，离开了本体的理气互充，动静互涵，就没有其生出者、继起者。而动静互涵中，更要重视动主宰静、激活静、带起静的主导作用。王夫之这里大张"动贵"之义，主张以动为主、以气带理，建立此原则作为应对一切的准则，这样才能尽宗子承祧之责，延续家国之慧命。

王夫之晚年在《内传》中，在对震卦何以"出可以守宗庙社稷，以为祭主"的解释中，对此义有更加深入的阐发：

> 凡人之情，怠荒退缩，则心之神明闭而不发，自谓能保守其身以保家保国，不知心一闭塞，则万物交乱于前，利欲乘之，而日以偷窳。唯使此心之几震动以出，而与民物之理相为酬酢而不宁，然后中之所主御万变而所守常定。孟子之以知言养气而不动其心者如此。嗣子定祚，而孽邪之党自戢，乃保其国而为神人之主，亦此道也。①

此中对震卦震动人心，使之醒觉奋励，免于荒怠退缩之意特别加以提揭。对当时一世人心皆晦否闭塞，物欲充塞，偷惰沉沦，不能奋发的现状心怀殷忧，主张有大震动，大刺激，大醒觉，然后心有主宰，历万变而常定。他的理想是既有震动、奋励之心，又重视物理、民事，两者相得益彰，理有心的震动而被激活，心有理的镇抚而避免狂荡，而动的、激励的心常为主这样的状态。这就是心与理"相为酬酢而不宁"。王夫之向往的是孟子知言养气得到的心有常主、心有大勇、屹立不动的大丈夫精神，认为是此时纾国难，扶倾圮，定人心，戢觊觎，振刷纲常，重建中华文化的当务之急。

在《内传》对震卦象辞"洊雷震，君子以恐惧修省"一句的阐发中，王夫之也说：

---

① 《船山全书》第一册，第413页。

> 君子之震，非立威以加物，亦非张皇纷扰而不宁，乃临深履薄，不忘于心，复时加克治之功，以内省其或失，震于内，非震于外也。内卦始念之忧惕为恐惧，外卦后念之加警为修省，象洊雷之迭至。①

"洊雷"者，频来之雷。震内外卦皆震，故有"洊雷"之象。面对迭至之雷，王夫之想到的仍是雷的震醒人心的作用。人心之醒，就能安定意志，反省政治上、文化上、人心上的得失，纠正造成亡国惨祸的诸多不足，变初始之忧惧恐慌为复来之修省警惕。这是甲申国变后国人何以自处的一个良方。

《内传》在解说震卦卦辞"震，亨，震来虩虩，笑言哑哑，震惊百里，不丧匕鬯"时也畅论此意说：

> 时方不宁，而得主以不乱，虽惊惧而必畅遂，当勿忧其可惧之形声，而但自勉于振作。……人莫悲于心死，则非其能动，万善不生，而恶积于不自知。欲相昵，利相困，习气相袭以安，皆重阴凝滞之气，闭人之生理者也。物或以因而任之，恬而安之，谓之为静，以制其心之动，而不使出与物感，则拘守幽暧而丧其神明，偷安以自怡，始于笑言而卒于恐惧。甚哉，致虚守静之说，以害人心至烈也！初几之动，恻隐之心介然发于未有思、未有为之中，则息与欲划然分裂，而渐散以退。……王道尽于无逸，圣学审于研几。震之为用，贤知所以日进于高明，愚不肖所以救牿亡而违禽兽。非艮之徒劳而仅免于咎者所可匹矣。②

在此国家甫亡、民皆疑惧之时，以"不丧匕鬯"安定人心，谋求兴复之道，以"震惊百里"震破疑惧，发起信心，以为处国难之主，则能自勉而振作。此时最需要的是信心与行动。故就占易、学易而言，震、巽所代表的能动与介入最合时需，而与艮、兑所代表的止而不动、能言而不能行绝

---

① 《船山全书》第一册，第413页。
② 《船山全书》第一册，第411页。

然不同。①前者所显现者为天地之动能，后者所显现者为万物融结之静态定体。故君子虽可效法此四者立体、致用，但当此天崩地坼、独握天枢与之争衡之时，动与入最为当务之急。定静与畏止是最应摈除、最可批评的。故王夫之这里大力抨击"心死"对人的能动性的否定。心死之人，其作为人的最本质的规定——能动性被放弃，人的各种善的基础因而丧失，恶行于不自觉间潜滋暗长，人为利欲所困，为习气所袭。此皆重阴凝滞之象，亟需大震动、大兴起、大洗刷。老子的至虚守静之说，使人自我因循，自我躲避，自我销铄，恬然安之而不思进取，丧失了勇敢担当，奋励行动的气概。在明朝宗社虽墟，但仍投身于兴复之业的王夫之看来，老子的主静、主无的学说恰是"拘守幽暧而丧其神明"，是为"偷安以自怡"树立理论根据。故在明清之际需要激励奋迅的行动精神的时代要求下，老子的致虚守静之说害人至烈！这就是王夫之亟亟表彰行动、表彰介入，亟亟批评老子之用心所在。他将震之卦辞"震，亨"解释为"天下之能亨者，未有不自震得，而不震则必不足以自亨也"，他赞成朱熹《周易本义》说"震有亨道"②，也就不难理解了。

---

① 见《周易内传》之巽卦中对此四卦卦德的解说，《船山全书》第一册，第453页。
② 见《船山全书》第一册，第412页。

第十二章

大有卦诠释与南明政治

　　大有在王夫之诸卦解释中有重要地位。在写于明亡不久的《周易外传》和晚年的《周易内传》中，对大有的阐发皆包含许多精微的思想，其中曲折地反映出他对明代一些重要政治问题的反省。王夫之的大有诠释暗含以下几个方面的现实关切：其一，处于弱小、疑阻之地的南明君臣何以自处；其二，明亡后儒者应否隐遁及如何隐遁；其三，肯定和颂扬"有"，褒扬"有"的本体地位、主体地位，借以阐发他在哲学本体论上的重要见解。这些观点代表王夫之作为一个有民族气节、文化担当的哲学家对当世和未来所作的深切思考。

一、弱君如何御强臣

　　王夫之的大有阐释从解说卦辞"大有，元亨"开始。在《周易内传》中，王夫之说：

> "大有"者，能有众大。大谓阳也。六五以柔居尊，统群阳而为之主，其所有者皆大，则亦大哉其有矣。"元亨"者，始而亨也。群阳环聚，非易屈为己有，而虚中柔顺以怀

集之，则疑阻皆消，而无不通矣。此象创业之始，以柔道通天下之志，而群贤来归，速于影响，始事之亨也。众刚效美于一人，乾道大行，故有乾"元亨"之德。①

王夫之认为，"大有"的意思是能够保有众大。大指众阳而言。大有五阳爻，只有六五一阴爻。阴爻而居尊位，象征懦弱之君。懦弱之君何以宰执强梗难御之臣？王夫之的答案是，虚中柔顺，善体下情，以此消除臣下的怀疑、阻滞之心，才能使群臣统于自己之下而为之主。也就是说，主上之所以亨通，是因为得到众多能者的辅助。《内传》将此总结为"以柔道通天下之志"，并点明此为创业之始最重要的原则。

同样的意思王夫之在对同人卦的解释中也表露得很清楚。同人卦也是五阳一阴，不同者在大有为六五，同人为六二。依一以统众之释例，同人亦可象征君臣关系。在解释卦辞"同人于野，亨，利涉大川"一句时，王夫之说：

"同人"者，同于人而人乐与之同也。刚者，柔之所依，一阴固愿同于众阳；柔者，刚之所安，众阳亦欲同于一阴。凡卦之体，以少者为主。二者，同人之主也。柔而得应，无离群孤立之心，而少者，物之所贵而求者也，则五阳争欲同之矣。"于野"者，迄乎疏远，迫乎邱民，皆欲同之之谓。为众所欲同，其行必"亨"。柔非济险之道，而得刚健者乐于同心，则二之柔既足以明照安危之数，而阳刚资之以"涉大川"，必利矣。②

意思是同人卦的精义在于，只有乐同于人者，人方乐与己同。以君臣言，二者为相倚关系，君为臣之所依，臣为君之所倚。同人仅六二一阴，虽属劣势，但为众阳所求，故虽危而安。同时六二与九五相应，表示其无离群孤立之心而为众阳所拥戴。于是君臣同心，一体固结。"同人于野"者，象征君主不仅得到众臣的拥护，而且得到草野百姓的拥护，故其行必然通

---

① 《船山全书》第一册，第162页。
② 《船山全书》第一册，第155页。

顺。二之阴柔虽不足以自拔于险难，但得到众多刚健者的同心拥戴，君民共济，大川可涉。王夫之这里强调的是，君臣一心，君民一心，互为依倚，则险难可济。

但他同时指出，所谓"同人"，不是乡愿之同，而是君子之同。君子之同者，非容悦诡随，一味迁就，或以利而合，丧失道义。"同人"须以义为原则，在义的前提下求同。故王夫之说："君子之利，合义而利物也，非苟悦物情而所欲必得之谓也。"[1]

在对同人彖辞"同人，柔得位，得中而应乎乾，曰同人"一句的解释中，王夫之也对此意加以强调：

> 具此三德，故人乐得而同之。二正应在五，不言应刚而言乾者，人之志欲不齐，而皆欲同之，则为众皆悦之乡原矣。唯不同乎其情之所应，而同乎纯刚无私之龙德，以理与物相顺，得人心之同然而合乎天理，斯为大同之德，而非苟同也。[2]

所谓"三德"，指得位、得中、与乾所代表之天相应。王夫之特别指出，三德中之应乎乾最为重要。因为乾代表天，应乎乾即主动将自己纳于天道天理的约束之下，以天理为自己行为的范导。具体到"同人"，无天理规范的攒聚，则陷于无原则之滥交，则为取悦众人的乡愿。只有以天理物情为原则的交往，才是君子之交。

在解释同人彖辞"文明以健，中正而应，君子正也。唯君子为能通天下之志"一句时王夫之也指出：

> "文明"非暗私之好，刚健非柔佞之交，君子之同，同于道也。同于道，则"能通天下之志"，而天下同之。小人之所以同天下者，苟以从人之欲。而利于此者伤于彼，合于前者离于后，自以为利而非利也。[3]

---

[1] 《船山全书》第一册，第156页。
[2] 《船山全书》第一册，第156页。
[3] 《船山全书》第一册，第157页。

"文明以健"指同人离下乾上，离明而乾健。"中正而应"指六二居下卦之中，而与九五相应。故"文明以健，中正而应"指同人之六二。此中六二为一卦之主，象征君。王夫之此段解说对君主之如何得臣、得众提出了基本原则：君子之同，非小人之同；同于道，而非同于利；无私之同，而非怀私之同。君子之同，不同于乡愿之同。乡愿之同，是无原则的诡随、讨好以求合于时风众势。君子则独立不倚，一以道义为归；不徒求合于人，而求合于道。不求附于己者多，而求合于己者正；不是出于私己之利益求合于众，而是出于道义之责任，求合公众之利益。王夫之在这样的高要求下，提出了君主何以提高辨别能力，既最大限度地团结同人，又严守道义，不与小人同流合污，这就是他在解释同人象辞"天与火，同人，君子以类族辨物"时所说的："火在天中，以至虚含大明，明不外发，而昭彻于中。人之贵贱、亲疏、贤愚，物之美恶、顺逆、取舍，无不分以其类而辨其情理，则于天下无不可受，而无容异矣。大明函于内，而兼容并包，以使各得明发于外，宪天敷治，而赏善惩恶，以统群有。存发之道异，上下之用殊，同人、大有，君子并行而不悖也。"[①]

同人象辞仍就内外卦所象征的事物着眼。离下乾上，象征火在天中。火者，明昭；天者，太虚。故火在天中即"至虚含大明"。王夫之就此义发论：至虚含大明，故无有障蔽，中之明照彻于外，人与物之性质、功能、互相关联、价值秩序等各个方面皆别辨清晰。因中心虚廓无室，故天下物皆一体容受，无有隔碍；因"大明函于内"，明察人与物之美恶、长短，故能兼容并包。明在天中，又表征智慧以天理为根本准则。在此准则约束下，君仁臣忠，众人效命，以成大美之治。王夫之还提出，同人与大有，前者主联合志同道合者，敷施发用，后者主积累致大，立于不败之地。故两者可以兼取为用，并行不悖。

从这里的解说可以看出，王夫之在南明政权偏安一隅，势危力弱，但又君臣猜忌、党争激烈之时，主张君主虚怀明睿，广泛容受各种不同政治势力和利益集团，和衷共济；臣下则各思报效，展其才情为君所用，而

---

① 《船山全书》第一册，第157页。

又赏罚分明，建设好的政治秩序。王夫之特别强调象征积蓄力量的大有与象征和衷共济的同人并行不悖，就是欲在清兵已经控制大局，南明政权苟延残喘于东南一隅的情况下，内部团结一心，消除党争之害，积聚力量，以图后举。而欲达此目的，永历帝的"大明"即虚怀能容、明察形势最为关键。

但王夫之又根据现实政治中君主暗弱，威势不足，为权臣悍帅所劫的现实情况，强调君主不仅要虚中柔顺，明察形势，还要树立威权，刚猛行政。故王夫之认为，与乾之"元亨利贞"四美皆具相比，大有之"元亨"尚未达圆满之境，尚有不足，此不足即在主政者缺乏威势与激厉迅奋。王夫之说：

> 众刚效美于一人，乾道大行，故有乾"元亨"之德。而不言"利贞"者，无刚断以居中，未能尽合于义，能有众善而不能为众善之所有，则不足以利物。柔可以顺物情，而不能持天下之变，泛应群有，未一所从，则其正不固也。①

王夫之不满大有卦之整体势用者有二：其一，大有六五以阴居刚断之位，有窃居阳位之嫌，此不合《周易》阳刚阴柔、阳主阴从之义。其二，阴不能长居君位而持天下之变。阴虚中柔顺以怀集众阳，消其疑阻，皆事物初始之义。而事物逐渐壮大之时，非阳刚做主行权不能善终。阴初始可以柔顺下人而为众阳所拥戴，但在逐渐壮大的长过程中对复杂事变之应对，则非阴柔所能办。阴柔在顺应物情上有其长，而在应对大事变、驾驭大波澜上常刚断不足，故必渐渐失去众人之心，拥戴变为疑阻。这一点王夫之下面一段话说得很清楚：

> 此卦之德，王者以之屈群雄、绥多士，致万方之归己；而既有之后，宰制震叠、移风易俗之事未遑及焉。君子以之逊志虚衷，多闻识以广德，而既有之余，闲邪存诚、复礼执中之功犹有待焉。盖下学之初几，兴王之始事也。是以六五虽受天佑，而致"易而无备"

---

① 《船山全书》第一册，第162页。

之戒焉。①

王夫之的这一补充实含深义。众刚效美于一阴，在王夫之看来并非常道。他肯认的是阳刚做主，众阴听命。九五之尊，不容阴长期窃居。众阳效美于阴，乾道藉以大行，只是权宜之计，不能长久。常道须阳刚居中，阴柔顺从。故虽能主持于一时，但不能长久居领袖地位。这也就是大有卦辞为何不像乾那样直言"元亨利贞"而仅曰"元亨"的道理。

这里王夫之除了表达出对永历政权恨铁不成钢的心理情感之外，还透显出一个重要的情结预设，即他一贯反对的女主、夷狄为天下主。虽然大有就卦德、卦才来说是很好的，但以阴为众阳之主，虽"大有"而仍有缺憾，故判之为"未能尽合于义"。"能有众善而不能为众善之所有"，亦暗含众阳终不能雌伏于一阴之下俯首听命，终将有所作为而冲破阴主之抚有之意。

二、君子隐遁之道

王夫之大有诠释的第二个要点在对明亡之后士人何以自处这一重要问题的讨论。这个讨论是借对大有初九的解说展开的。王夫之在解释初九爻辞"无交害，匪咎，艰则无咎"一句时说：

> "无交"之害，岂有幸哉！然而可免于咎，则何也？无托而固，不亲而免谪者，其唯阳乎！处散地而自保，履危地而自存，遁迹于恩膏之外，傲立于奔走之交，自有其有者，义不得而咎也。②

无交者，远离六五权力中心，孤立而不亲，无有可依托之人；置身于隐微之地，恩惠不被及，又不愿攀援上交，诚弱小无援、不为人知之时。此种形势，可谓艰矣，而艰则无咎。有为之人，处此艰危之地，自我挺立，坚韧不拔，自养其志，自培其能，不希求私幸，不奔走权门。全凭一己之力

---

① 《船山全书》第一册，第 162 页。
② 《船山全书》第一册，第 860 页。

独立撑持，以克时艰，以待天命之转。这是王夫之所持的儒家士君子处艰危的态度和方法。

王夫之又指出，在此艰危形势下，士人容易走入另一极端：傲岸自得，不为君用。王夫之主张，在清平之世，应该遵循孔子"邦有道，不废"之义，出仕任事，不做严光、周党之类的隐君子，不为世用，徒博高名。①所以王夫之在解说初九象辞"大有初九，无交害也"一句时说："当大有之世，而居疏远自绝之地，则害君臣之义"②。意为，"大有"之世为治世，明君理国，正人臣大有为之时。即使在艰危不利出仕之时，亦不能放弃儒者的操守。王夫之对遁卦的解释，颇可表明此种志向。如在解释遁卦卦辞"遁亨"时，王夫之说："遁亨者，君子进则立功，退则明道，明哲保身，乐在疏水，于己无不亨；而息玄黄之战，以勿激乱，且立风教于天下，而百世兴焉，于天下亦亨矣。"③这是说，君子审时度势，可以出仕亦可以遁世。出者建文治武功于当世，遁则明哲保身，栖于山间林下。遁是为了息争斗，远乱离，不徒为保身家性命。故遁非高眠林泉，无所事事，而是息影人间，另图大事，暂退一步，以待启动。在王夫之看来，这样的隐居，是以退为进，以隐为显，从道义上说是尽伦尽制的，是行道的一种曲折表现。这样的遁世才能为后世立风教之榜样。另外，此种隐遁，是潜龙勿用，苦志锻炼自己，故在隐遁中仍须履礼行义，如出仕建功时一样。他反对的是庄子笔下的隐士，此种人抛弃士人应尽的社会义务，可以说是不见大道的一曲之士。王夫之说：

> 消心于荣宠者，移意于功名；消心于功名者，移意于分义。大人以分义尽伦，曲士以幽忧捐物，古有之矣。道之所不废，则君子亦为存其人焉。然而礼者自履也，行者自型也。合天德之潜龙，行可见之成德，其庶几焉。若夫土木其形，灰槁其心，放言洸瀁，

---

① 此二人事迹具见《后汉书》（简体字本）卷八十三，中华书局2005年版，第1865—1867页。
② 《船山全书》第一册，第164页。
③ 《船山全书》第一册，第290页。

> 而托于曳龟逃牺之术，以淫乐于琴酒林泉，匪艰而自诧其无交，披衣、啮缺之所以不见称于圣人。①

这一段话大有深意。王夫之认为，在乱世保持名节，实大不易。在小人当权、大道不通之时，忠臣可以抛弃朝中之荣宠，而寻求立功异域，扬名疆场。如果此亦不可得，则暂时隐居。而隐居是权宜之计，不得已之选择。君子隐居不是逃离人世，可以任意放纵自己，而是隐居之时仍不废伦常位分。此时之位分，主要是君臣之分。不忘君臣之义，不忘对国家应尽的义务，时时准备待机而出，以图报效。这就是王夫之的"大人以分义尽伦"。大人者，儒家士君子之人格；分义者，其职位名分所当尽之义务。尽伦者，尽此伦常关系中所要求于人臣之义务。只要大道尚未彻底崩解，士君子即抱剥时争复、否时争泰之志，不消极沉沦，不绝望放弃。此时士君子应以乾卦之"潜龙勿用"以图"见龙在田"为指导自己行为的方针，隐居但履行应有的行为规范，以慎独自我约束，不自我放逸，不自甘堕落。王夫之鄙夷在国家危难时逃避义务，为保身家性命而视弃君臣之伦如弃敝屣的士人。至于《庄子》笔下被衣、啮缺那样的隐士，更为王夫之所不屑。因为这样的隐士，在国家清平时即放弃对国家、民族的责任，逃世自得其乐，隐居于山间林下，琴棋诗酒遣日，并以此自高、以此夸耀。这样的隐士是儒家所不赞许的。

在《周易内传》对遁卦"遁之时义大矣哉"一语的解释中王夫之也说：

> 遁非其时，则巢、许之逃尧舜，严光、周党之亢光武也。非其义，则君臣道废，而徒以全躯保妻子为幸，孟子所谓小丈夫也。非精义乘时者，无由以亨。②

王夫之认为，隐居一道，古今皆有。但隐居有时、有义。巢父、许由亦被衣、啮缺一类人物，其隐居即不合时宜。因为尧舜之时是盛世、治世，有

---

① 《船山全书》第一册，第860页。
② 《船山全书》第一册，第291页。

才而不为盛世所用，不以一己为世事尽力，不属逃避便属自私，为君子所不道。而严光、周党一类人，其隐居不但不合时宜，亦不合君臣大义。皆孟子所斥之小丈夫。王夫之反复强调，"遁之时义大矣哉！"非义精仁熟而又善于驾驭时机者，是不能做到进退有据的。

王夫之借《周易》对隐遁之义的阐发有取于程颐。《程氏易传》在对"遁之时义大矣哉"一句的解说中说：

> 遁者阴之始长，君子知微，故当深戒，而圣人之意未便遽已也，故有"与时行，小利贞"之教。圣贤之于天下，虽知道之将废，岂肯坐视其乱而不救？必区区致力于未极之间，强此之衰，艰彼之进，图其暂安。苟得为之，孔、孟之所屑为也。王允、谢安之于汉、晋是也。若有可变之道、可亨之理，更不假言也。此处遁时之道也。①

这段话代表程颐对小人道长之时君子的应对之策。意思是，君子于此种苗头初萌时即应及时觉察，而深有戒备。不特此也，君子在大道将废之时，必不肯仅全身自保，而思救此危局。当危难浓重之时，救治的办法是不使危难达于极点，力图使君子衰弱之力转强，设置障碍遏止危难扩大。假使能图得一暂安局面，君子并不放弃。比如王允之于汉末之危局、谢安之于东晋之危局，皆勉力使之小安以争取扭转大局的有利时机。遁卦所讲的，是小人势焰正炽君子宜于遁避之时。处此之道，不能消极退避，而要积极挽救。须不舍小善，点滴积累，积渐成大，扭转危局。

程颐这种识见为王夫之所吸取。他在周易阐发中大力表彰君臣大义，贬斥为保身家性命而隐居，就是号召知识分子在明已亡而南明尚在苟延残喘时，积极投身于反清斗争，力图恢复明朝。即使明朝不能兴复，也不为新立的清朝做事，宁可隐居著书。王夫之坚信中华文化不会亡于夷狄之手，坚信中华文化将来必定重光。王夫之对隐遁之义的阐发，表现出高尚的民族气节和为延续文化命脉而做的切实努力。

---

① 《二程集》，第 866 页。

三、对佛道体用论的批判

王夫之《大有》卦诠释的第三个方面在对"有"的肯定、礼赞，藉以对佛道张扬的虚、无进行批评。这也和他总结明亡教训，树立以有为哲学的出发点和思想基础，建立主动、健实的文化基调这些重要问题有关。

在大有卦的阐发中，王夫之首先提出了"体用胥有而相需以实"这一著名命题。他说：

> 天下之用，皆其有者也。吾从其用而知其体之有，岂待疑哉？用有以为功效，体有以为性情，体用胥有而相需以实，故盈天下而皆持循之道。故曰：诚者物之终始，不诚无物。①

这一段大有深意的话，表达了王夫之在哲学本体论上的几点重要见解。其一，王夫之认为天下皆有，即世界上所有的事物都是实在的物质性存在。换言之，只有物质性的存在才判其为有。其他想象的、推论的思维中的有皆不名其为有。这说明王夫之沿用了中国哲学的经验性、实证性的思维方式，只以耳目感官能经验的事物为实有。王夫之就此意论证说：

> 何以效之？有者信也，无者疑也。昉我之生，泊我之亡，祖祢而上，子孙而下，观变于天地而见其生，有何一之可疑者哉？桐非梓，梓非桐；狐非狸，狸非狐。天地以为数，圣人以为名。冬不可使炎，夏不可使寒，参不可使杀，砒不可使活。此春之芽孽彼春之苗，而不见其或贸。据器而道存，离器而道毁。其他光怪影响、妖祥倏忽者，则既不与生为体矣。不与生为体者，无体者也。夫无体者，唯死为近之。不观天地之生而观其死，岂不悖与！②

这是说，有与非有的判定一以经验为准。经验验证其为有者，即为有，否则为无。就人而言，其生其死，其来源，其归宿，皆为可验证之事，皆无可怀疑的真实存在。每一实存之物皆有其性质，此性质皆可经验。天地以

---

① 《船山全书》第一册，第861页。
② 《船山全书》第一册，第861页。

此为自己实在性的展示，人以此为给事物命名的根据。事物的性质是恒定的、可知的，人以此判其为有。具体事物是器，道是人的思维对事物的抽象。有器方有道，无器则无道。一切光怪陆离、恍惚影响者，皆是人对事物的歪曲认识，皆不是实存事物的真实反映，皆非实在性的存在。现实生活中一些以虚为实的处理和对待，是人出于情感的需要的特殊安排，而非真以其为实在。如祭祀中好像听到被祭的人的叹息之声[①]，是心中的深爱和心理希求所导致的错觉；以其为实有，不过为了培养祭者的爱与敬而已，非有实在性。而《庄子》中描写的入水不溺、入火不热的所谓神人，不过文学上的想象描述，亦非有实在性。不过王夫之站在儒者的立场，认为儒者的以无为有有其正面意义，而庄子的以无为有所带来的只是虚浮的影响而已。

其二，王夫之的本体论主张由用见体，故体用胥有。本体一概念，歧义颇多。从王夫之各处的不同说法综合来看，他是将本体定义为可经验的现象的承担者。现象是实在的，所以本体也是实在的。本体的实在性由现象的实在性加以证明。当然王夫之的"体"概念不同于西方哲学的实体、本体概念，更非康德意义上的与现象相对的物自体。故没有现象现而不实，实体实而不现之义。王夫之所谓体是中国哲学重经验、轻思维，重感官当下呈现，轻逻辑推理这一思维方法的产物。所以王夫之所谓体虽然由抽象而得，但是不离当下经验的抽象，故判体与用皆有。体之有由用之有证明，或者说体之有即用之有，故"体用胥有而相需以实"。在体用二者中，知用之有，是由其现实的功用而知。知体之有，是由其可以遵循的性质和规律而知。性质是稳定的、一贯的、独特的、不可替换的本质，功效是性质之可感的、产生现实效用的外在表现。二者互相证明对方的存在，故"体用胥有而相需以实"。由于事物的实在性、可经验性及现实功用性，故可以为人所认识、掌握、利用。此即持循之道。持者执持，循者遵循。持循即可以为人所掌握，为人所遵循，由此给人带来现实效用。此

[①] 王夫之"圣人之于祭祀，于无而聚之于有，以遇其忾息"是对于《礼记·祭义》："祭之日，入室，僾然必有见于其位；周还出户，肃然必有闻乎其容声；出户而听，忾然必有闻乎其叹息之声"的化用。《祭义》文见《礼记训纂》，中华书局1996年版，第702页。

皆实际存有的事物的性质，恍惚影响虚浮不实的东西则不可掌握，不可遵循，因而非持循之道。

第三，王夫之以有为诚，为物之终始。此意本于《中庸》"诚者物之终始，不诚无物"一语。诚本来表示人之诚实、诚信不欺。思孟学派和《易传》皆将其作为哲学范畴。孟子和《中庸》以天道为最大的诚体，言"诚者，天之道也；思诚者，人之道也"。宋代周敦颐特别突出诚的实体性，言"诚者，圣人之本。大哉乾元，万物资始，诚之源也。乾道变化，各正性命，诚斯立焉，纯粹至善者也"（《通书·诚》）。认为天道即诚体，万物之性质皆取给于天道诚体，诚是万物之源。万物之运动变化，万物之性质及与他物的联系，皆在天道诚体中实现；万物之存在、性质及其运动之总和即诚。天道诚体从价值上说即至善，即一切具体事物的最高准则。王夫之在《张子正蒙注》和《读四书大全说》诸书中皆有以诚为实理者①，但在大有卦的阐释中，为了突出有的实在性，突出体用一如，体用互为依持、互相证明其有之义，王夫之以物质性的实有之全体为诚，亦即以天道本体为诚，引《中庸》"诚者物之终始，不诚无物"即重言表明此意。

王夫之进而认为，大有诸爻辞都可说明"有"之基础地位、根本地位。他特别发明九二象辞"大车以载，积中不败"之义：

> 《象》曰"大车以载，积中不败"，盖言有也。阴阳之理，建之者中，中故不竭；行之者和，和故不爽。不爽不竭，以灌输于有生。阳行不息，阴顺无疆，始以为始，中以为中，迭相灌输，日息其肌肤而日增其识力。故稚之与壮，壮之与老，形三变而神三就。由其并生，知其互载，则群有之器，皆以道为体者矣。故形非神不运，神非形不凭。形失所运，死者之所以有耳目而无视听；神失所凭，妖异所以有影响而无性情。车者形也，所载者神也。形载神游而无所积，则虚车以骋于荒野，御者无所为而废其事，然而不败者鲜矣。故天地之贞化，凝聚者为魂魄，充满者为性情。日予其性

---

① 参见《张岱年全集》第四卷，河北人民出版社1996年版，第557页。

情，使充其魂魄者，天之事也。日理其魂魄，以贮其性情者，人之事也。然后其中积而不可败矣。①

王夫之发挥大有九二爻辞的意思，认为大车载货以行，则其中有积存，有积存则可行远而不败。其中的关键在有积。就天地来说，万物可以概括为阴阳二者。而阴阳平衡则中，能贯彻阴阳平衡之理则和。阴阳平衡，则物不枯竭，不爽失。将中和之阴阳本体灌注于事物之上，则事物符合其本性。此时阳为健，阴为顺，万物靠阴阳平衡而生长发育。就人来说，精神为阳，肉体为阴，靠着阴阳，人不断壮大其身体，增进其识力。形载神，神统形，形神互相依持。无形体则神无物质之依凭，无精神则形体不能自运。一阴一阳为道，故万事万物皆与道为体。人的形体为车，人的精神为车运载之货物。若车载之物无所积，则如空车驱驰往来，失所以为车之义，败所以为车之事。人与天地万物一起运化，有物质性的肉体，也有精神性之性情。天之事，在不断予人以养分，以长养人之肉体与精神；人之事，在不断接受天给予之养分，以滋养自身。此养分之积聚，为人的生命活动的基础。此即"大车以载，积中不败"在人的生命活动上的启示。王夫之这里要说的，无非是"有"的重要性、基础性。离开了"有"，则一切无从谈起。

王夫之用这种看似简单、迹近常识的论证所要达到的目的，却是一个沉重的、复杂的论题：对佛道所张扬的核心理念——虚无进行抨击。紧接上引之文字，王夫之说：

> 老子曰："三十辐共一毂，当其无，有车之用。"夫所谓"无"者，未有积之谓也。未有积，则车之无即器之无，器之无即车之无，几可使器载货而车注浆？游移数迁，尸弱而弃强。游移数迁，则人入于鬼；尸弱而弃强，则世丧于身。息吾性之存存，断天地之生生，则人极毁而天地不足以立矣。②

---

① 《船山全书》第一册，第861—862页。
② 《船山全书》第一册，第862页。

自老子唱守柔谦下、懦弱不争、柔弱胜刚强之宗旨，与欲取先与、知白守黑的负的思想方法，经庄、列及各时代道家的推阐发挥，对中国哲学的发展产生了巨大影响。至宋明理学，吸收了佛道两家的本体论、修养方法，创造出中国哲学的新格局，深刻影响了中国文化的各个方面。王夫之要总结明朝灭亡的教训，为未来中国文化的重建奠立刚强、健实、昂扬奋发的基调，所以对佛道两家及儒家中迹近佛道的思想理论进行不懈的批评。在《周易外传》《尚书引义》等"六经注我"的著作中，借古代典籍中的相关话题对佛道两家进行抨击的可说俯拾皆是。在此段话中，他主要借"大车以载，积中不败"中崇尚有、立基于有的思想抨击老子关于无的本体论。王夫之用来作为靶子的《老子》第十一章"三十辐共一毂，当其无，有车之用。埏埴以为器，当其无，有器之用。凿户牖以为室，当其无，有室之用。故有之以为利，无之以为用"，最为显豁地说明了老子以无为本，无胜于有的哲学宗旨。

  在王夫之看来，老子的"无"，即大有卦的"未有积"。一切事物以有为基础，为功用所以发生的实体。未有积之无，则抹杀一切事物的存在与功用，事物本身的确定性、规律性亦皆不可见，一切与人类生存发展相关的活动都将无从谈起。所谓"游移数迁"，指从车到器、室的喻物转换；而其转换，说明的无非是一个意思：无比有更根本，更有效。故须守弱弃强。其"人入于鬼"，指《老子》七十六章："人之生也柔弱，其死也坚强。草木之生也柔脆，其死也枯槁。故坚强者死之徒，柔弱者生之徒。""世丧于身"，指举世皆如有丧在身，语出《老子》三十一章："吉事尚左，凶事尚右。偏将军居左，上将军居右。言以丧礼处之。杀人之众，以悲哀泣之，战胜以丧礼处之。"王夫之的意思是，按老子所说，强者属于死一类，弱者属于生一类。守弱弃强，则人入于鬼，举世皆如有丧在身。王夫之中年以后有《老子衍》《庄子解》《庄子通》诸书阐发老庄奥义，对道家多有同情之理解。但此时明亡不久，南明永历政权尚存，奔涌、激荡于王夫之胸中的，是对明亡的一腔怨愤，故对导致明亡的思想上的种种弊端，特别是士人的畏葸、萎靡、为功名利禄而忘掉国家等多所抨击，尚不暇对老庄思想中的诸多合理之处从容发挥。他是把老子当作中国哲学中消极退守、不敢作为、冲虚寡淡等精神方向的总符号来批判的，尤其对王龙溪的四无说所代表的虚无、冲淡进行攻击是他此时不能忘怀的心结，故不免于激愤之气。在此种激愤情绪下所作的哲学批评不免于简单和粗略，但后人须体察其不得已之苦心，勿以对佛道缺乏同情甚或简单粗暴视之。

王夫之这段话也标揭出他作为儒者所崇奉的最高价值理想：成性存存，生生之德。"吾性之存存""天地之生生"语出《易传·系辞》"天地设位，而易行乎其中矣。成性存存，道义之门"。及"生生之谓易""天地之大德曰生"。意为，天高地卑之位已定，万物之变化行于其间，万物在运行中成就各自的性质。将万物本来具有的性质保存下来并诠释、类通为人之性理，是人获得道义的来源。天地最大的德行在生生不息，天道之变化永不停息、日新不已即生生之德。生生不已、变化日新是有，是动，有和动是儒者对于天地万物的基本认识。熄灭天地之生意，以人性为空静，就是戕贼健动不息的天地之性，就是厚诬人所得于天的仁义之性。如此则作为人极的人性不存，作为人性来源的天地也将不存。这就是王夫之作为儒者的天人识度，也是他据以批评佛道空无思想的理论基础。他作周易诠释就以此为基本出发点。

王夫之又据其由用以见体的思想方法批评老子的虚静空无的本体——道：

> 故善言道者，由用以得体；不善言道者，妄立一体而消用以从之。"人生而静以上"既非彼所得见矣，偶乘其聪明之变，施丹垩于空虚，而强命之曰体。聪明给于所求，测万物而得其影响，则亦可以消归其用而无余，其邪说自此逞矣。则何如求之感而遂通者，日观化而渐得其原也哉？故执孙子而问其祖考，则本支不乱。过宗庙墟墓，而求孙子之名氏其有能亿中之者哉？此亦言道者之大辨也。[①]

这是从哲学上批判佛道本体论的一段著名文字。王夫之与明清之际的其他

---

① 《船山全书》第一册，第862页。

大师如顾炎武、黄宗羲相比，其作为哲学家的特点最为鲜明。王夫之的哲学非常重视本体论。道作为本体，在王夫之这里指实际存在着的万有的总合，也即以总体视角而观的天地万物。这样的"道"既不是老子的宇宙发生论和本体论合一的道，也不是朱熹作为众理的抽象的"太极"。王夫之的本体，即体即用。获得本体的方法是由用得体，由一得多，多为一之总合。它首先着眼的是可经验的个体，尔后将众多个体视为一总体。此为由用以得体。而老子的本体是抽象的，是将经验中具体事物的可感可即的相状摆落掉，只剩下抽象的、无任何规定性的、"玄之又玄"的光板的本体。严格讲来此种本体是无"用"的。因为它时间上的先在性、逻辑上的绝对性是没有任何后天的东西可以和它匹配的。后世的解释者为了不违背"体用一如"的哲学传统，才将它派生的种种事物和功能作为它的"用"。王夫之认为，佛家、道家所说的体，皆此类妄立之体，妄立之体皆无"用"。无用之体，体亦不立。"人生而静以上"，指非经验的、先天的。此时之"有"，皆人驰骋想象、刻画虚空所得。故此体犹老子之"道"，乃强命之名，或测度事物而得其虚浮不实之光影，非从实际经验而得。故此种体为无用之体，以此种体为体，则凭空虚构之种种学说由此而生。王夫之认为，必由用得体之体，由经验的观察所得之用基础上的体，才是真实的、可以信持的。他所谓"求之感而遂通者，日观化而渐得其原""执孙子而问其祖考"，即由用以得体。由用以得体，与刻画虚空而得体，是两种立场，两种方法，其间分限甚为明悉。

  需要说明的是，此时王夫之将佛道之体用论统而为一加以批判，实际上佛道两家的体用观不完全相同。佛家的体，是本体论的，尽管佛家宗派繁多，理论不同，但就其大端，就其对中土影响最大、在一般人中认知程度最高，也被王夫之经常作为靶子来批判的佛教理论而言，其所谓体，往往指空。与空相对的是假有，假有即其用。或者说，能观其空假中的心为体，空假中三者三谛圆融为用。此中的心，此中的三谛圆融，皆立论者的预设，或说立论者的体认所得。此中之体、之用、之体用关系，皆解释性的、非实然性的。道家的体用观所谓体，是宇宙论的，而道家之宇宙论即其本体论。老子所谓道，既是宇宙的最先存在、万物的产生者，也是世间所有的"有"之本体。万物既是其派生者，也是表现此本体的现象。就产生者与被产生者有时间上的先后、空间上的彼此说，是宇宙论的，是有物质存在的；就道是万有之本原，此本原与表现本原之现象同时而有，同地而有，无时间上的先后、空间上的彼此，体与用只是由于解释向度、着眼点不同而有的不同理论指向而言，道家的宇宙论和本体论往往合二为一。实然的、时间上最先存在的宇宙论的道，就是因价值安排的需要、由解释角度不同而预设的本体论的道。宇宙论的道因其时空上的实在性满足了人对于真实的东西的信任感、依存感之需求；本体论的道因其价值上的等差、主次、秩序等满足了人对现实的熨帖感、可爱感之需求。最先的就是最真实的、最有力量的、最可作为根据的。二者的合一同时也投合了中国人喜欢经验的、可感的东西，拒斥思辨的、逻辑推论的东西这种思维惯性。

　　从本体论和宇宙论的体用关系来说，宇宙论的体用是有前后际的，被生成的东西是能生成的东西的用，宇宙论的体有时空中存有的性质，所以它是物质的、实际存在的。而本体论的体是人的价值性设定，因而是诠释性的、识度所生的，是为了彰显人对世界、宇宙这类最根本的事物的观点而设定的。它不具有物质存有性，它与具体事物也无前后际，且不具有能够产生具体事物的性质，它的用就是它自身的澄明和显现。道家的本体论常常与宇宙论不分，如老子的"天下万物生于有，有生于无"，此无就是合本体论与宇宙论二相归一的。无即道，道既是万物未生时的虚廓邈远状态，它是时间上的最先；又是万物的价值性本原，道家所认同的一切价值，道家所理想的治国原理、修身原理都包含在、潜藏在道之中。道是万事万物的根源和原理。而佛家的本体论与宇宙论则是分开的，它的本体是空。空是思辨的、玄想的、诠释的，与它的宇宙论，如四大、五蕴、十二处、十八界等不是直接同一的。

　　王夫之对佛道本体论的批判立基于他的物质实在论之上。如上所言，他所理解的道，是物质世界的总体，故用是具体的、可见的，体是总合的。但总合不是抽象，抽象是抽掉了具体事物的经验的可感性所剩下的一个思维中的空壳，总合则是可感的具体事物的合体。故王夫之的道，是

"由用以得体"，而佛道两家的道，则是"妄立一体而消用以从之"。各家皆有其论域和问题意识，不可一例视之。王夫之何以采用此种视角，则可由以上各处所论加以说明。

四、孚信德威与输诚为国

王夫之以上对于体用理论的阐发，最终落实于《大有》九二爻辞之解释。其中暗含的现实关切是君何以得众和权臣何以自处。王夫之说：

> 然则其义何以见之于大有之二也？大有者，有也。所有者阳，有所有者阴。阳实阴虚，天生有而火化无。二为五应，为群有之主，率所有以实五之虚，二之任也。乃有以实载虚，以生载化，则有群有者疑于无，而与天地之藏不相肖。故推其任于二，而责之备焉，曰，非其积中也，败固乘之，而亦恶能免于咎哉？"无咎"者，有咎之词，二以五之咎为咎，斯不咎矣。故五以"交如"发志，因二以为功也；以"无备"须威，内反而不足也。《象传》之以败为戒，岂为二本位言之乎？①

这是说，"大有"阐发的，是"有"之义。但《大有》的卦象是五阳一阴，按《周易》五为君位、以一统众的解释体例，六五虽阴，但为有所有者，余爻虽阳，但为六五所有。阴为隐，阳为显。就由用以得体言，体为隐，用为显。阴虚阳实正好印证了由用得体。从上下卦体言，内卦为乾，外卦为离，乾象征天，离象征火；天主生，火主化，天所生之有，为火所化而无。但此"无"绝非空无一物，而是在生灭变化状态中。"有"是现象，生灭变化无时或停是本质；"有"为暂时的、可把捉的经验之物，"无"为变化中的、不可把捉的本体中物。就此义说，亦由用以见体。

王夫之还认为，九二与六五为应，余爻则无应，故九二为众阳之主。九二率领五阳以归附六五，其作用为以众阳之实补充六五之虚。而

---

① 《船山全书》第一册，第863页。

九二爻辞"大车以载，有攸往，无咎"，则九二完全可胜此任。故王夫之对九二此句的注释是：

> 九二刚而居中，为群阳之所附托，皆唯其载之而行。才富望隆，归之者众，有与五分权之象，疑有咎矣。然上应六五，不居之以为己有，而往以输之于五，则迹虽专而行顺，不得以逼上擅权、辇众归己而咎之。①

从迹象上说，作为主宰者，驾驭众阳之六五形只影单，伤于孤零，为九二所载、所化，因而与作为万物本体的丰大、深厚不相配。但六五的高明之处在将己寄托于九二，并责其完成本应由自己完成的职分。九二以六五之咎为己之咎，努力承当，积中以厚，载物以劳，故化咎为无咎。王夫之就此加以评论："诚信之输于五者积于中，则持盈而物莫能伤。后世唯诸葛武侯望重道隆，而集思广益，以事冲主，能有此德。"②意思是望重位尊足以震主而仍披肝沥胆率众臣竭忠尽诚以辅佐幼主，无丝毫篡逆之心者，唯有蜀相诸葛亮能之。但王夫之论证更多的不是忠诚为主之九二，而是作为主宰、本体的六五。认为六五之所以服众，之所以能使九二率众附己，全在于其虚己待下，胸襟磊落，以信义服人；且能不失其威仪，柔中有刚。由此导致君仁臣忠，不相猜忌，相辅而行，各极其用的局面。王夫之在解释大有六五爻辞"厥孚交如，威如，吉"时对此义大加发挥：

> "厥孚"，阳自相孚也，故曰"厥"。"交如"，交于五也。五虚中而明于任使，其俯有群阳也，以遁物无违之道，行其坦易无疑之心，众皆愿为其所有。群阳相孚以上交，道极盛矣。而又戒以"威如"则吉者，五本有德威存焉，但众刚难驭，虽大公无猜，而抑必谨上下之分以临之，益之以威，初不损其柔和之量，而无不吉也。③

在对六五象辞"'厥孚交如'，信以发志也。'威如'之吉，易而无备也"

---

① 《船山全书》第一册，第164页。
② 《船山全书》第一册，第165页。
③ 《船山全书》第一册，第166页。

一句的解释中也说：

> 虚中柔顺，乃能笃信于人而不贰。其于物多疑者，必其有成见以实其中，而刚于自任者也。六五孤阴处尊位，抚有众阳而不猜，其信至矣。"发志"，谓感发众志而使归己。"易"，和易近人。"无备"，不防其僭逼也。创业之始，感人心以和易；而久安长治之道，必建威以消萌。大有之所未逮，故不足以利贞，而又以"威如"戒之。①

将《外传》与《内传》参合而观，王夫之的意思是很显明的，二与五象征君臣，六五为孤阴，表示君主懦弱势单，其作用在以九二为首的五阳。五为体，二为用，五必靠二为之彰显，二必靠五以为俯宰。互相倚伏、由用以见体的意思十分明显。

这里的解释十分重要的是，君臣互倚输诚为国的意思为王夫之晚年所作的《周易内传》大加阐发，实有对南明史实的反省寄寓在内。王夫之生当乱世，乡试中举后，因战乱不能北上会试，躲兵祸于四方。虽欲有所作为，但无缘施展才略，一生只在南明桂王永历政权中任过短时期的官职。而永历政权在残山胜水间犹党争激烈。桂王暗弱而又骄横，大权操于悍帅之手。王夫之所希望的是，君暗弱之时，须虚心听取大臣的意见，信任大臣，勿起猜疑，大臣奋起效命，共济时艰。此即"五虚中而明于任使，其俯有群阳也，以循物无违之道，行其坦易无疑之心，众皆愿为其所有，群阳相孚以上交，道极盛矣"之意。同时，君须有其威严，虽在危难惶邃之时，君臣之分不能淆乱，君须时时以威势镇悍将，不使其冒犯不听节制。此即"五本有德威存焉，但众刚难驭，虽大公无猜，而抑必谨上下之分以临之，益之以威，初不损其柔和之量"之意。对于臣子，特别是握有大权、社稷安危系于一身的重臣，如何腾蛟、瞿式耜、堵胤锡、王化澄、李成栋等，王夫之则希望他们以永历政权的安危存亡为重，消除勾心斗角、嫌隙日生甚至为争权夺利自相残杀的局面。重臣须不负众托，集众

---

① 《船山全书》第一册，第166—167页。

人之意志，忠心为国。这就是王夫之所说的"九二刚而居中，为群阳之所附托，皆唯其载之而行。才富望隆，归之者众，有与五分权之象，疑有咎矣。然上应六五，不居之以为己有，而往以输之于五，则迹虽专而行顺，不得以逼上擅权、辇众归己而咎之"之意。王夫之对君臣双方皆有要求，目的在使君臣一体同心，共图明室之兴复。可以看出，王夫之的理想，寄寓在他对周易的发挥中。

另外，王夫之在《外传》中所侧重的，与在《内传》中所侧重的，有所不同。王夫之于桂王永历四年（1650）二月至梧州受永历政权行人司行人之职，到十一月离开桂林瞿式耜留守府奔母之丧，实际在永历朝为官约十个月。亲历永历朝政治之险恶，并因弹劾权臣王化澄差点丢了性命。对君臣关系、系命大臣与众臣之关系深有体会，并在颠沛流离中不断反省、发酵。后五年，王夫之作《周易外传》，将此切肤之痛写入书中。但此时避兵惶迫，未暇详论，只简短提及："二以五之咎为咎，斯不咎矣。故五以'交如'发志，因二以为功也；以'无备'须威，内反而不足也。象传之以败为戒，岂为二本位言之乎？"①以六五与九二之关系发挥君臣大义，意思是，臣须以君之安危为己之安危，才能助君得到安全之地从而自己也得安全。但君须以不疑之心信任臣下，此目的才能最后达到。同时君须建立威势，才能有效驾驭臣下，此为达到君臣同安之最后目的的重要保证。九二象传所告诫的"大车以载，积中不败"，表面上是就臣言，而实际上是就君言，所谓"臣足，君孰与不足"是也。这些意思皆粗略言到，而到晚年的《内传》中，将早年蕴蓄于胸中不断翻滚、发酵的这些意思畅论发之，故较《外传》为深刻。因是详注体裁，逐爻讲解，故许多曲折微细的意思得以深度论析。如九三爻辞"公用亨于天子，小人弗克"，王夫之注曰：

> 九三居内卦之上，为三阳之统率，而三为进爻，率所有之大以进于上，公领其方之小侯，修贡篚以献天子之象也。乾健而阳富，席盛满之势以上奉柔弱之主，自非恪守侯度之君子，必且专私自

---
① 《船山全书》第一册，第863页。

植。故言"小人弗克",以戒五之慎于任人。[①]

对君弱臣骄的形势下臣须守臣之职分,不专权,不培植私人,君须明辨君子小人,任官须慎之又慎之意重言表出。又如九四爻辞"匪其彭,无咎",王夫之注曰:

> 彭,许慎说鼓声也。鼓声所以集众而进之。四阳连类,四居其上而与内卦相接,疑于众将归己。乃其引群阳而升者,将与之进奉九五而使之富,非号召众刚使戴己也。故虽不当位而无咎。[②]

九四离六五最近,象征帝王身边之重臣。此段解释乃明言告诫握重权之人,须将众臣对己之推戴引到对君的忠诚上去,这才是为臣之道;若乘此有利于己之时机结党营私,则将招来杀身之祸。故在对九四象辞的注释中又申明此意:"居疑贰之地,必别嫌明微,以昭君臣之定分,而后可无咎。"[③]可以看出,王夫之晚年萦绕于心挥之不去的是,明朝因党争而亡,阁臣的争权夺利是罪魁祸首。南明因各种政治势力不和而失去许多恢复之机,各路重要人物的互相疑忌不能精诚合作是败事之阶。王夫之有见于此,借周易诠解,对他所希望的君臣关系,君主在危难时应有的作为,权臣对国家的应有态度,甚且士人在国难时的出处大节皆清楚表出。这是他作为一介儒生在明清之际的重要时刻对明亡的反省,对未来文化、政治诸大事的建白。一个欲以学术为国家贡献力量的爱国知识分子的深刻用心于此灼然可见。

---

① 《船山全书》第一册,第165页。
② 《船山全书》第一册,第166页。
③ 《船山全书》第一册,第166页。

第十三章

既济卦阐发中的时代关切

既济与未济是周易的最后两卦，且皆三阴爻三阳爻，卦爻中又多占断之辞，故王夫之对此两卦的解释发挥涵涉丰富，其中多处隐含着对明代政治的曲折评论。本章以王夫之《周易内传》对既济卦的阐发为主，兼及《外传》，涉及既济与未济的关系，人文与自然的不同解释面向，以及清浊之争与明末政局的关联，表现出他在亡国之痛的刺激下对明代诸多弊政的反省，与他对相关哲学问题的痛切思考。

一、既济与未济

王夫之在早年的《周易外传》中，对既济与未济的关系发挥较少。因为是"六经注我"，只将胸中不吐不快的激愤之情表达出来，较少由文本引出深刻的话题。晚年的《周易内传》因是"我注六经"，得以平心静气，原原本本地紧扣文本解释，故涉及的方面要广得多。王夫之首先阐明的是，从卦象上说，既济与未济不像其他卦，阴阳适然相遇，代表阴阳的卦画皆随机排列，而此二卦一阴一阳排列得很规整，有人为刻意为之之嫌。此外，既济卦辞为"既济，亨。小利贞，初吉终乱"。主要讲治乱等政治问题。而卦辞为一卦总纲，故此卦须从人事上解说。

王夫之首先讨论既济与未济的不同及二者的关系：

> 阴乘阳而上，以踞于至高之位，则为既济。阴处阳下，阳利其行而不安，则为未济。刚居刚，柔居柔，任其情之所安而据以不迁，阳昵阴而阴感阳，以为交应，则为既济。刚柔相济，易位以求通，则相应而固相合之道，则为未济。故曰："济者成也。"成乎得者恒于斯，成乎失者恒于斯。其得也，失也；其未尽得也，犹未尽失也。①

这是说，既济、未济皆三阴三阳，只是爻位顺序正好相反。从卦象上说，既济是阴乘阳而升进，未济是阳利用自己动的本性，不安于静，以带动阴。既济是阳爻居阳位，阴爻居阴位，恰好合乎本愿，故安居而不思迁移；阳狎昵阴而阴刺激阳，以此为交往之道。未济是刚柔承乘不符本性，易位以求通，但一阴一阳相对应、相配合，以此为交往之道。既济、未济之"济"皆完成之意。得亦完成，失亦完成。而从某种意义言，得也就是失，失也就是得。未尽得，也就未尽失。王夫之为何如此说，因为在他看来，从祸福成败相倚伏的观点看，"既济"是已完成，而成实为缺；"未济"是未完成，而缺则易于转化为成。未济的势用更为有利。王夫之还认为，既济、未济皆就阴来说，既济是阴之济，未济是阴之未济，阴是主角，阳只是以配角的形式参与其中。他论证说：

> 未济，阴未济也。阴起于初，进于三，跻于五，俱失其位，为阳所覆，而不得达于上，故"未济"也。以离、坎言之，火炎上，而已上则散；水流下，而已下则涸，各遂其情而不相为用。则火与水皆不足以成化，亦未济也。阴未济而阳上达，阴不能掩，乃不言阳之济而言阴未济；三阴失位，三阳亦失，抑不言阳未济，而但言阴。……故既济、未济皆以阴道之成毁言，而阳不与焉。②

---

① 《周易内传》，《船山全书》第一册，第492页。
② 《船山全书》第一册，第498页。

这是说，就未济之爻位言，初、三、五皆阴，可以说皆不当位，皆被阳所遮蔽，不能升进，不能升进即"未济"，此就阴来说。就既济言，阳上达而阴无法遮蔽，这不是阳的"既济"，仍是阴的"未济"，皆就阴说。

既然既济、未济皆就阴说，所以它们象征的社会人事的基调就是萎靡、软弱的，就是君子道消，小人道长的，所以王夫之紧接以上之断定说：

> 呜呼！既济、未济之世，难矣哉！非人事之有此也，气数然也。天下岂有旦善而夕恶、左君子而右小人者哉！亦岂有刑与赏相参以成治、欲与理相错以成德者哉！既济之世，已成乎杂糅之局，而据为得；未济之世，未成其各得之利，而犹有所忧疑，则未济愈矣。小狐濡尾而无攸利，未始非阳之利也。易以二卦终，则以见阴阳之交感以成乎杂乱，其变之极且至于如此。险阻之极至，非乾坤之易简，莫能知其变，而定之以大常也。①

这一段话语气沉痛，大有恨铁不成钢之概。他的意思是，既济、未济是周易的最末二卦，从它的卦爻辞所表现的精神来说，又非常不堪，可谓末世之乱局。维持此乱局，渡过难关，洵属不易。此末世乱局，可说天数使然。但所谓天数，是人事之累积。人事已成颓然之势，天亦难挽回。一代世风、士风之形成，非一朝一夕。而晚明恰是善恶杂糅、君子小人相安的局面。王夫之这里是针对晚明善不彰、恶不遏，士人恬然安处，奄然媚世，不知善恶不彰对整个国家安危所起的坏作用而发。这里所批评的晚明社会士风，在《张子正蒙注》的序言中也说得很清楚：

> 宋自周子出，而始发明圣道之所由，一出于太极阴阳人道生化之终始。二程子引而伸之，而实之以静一诚敬之功，然游、谢之徒，且岐出以趋于浮屠之蹊径。故朱子以格物穷理为始教，而檠括学者于显道之中。乃其一再传而后，流为双峰、勿轩诸儒，逐迹蹑影，沉溺于训诂。故白沙起而厌弃之，然而遂启姚江王氏阳儒阴释

---

① 《船山全书》第一册，第499页。

诬圣之邪说，其究也为刑戮之民，为阉贼之党，皆争附焉，而以充其无善无恶、圆融理事之狂妄，流害以相激而相成，则中道不立、矫枉过正有以启之也。人之生也，君子而极乎圣，小人而极乎禽兽，然而吉凶穷达之数，于此于彼，未有定焉。不知所以生，不知所以死，则为善为恶，皆非性分之所固有，职分之所当为，下焉者何弗荡弃彝伦以遂其苟且私利之欲！其稍有耻之心而厌焉者，则见为寄生两间，去来无准，恶为赘疣，善亦弁髦；生无所从，而名义皆属沤瀑，两灭无余，以求异于逐而不返之顽鄙。乃其究也不可以终日，则又必佚出猖狂，为无缚无碍之邪说，终归于无忌惮。自非究吾之所始与其所终，神之所化，鬼之所归，效天地之正而不容不惧以终始，恶能释其惑而使信于学！①

王夫之出于纠正晚明学弊的目的，对当时士人的批评所在多有。在既济卦中所说的杂糅之局，是善恶、君子小人、理欲杂糅，并以此杂糅为得计。表现在卦的象征上就是："刚柔各止其所，以相杂而不相治。刚已刚而刚道穷，柔已柔而柔道亦穷。惟其情之所安，势之所便，各逞其志欲，而大乱成矣。非之无举，刺之无刺，涂饰耳目，而执中无权，谓之乱德。"②他以孔子、孟子所批评的乡愿媚世来批评晚明士风中最恶劣的一面——善恶、理欲杂糅，其媚世之心昭然若揭。未济虽阴阳皆未有所得，但其象辞"火在水上，未济，君子以慎辨物居方"，对此未济之世尚有所怀疑和忧惧，比之既济之恬然不觉，则犹胜一筹。未济卦辞虽言"无攸利"，但在此情况下无利恰是有利。在此杂乱、险难之局面下，唯有乾之"易知"与坤之"简能"相配而行，"易简而天下之理得"，才能应付此乱局。这就是王夫之对既济、未济二卦所作的比较中包含的深意。

此外，王夫之把既济、未济都看作阴为主，还因为在他看来，阳为主动的势用，阳气流行，无处不到，无处不是其体其用发生作用之地。故代表天的健动不息的乾之《彖传》说乾"大明终始，六位时成，时乘六龙

---

① 《船山全书》第十二册，第10—11页。
② 《船山全书》第一册，第493页。

以御天"。而阴的活动，全靠阳来震起、鼓荡、激活，如果没有阳的这种作用，阴就是凝滞的、被动的。它辅助阳、为阳提供质地以成就事物的变化发展的功能就不能实现。王夫之把此二卦看作"险阻之极至"，需要乾坤两卦所象征的健动不息、包容承载精神来贞定，来引导，仍是在强调动的主导地位。这为他批评明代后期社会风气奠定理论基础。

二、自然与人文

既济卦一阴一阳一一对应，排列整齐，这给发挥"一阴一阳之谓道"留下了空间。王夫之在早年的《外传》与晚年的《内传》中，皆对这一中国哲学的核心问题有深入阐发。《外传》对一阴一阳之道的阐发，多就哲学原理本身着眼，而《内传》则多言自然与人文的关系。《外传》说：

> 一阴一阳之谓道，无偏胜也。然当其一一而建之，定中和之交，亦秩然顺承其大纪，非屑屑焉逐位授才而一一之也。此天地之所以大。虽交不密，叙不察，而无损于道，则泰是已。若屑屑焉一一建之，因一一和以交之，此人事之有造，终不及天地之无忧矣。故济者人事也。舟之方之，榜之帆之，以通旁午，以越险阻，亦劳矣哉！天地之可大，天地之可久也。久以持大，大以成久。若其让天地之大，则终不及天地之久。有初有终，有吉有乱，功成一曲，日月无穷。方其既而不能保，亦不足以配天地之终始循环，无与测其垠鄂者焉。①

首先，王夫之对道进行界说：道即一阴一阳。这里，道指天地万物的总原理，这一原理的内容是，万物皆有阴阳两个方面，没有孤阴孤阳之物，而且阴阳势均力敌。当然在具体时空中阴阳有偏胜之时，阴盛时阳必衰，阳盛时阴必衰，但从具体事物整个发展过程来看，则是阴阳平衡的。另外从横向看，同一个系统中，阴阳必是平衡的，此事物阴盛必彼事物阳盛。此

---

① 《船山全书》第一册，第972—973页。

皆"一阴一阳之谓道"。周易六十四卦中，只有既济与未济是三阴三阳间隔、排列得整齐。王夫之指出，这两个卦，从形式上看，最符合一阴一阳之道。但道同时是理。理是本然的，不待安排的。如此则整齐排列的一阴一阳，不符合道自然形成、不加安排的本性。周易卦象是模拟天地万物的，而天地万物，就如《易传》所谓"乾道变化，各正性命，保合太和，乃利贞"，是自然和谐的，各卦阴阳排列虽不同，但都是对天地万物的模拟，都是自然的、和谐的。即使是既济、未济之整齐排列，也是顺承天道自然的结果。如果是人为的安排，则其穷尽可立而待。各卦虽不像既济、未济那样一一对称，阴阳排列杂乱，但无损于道之自然广大。就如泰卦，上坤下乾，阴阳暌隔，也非一阴一阳对称，可谓"交不密，叙不察"，但却是"天地交而万物通，上下交而其志同"。一一排列，整齐对称，多半是人为的结果，人为不及天道自然。并且人须效法天道。如既济、未济皆以渡河为喻，渡河须用舟楫，则舟楫、人力，劳而功少。天地则不然，因其自然，故能广大而恒久，惟其广大，所以恒久，大与久相互依持。具体事物皆有始有终，有吉有凶，此其所以为广大恒久。人之功在一隅，天之功则普遍。人之功，既得而不能保证不失去，天之功则循环无端，神妙莫测，人终难以窥其际涯。这就是王夫之的天道观，始终是在与人道的对比中彰显其久大的。

王夫之在晚年的《内传》中，对此意的阐发更为深刻。在对既济卦辞"既济，亨。小利贞，初吉终乱"的解释中，王夫之说：

> 然而造化之妙，以不测为神；阴阳之用，以杂而不离乎纯者为正。故象虽诡异，而道以不限于方所者为无穷之大用。其曰"一阴一阳之谓道"者，阴阳十二皆备，唯其所用之谓也，非一阴而即间以一阳，一阳而即杂以一阴，一受其成型，终古而不易之谓也。经之纬之，升之降之，合之离之，而阴阳之不以相间相杂、画井分疆为已然之成迹，则乾坤易简之至德，固非人事排比位置之所能与矣。①

---

① 《船山全书》第一册，第491页。

这是说，天地之体为一阴一阳之至纯，天地之用为六十四卦之阴阳杂陈。杂而不离乎纯，则为至正。就体来说，乾坤六阴六阳，六阳中逻辑地包含六阴，六阴中逻辑地包含六阳。一阴一阳之道，首先指这一原理。并非指一阴后必随一阳，一阳后必随一阴，以此为模型，套用于任何事物。天地自然，是天地之大德，非人力排比所可刻画。

王夫之以既济、未济为例继续申言：

> 以化象言之，乾坤六子之性情功效所殊异而交争者，莫水火若也。乃当二仪函五行以缊缊于两间，则固不可以迹求，不可以情辨，不可以用分，不可以名纪。迨其已成，而水与火遂判为两物而不相得，然其中自有互相入而不相害之精理存焉。其终也，火息水暵，而仍归于太和。若其一炎一寒、一润一燥、一上一下者，皆形而下之器，滞于用而将消者也。由此言之，则既济、未济为人事已谢之陈迹，而非乾元"乘龙"、坤元"行地"之变化，明矣。自不知道者言之，则曰爻有奇偶之定位，而刚柔各当其位，贞悔各莫其中，初与四、二与五、上与三各应以正，乾坤之变化至此而大定，而不知此有形之刚柔、同异，不足与于不测之神也。[①]

这仍是说，以二气五行为实体的天地大化流行而论，人为的工具，如符号、名言、象数、理则等，皆不可以完全描摹之，只可近似刻画之，然后通过人文性的解释、体验等，逐渐接近其真实。不管人能否接近此真实，也不管其接近之程度若何，天地太和固自若也。而这些形而下的工具，终会因其一隅的性质，消失澌灭。像既济、未济这样对应整齐的工具，只是人为的器用，而天地的"乾元乘龙""行地无疆"，都是随机的、活泼无方的。虽然《易传》用"为道也屡迁，变动不居，周流六虚，上下无常，刚柔相易，不可为典要，惟变所适"来形容周易卦爻系统的功能。但在王夫之看来，人为的工具比之天地自然则相差甚远。浅见之人，见既济一阴一阳布列整齐，又其爻皆刚柔当位，承乘皆正应，卦辞中多有吉语，以为上

---

① 《船山全书》第一册，第491页。

好之卦象，但王夫之认为此卦仍不足以摹写天地之真实，只是小亨，而有初吉终乱之虞。

三、清浊与安危

接下来的问题是，王夫之为何花这样大的篇幅，在《外传》《内传》中皆不惮辞费，对一阴一阳之排列详加讨论？笔者认为，他的意图是要通过曲折的论证方式，表达他对明代政弊的看法。

首先是清浊问题，王夫之说：

> 天下之方兴也，国是无大辨于廷，清议无成言于野，非有楚楚然必定之清浊也。承经纶之方起，上下各尽其能而如不逮，固无余力以及此焉，而万物之相与各趋其用也。用之既趋，功必求当；人心有余，而规模日起；择位争时，以大剖阴阳之界。经制明而公论彰，区别建立之繁，无遗地而亲疏分，势乃由此而定。则尽人事者，固已极盛而无所加。一以为阳，确然而授之以位；一以为阴，确然而授之以位。安不愆之素，合不僭之交，竭往来之情，历正变之久。相与争于繁芜杂互之地，乃以得此一日，则中流鼓枻而津岸以登矣。夫此一日者，岂可久之日哉？自屯之始交而方遇此一日也，顾未济之且乱而仅有此一日也，则其为几，亦岌岌矣。①

王夫之先从文化学的角度，追溯是非之起源。他认为，在人类活动的早期，国家只有雏形之建立，一切草创，这时的人，皆各尽其能，专注于物质文明之建设，无暇及于是非，也无所谓在朝在野之争。此时朝廷无国是之辩论，民间无清议之形成，故并无清流、浊流之区别。迨物质文明发展到一定阶段，各种器用愈益发达，人也由于物质愈益宽裕，有了思考各种道理、规矩的闲暇时间，于是各种价值观念相继而起，人也开始在整个社会阶层中争夺有利于自己的地位和时机。此时可以说凿破混沌，原始之宁

---

① 《船山全书》第一册，第973页。

静就此打破。加上各种关于价值的学说,各种宗教、俗世的导人于善的学说、经典逐渐建立,整个社会有了基本的价值取向、是非标准。这种取向和标准,顺之者昌,逆之者亡,成了左右人们思想行为的基本势力。这标志着社会人文已经完全成熟。一经有此,不可改变,人们皆按既有的规范、标准、成说、习惯来行为,将一切言论、是非装入已经形成的框子里,安之若素。在经历了各种争夺的烦扰、杂乱之后,得既济六爻——对称所象征的安然、不僭、上下区别分明,以为理想之世到来了。此种情形,可以说自从屯卦象征的万物开始以来所少有,且比照象征世界终结的未济的乱象丛生,可谓仅见之太平景象,于是欣喜相庆。但王夫之告诫,以此难遇、仅见、可遇不可求的特殊情况作为正常情况来对待,则危险的种子自此埋下。这是王夫之从人的文化形成的历史着眼,告诫人们,杂乱、烦扰、朦胧、混沌是常态,清浊太明,不是常情;以非常情为常情,则将由弊病发展为祸乱。

他继续就中国历史上著名的事例说明此一重要观点:

> 二处誉,则七日勿逐以老敌;四处惧,则终日疑戒以求安。非上六之无位以穷者,皆未有须臾忘也。清浊太别而疑战承之,岂或爽哉!甘、傅申训之后,尹、仲作诵以还,汝南月旦之方明,洛、蜀是非之既定,商、周、汉、宋,此四代者亦由是而不延。故君子诚患之也,诚防之也。①

此中"二处誉""四处惧",指既济六二处于中爻之位,上有承,下有乘,易于得吉。六四则处下卦之上,近九五,为臣位,易招致在上者之疑忌,僚属之嫉妒,是危险之位。王夫之这里指出,六二处得誉之位,尚且不敢大胆追逐敌人,七日不战以使之惰归。六四处疑惧之位,故须"终日戒""有所疑"以求得安。除了上六之位因象征离场而无须特别警惕外,其他阴爻皆不敢有丝毫放逸之意。王夫之的所有关注都在"清浊太别而疑战承之"一句。其前其后,皆为此一句做注。"甘、傅申训",甘指甘盘,

---

① 《船山全书》第一册,第974页。

傅指傅说，皆助殷高宗武丁中兴之名臣。甘之训词不见于史书，只在《尚书·说命》下高宗与傅的对话中提到甘盘。"甘、傅申训"现只有傅说对高宗的训言，谈到治国与个人的修养，及"非知之艰，行之惟艰"等，其大旨是，君主不能只顾自己逸乐，要办好百姓的事；要敬顺天时，不轻出号令，不轻动干戈，不轻慢祭祀，做事要事先准备，要广求俊杰，不私昵亲近等。"尹、仲作诵"，尹指尹吉甫，仲指仲山甫，皆周宣王的贤臣。周宣王任贤使能，因此中兴。《诗经·大雅》的《崧高》和《烝民》是尹吉甫歌颂周宣王的母舅申伯和赞美仲山甫的，诗中大量歌颂申伯和仲山甫的美德，中有"吉甫作诵，其诗孔硕"和"吉甫作诵，穆如清风"的话，故为王夫之所援用。"汝南月旦"指东汉末年汝南人许劭与其从兄好评论其乡人物，每月更换人物，时称月旦评。洛、蜀是非，指北宋中期的党争，洛党以程颐为首，蜀党以苏轼为首。王夫之认为，此数人训诫讲得再恳切，是非辨得再分明，也挽救不了当朝衰落的命运，并且正是由于是非太清，清浊太明，导致了商、周、汉、宋几个朝代国祚变短。对于是非太清、清浊太明带来的祸害，王夫之告诫要吸取历史教训，预为消除。他在注解既济象辞"水在火上，既济，君子以思患而豫防之"时说："水在火上，其中必有载水而间火者，所以防水之下注而灭火。君子有中道，以豫为调燮之防，如火可上达其气于水，以成燮熟之用，而止争相轧灭之患。盖以载之之道济之也。"①主张以和衷共济精神将不相容之两极隔开，防止因争斗而两败俱伤。最好的方法是用君子中道，将两伤变为互相扶助共成其用。而要达到这一目的，必须能包容对方，此即"以载之之道济之"。

对阴阳排列齐整、一一对应象征的君子小人之辨清浊太明所招致的政治乱局，王夫之在晚年的《内传》中也多有说明，如在对既济卦辞"既济，亨。小利贞，初吉终乱"一句的解释中，王夫之说：

> 既济者，天无其化，人无其事，物无其理。天之化，人之事，物之理，虽杂而必有纯也。至杂而不纯，唯大乱之世，无恒之小人以售其意欲，故所亨者唯小也，阴无不乘刚而出其上也。夫六位之

---

① 《船山全书》第一册，第494页。

分刚分柔，岂非义之必合而为阴阳之正哉？故可谓之"利贞"。而要未闻刚以居刚，柔以居柔，情不相得，势不相下者之可久居也。"初吉"者，如涉者之乍登于涯，自幸其济，而不恤前途之险阻。贞邪互相持以不相下，其为大乱之道，岂顾问哉！故曰："亨。小利贞，初吉终乱。"乱非待既济之后，当其求济，而乱已萌生矣。[①]

王夫之这里有非常清楚的辩证观点："既济"表示事物的完成、终结，从有机的、发展的观点看，任何事物皆在过程中，皆无既成之一日。既成即是终了。天之化生万物，是一绵延之大流；具体事物皆有其来龙去脉，皆是此绵延大流中的一个环节，皆无终了之一日。在此绵延中，绝无一阴即有一阳与之相配，阴阳无整齐排列之一日。天地之事物，貌似杂多，而实际是纯。而阴阳一一排列整齐，则是交杂。天地是至纯之物，至纯即在至杂中。而一一排列整齐则貌似纯粹，实则违背天地万物之理。"一阴一阳之谓道"，虽分阴分阳为道之必有，为易理之正，但六位刚之居刚，柔之居柔，阴阳不交，刚柔不合，是大乱之道。从人事说，阴阳一一相对，象征君子小人对垒，胶着相持，两不相下，而此正大乱之时。"小利贞"者，天地既非有既济之时，则乱不必在既济之后，有求既济之想，乱之萌芽即潜伏矣。而一一排列整齐，正是表面上的吉潜伏着最终的乱。

王夫之还说：

且夫一阴也而即授以一阳，一阳也而即授以一阴，志无定主，道无适从，执中而无权，贤奸各据其安，理欲交战于内，生杀不适有常，以诡合于情事之苟安而谢其怨，以迹相倡和而情相乖忤，杂而不伦，主辅体用之不立。以斯为道，天可以人之智能限之，人可以己之成法处之，而恶能不终于乱哉！无已，则阴之怀土而自私者，与阳分权而利得其所，以行焉而自遂。则亨者，小之亨焉耳。若阳，则固不利有此相参相伍之阴柔与之相应也。故虽当位以正应，而非阳刚保泰持盈之福。故既济者，阴之济也；未济者，阴之

[①] 《船山全书》第一册，第492页。

未济也。阳不以既济居成功，不以未济求必济，彖与爻皆主阴而言；二卦皆小人之道，衰世之象也。①

这是说，阴阳机械排列，表示丧失了自主发展的能力，丧失了对道的选择能力，不能在阴阳自然流行中挺立自我，故只能按照机械的方式来苟合。一阴一阳虽是中，但机械求中即是不知权变。如果以阴阳代表君子小人，则机械排列表示君子小人相距相安，不求君子战胜小人，只求暂时安宁而免祸。这种情势，表示浅见之人，只见一阴一阳之迹，不见阴阳错杂之用；只与事物的表面现象相合，而与事物的深微本质违背。并且失去了事物有主有辅、有杂有纯的生动有趣的活体表现。王夫之告诫人们，如果这样理解一阴一阳，如果以此为常道，那么天的生动活泼随机生物、天的变化无方不可典要就被人的机械理解、机械处置所歪曲、所扼杀、所拘限，这样的局面得利的只是小人，而掌握天道因势利导的君子则不能得保泰持盈之福。

以上是王夫之在《内传》中对既济的解释，虽然是紧扣既济的卦爻辞生发议论，但确实是由他对物理、人事的深刻洞察而发，并且基调与早年的《外传》一致，时时就阴阳消长、君子小人、治乱持危等方面着眼，所以与《外传》的阐发一脉相承。

王夫之所以就一阴一阳整齐排列之既济大发议论，与他总结明亡教训，抒发改革政治的愿望，表达他的基本哲学主张有关。王夫之表面上是对商周汉宋进行评论，实际上胸中蕴蓄、激荡的是对明代政事的考量，即对明代末期东林党与魏忠贤集团惨烈斗争导致明代国家衰弱由此引发的李自成起事、清入关诸事的深刻思考。而南明政权在残山剩水间大臣争斗不已，权臣悍帅相持不下，不能以恢复大业为重，不能浑厚涵容，激成仇隙，继而沦于灭亡的事实，对王夫之刺激尤大。

清浊太分明，清流浊流争论不已，君子争附清流，耻与小人为伍，小人起而争衡，结党谣诼、排陷君子，朝臣欲息事宁人而不可得，国事大乱，导致异族乘隙而入，此莫于明代东林党为甚。明代承袭了宋代，文人

---

① 《船山全书》第一册，第492页。

地位特高，特别是朱元璋在天下已定之后，滥杀功臣，武人心寒，明中期以后，朝政皆由内阁，由此引起持续不断的党争，在万历、天启朝达到顶峰。东林党人在得势之后，一是从朝廷中清除所谓邪党，二是辨明是非，对之进行舆论讨伐。①东林党对邪党的清算和打击，使得邪党在朝中势力大减，那些尚未被清除的邪党人物，在东林的压力下惴惴不安。为了自保，也为了与东林角胜负，邪党中的许多人投靠魏忠贤。明末名士吴应箕就曾说："与东林忤者，众目之为邪党，天启初，废斥殆尽。识者已忧其过激变生。及忠贤势成，其党果谋倚之以倾东林。"②魏忠贤势力的增强，对东林党人构成极大威胁。为了渡过危机，东林党人杨涟上疏攻魏忠贤二十四大罪。对此东林内部有不同意见，怕此激烈行为激起魏忠贤肆力反扑的人，认为东林内无有力量的太监的支持，外无握有大权的朝臣的支持，若果一击不能将对方置于死地，则反弹更加激烈。这一顾虑是深有见地的。况且在对阉党采取何种程度的打击上东林意见不同，遂造成东林的分裂。杨涟上疏是天启党争极为关键的事件，此事使魏忠贤下定决心，拼死力噬啮东林，从此正邪之争变成了一场争生存的势力之争，不仅朝政大坏，国无宁日，而且使党争常态化，清浊成了打击政敌的口实。无休止的党争，层出不穷的派别角力，也使万历、天启皇帝对政治彻底厌倦与失望，加剧了本已十分厉害的怠政。而皇帝的怠政，反过来使清流失去靠山，邪党因此更加放手倾轧清流。清流遭到惨痛打击，也使有些站在清流一边的人转而趋附浊流，清浊界限变得模糊，使小人更加猖狂。王夫之虽然在平时的议论中严于君子小人之辨，但他鉴于明朝末期由于清浊过于分明，党争搅乱朝政导致外族乘势入侵，国内流民暴动，明朝因此灭亡的教训，所以在《内传》中借既济卦一阴一阳对峙之象，阐发他对明末清浊之争与国家治乱安危关系的看法。

王夫之对清浊辨察过甚导致国乱而发议论，不仅因明末东林，更因对南明永历政权不顾大局以君子小人之辨为名而引起的争斗深恶痛绝。王

---

① 参见张显清、林金树等：《明代政治史》，广西师范大学出版社2003年版，第814页。
② 吴应箕：《启祯两朝剥复录》卷一，书目文献出版社1987年版。

夫之亲历的南明这一段党争，《明史·严起恒传》记曰："李成栋叛大清，以广东附于王。起恒从王至肇庆，与王化澄、朱天麟同入直。……时朝政决于成栋之子元胤，都御史袁彭年，少詹事刘湘客，给事中丁时魁、金堡、蒙正发五人附之，揽权植党，人目为五虎。起恒居其间，不能有所匡正。然起恒洁廉，遇事持平，与文安侯马吉翔、司礼中官庞天寿共患难久，无所忤。而五虎憾起恒，竞诋为邪党。王在梧州，尚书吴贞毓等十四人合疏攻五虎，下湘客等狱，欲置之死。起恒顾跪王舟力救。"[1]《明史》这里的记述是从朝廷立场而发，较为正统。王夫之的儿子王敔的《大行府君行述》和潘宗洛的《船山先生传》则从相反的立场出发有不同记述。《行述》记："时粤仅一隅，而国命所系，则瞿公与少傅严公实砥柱焉。纪纲大坏，骄帅外讧，宦幸内恣，视弘、隆朝之亡辙而更甚。科臣金公堡、袁公彭年、丁公时魁、刘公湘客、蒙公正发主持振刷，而内阁王化澄、悍帅陈邦傅、内竖夏国祥等交害之，指为'五虎'，廷杖下狱，将置之死。府君（按指王夫之）走诉严公：'诸君弃坟墓，捐妻子，从王于刀剑之下。而党人假不测威而杀之，则君臣义绝而三纲斁，虽欲效南宋之亡，明白慷慨，谁与共？'劝公匍匐求贷。时缇骑掠诸君舟，仆妾惊泣，府君正色责之而止。其后五君以严公力得不死。"[2]王夫之虽以金堡等为正人而上疏力救，并上疏弹劾权臣王化澄，但也同意永历政权的主张："时方侘傺，欲静兵刑之气，先销唇舌之锋。……正望大小臣工，和衷一德，共济时艰。"[3]终因厌倦南明政权在残山剩水间倾轧、互讦的恶劣政治生态，决心回家乡隐居著书。这一短暂政治生涯中刻骨铭心的体验，都被王夫之以隐晦的形式，反映在对周易的阐发中。可以说，王夫之对既济卦以上阐发，是他总结明亡教训，重建中国文化的理想的一个部分，也是他作为一个有担当、有抱负的亡国知识分子对国家、对民族文化的责任意识的鲜明体现。

---

[1] 《明史》，中华书局1974年版，第7154—7155页。
[2] 《船山全书》第十六册，第80页。
[3] 王之春：《船山公年谱》，《船山全书》第十六册，第317页。

四、顺遂与危乱

王夫之既济卦阐发的一个重要视点，是结合明朝史实，对卦辞"既济，亨。小利贞，初吉终乱"一句的发挥。他认为，"既济"为完成之意，其卦象阴爻阳爻一一间隔整齐，给人以万事顺遂、均平的假象，人在此景象下，容易放松警惕，也容易苟安不思进取。另外，既济与未济为周易末尾二卦，其前之卦，皆阴阳不均平，呈现相争不下旷日持久之象，至此亦战久思息，动久思静，见此平安均衡，亦乐见其成。而危险因素正潜藏在这种表面的平安之下。六十四卦自屯、蒙以下，非复即变，复者对偶两卦卦象颠倒，变者两卦平行相反，代表争斗、激荡。至既济之阴阳相交，可谓风平浪静。且对照将要到来的未济所代表的未成、虚歉，则既济可谓难遇之安宁。但王夫之告诫，此风平浪静下正暗流涌动，如果恬然不觉，对潜藏的危险因素毫无警惕，则所导致的祸乱将越发酷烈。

从阴阳所代表的君子小人而言，君子光明正大，小人暗中作祟；君子宽大容众，小人结党营私；君子廓然大公，小人处心积虑。既济卦六爻二二相对，皆阳在下，阴在上。下者主动建功，上者承功而行；下者易陷于躁动，上者常静中窥伺；动者易乐，而静者易忧。王夫之就既济卦象分析此得失之因说：

> 且夫阳来下以致功，阴往上以受感，阳安而阴恒危。阳躁而乐，阴静而忧，乐者忘而忧者思。以其忘危，敌其思安，鼓瑟于宫中，而聚谋于沙上，是阳固授阴以且惧且谋之药石而激之兴也。又况夫迭建迭交、琐琐焉以夹持之也？如是，则小固未亨，而亨自此而起。小之亨，大之乱，如衡首尾之低昂而无爽矣。是故乱终自此而生。[①]

这是说，以阳所代表的君子，终日在宫中享乐，日日高会，夜夜笙歌，乐而忘忧；而阴所代表的小人，包括夷狄、盗贼、宵小，则暗中密谋，乘间

[①] 《船山全书》第一册，第 974 页。

攘夺。如此说来，是阳的轻忽、放纵给了阴以畏恐而兴、阴谋而起的补药，激励其奋发兴起。不单此也，一阴一阳排列整齐，好比阳监督、加持阴不使畏葸、怠惰、退缩，恰是助之成功！这样，本来处于弱小、疑阻之地的阴反而由此亨通。①阴之亨正是阳之乱，小人之通正是君子之难。就如以秤称物，此低则彼昂，毫发不爽。王夫之此处的议论可以说为明末之事而发。

明朝自万历以后，皇帝居深宫，多年不接见大臣，各曹署之封章堆积如山皆不作批答，内阁、部府除结党内斗之外，表面上相安无事。皇帝居深宫，所见者不过宦官宫妾，养成妄自尊大奢靡享乐之风，对宫外事懵不知觉。而觊觎政权者未尝一日得闲，宦官宵小广植私党，渐成气候。而西北李闯、辽东后金亦积累而大。此即王夫之所说之"鼓瑟于宫中，而聚谋于沙上"之所指。而此种风气之养成，此种局面之形成，从某种意义上说可谓"阳固授阴以且惧且谋之药石而激之兴"，可谓"小固未亨而亨自此而起"。"终乱"从"初吉"之不知警惕乐享太平而起。故王夫之说："既济之亨，唯小者亨耳。阴阳各当其位，贞邪各快其志，而相应不相制，则阴之得志可知。"②"刚柔各止其所，以相杂而不相治。刚已刚而刚道穷，柔已柔而柔道亦穷。惟其情之所安，势之所便，各逞其志欲，而大乱成矣。非之无举，刺之无刺，涂饰耳目，而执中无权，谓之乱德。"③

王夫之进一步从小人所处之地步而有之处心积虑来分析："二处誉，则七日勿逐以老敌；四处惧，则终日疑戒以求安。非上六之无位以穷者，皆未有须臾忘也。"④《易·系辞》说："二多誉，四多惧"，指第二爻为下卦之中，且易得上下承乘之利，故多誉。而第四爻为上卦之下，又近于代表权力中枢的第五爻，易为上所忌，故多怀忧惧之心。王夫之结合既济六二爻辞"妇丧其茀，勿逐，七日得"和六四象传"终日戒，有所疑

---

① 中华书局本《周易外传》认为原句"则小固未亨而亨自此而起"为"则小固未亨而乱自此而起"，实误。
② 《船山全书》第一册，第493页。
③ 《船山全书》第一册，第493页。
④ 《船山全书》第一册，第974页。

也"二句加以发挥：处于老敌者，处有利之地而不战，佯示柔弱而使敌手丧失警惕，产生轻忽懈怠之心。处惧疑戒者，处不利之地，常怀疑惧之心，而思所以自保之策，变不利为有利。除上六之位代表即将出局之无关紧要外，象征夷狄、盗贼、宵小的阴爻皆处心积虑，暗中准备，并无一息之忘。此所以明朝不能不亡也。这里我们可以看出王夫之对明亡原因的总结，其中哀其不幸、怒其不争的孤臣孽子之心明白显现。

王夫之又针对老庄道家的学术宗旨批评了对"初吉终乱"和既济九三爻辞"高宗伐鬼方，三年克之"及其象辞"三年克之，惫也"的错误理解和因此而有的消极态度，王夫之说：

> 老子曰："大道废，有仁义；智慧出，有大伪；六亲不和，有孝慈；国家衰乱，有忠臣。"其感此而激为言，似之矣。虽然，存亡者，天也；得失者，人也。三年伐鬼方而既惫，抑不克鬼方而抑何以为高宗？时会迁流，因而自弛，则亦终无此既济之一日，又岂可哉？不能使河无波，亦不能使无渡河也。①

王夫之的意思是，老子有见于文明进步，特别是作为世道人心标准的典籍体系确立之后出现的种种弊端而思欲克服之，但他走到了否定文明、否定道德、否定国家组织的另一个片面。文明进步是一条不归路，一旦发生，就没有倒回去的可能。这是历史的定则，是人无法改变的。重要的是人如何应对。人为之中有得有失，遵从万物的固有法则，采取正确的行为，是得，反之是失。王夫之批评了历史上因鄙薄道德因而导致国削家亡的几个典型事例，用以批评老子的以上论断："秦燔《诗》《书》，仁义废矣；晋尚玄虚，智慧隐矣；平王忘犬戎之仇，孝慈薄矣；谯周、冯道受卖国之赏，忠臣寝矣。曾不足以防患，而终于沉溺。老氏将谁欺哉？"②作为灭绝文化之暴行的符号的秦始皇焚书坑儒，是王夫之一贯反对的。他在一系列史评中大反"孤秦陋宋"，反对的就是秦的鄙弃道德，一任法术，

---

① 《船山全书》第一册，第974页。
② 《船山全书》第一册，第975页。

高压钳制知识人，严刑压服百姓的政治、文化专制。他甚至在阐发《春秋》大义之严与夷夏之辨中将秦视为夷狄，屡屡加以批评、鄙夷。[①]这都表明他对政治上、文化上的专制主义、集权主义的摒斥。"晋尚虚玄"，是王夫之从另一角度对老庄进行的批判。魏晋玄学本来是一种思辨性很强，充满形上智慧的学术思潮。在某种意义上说，它比儒家的礼乐、孝悌等重视实行、重视经验中的形下事物更有思想理论的深刻性、知识形态的超越性。王夫之虽重视精神境界的高迈，理论阐述的深入、严密，但他从恢复儒家笃实健动、下学上达、形上形下融通为一的思想形态出发，反对一切虚静、玄远、不切实际的理论学说。特别是玄学以老庄为骨架，以玄远不切民用为特点，更是王夫之所不赞成的。而周平王忘犬戎杀父之仇导致孝慈之风的浇薄，谯周、冯道受卖国之赏而伤忠臣之心，更暗寓对明朝史事的切责。犬戎为夷狄，王夫之暗指清。当明末清军入侵时，是失身事仇，还是忠勇抵抗，是当时考验知识人是否忠于国家的试金石。顾炎武、黄宗羲、方以智、王夫之、黄道周等明清之际一批杰出的知识人，皆义无反顾地选择了抗清。在事无可为的情形下，不得已隐居、出家，这是民族气节的表现。明亡后他们写的著作中不仅不奉清朝之正朔，而且严斥失身事外族者。谯周托词于气数，冯道以"痴顽老子"自命而大言不惭，更是王夫之所不齿的。在《宋论》中他曾说：

> 若夫辱人贱行之尤者，背公死党，鬻贩宗社，则崔胤、张浚、李磎、张文蔚倡之于前，而冯道、赵凤、李昊、陶谷之流，视改面易主为固然，以成其风尚。……士之贱，于此而极。[②]

此中对明朝灭亡之后知识人出处大节的强调，面对亡国灭种的残祸烈毒对未来中国文化伦理导向的贞定，对士人自我担当精神的高扬，是王夫之激奋放言，痛切指陈的着意所在，也是他对老子此言大张挞伐的有力理由。

对《既济》九三爻辞"高宗伐鬼方，三年克之，小人勿用"及小象

---

① 见拙文《王夫之〈春秋〉学中的华夷之辨》，载《中国文化研究》2005 年第 2 期。
② 《船山全书》第十一册，第 25 页。

"三年克之，惫也"的议论，也表明了这一点。三年伐鬼方，是殷高宗的一次正义行动。虽然由于其道路辽远，孤军犯难，不仅三年才完成，而且方其成就，兵力疲惫已甚。但是高宗当殷商中衰，奋发中兴，以使殷商靖定，因此而声威大振。不克鬼方，高宗即不成其为高宗。虽然因时代迁移，殷商最终灭亡，但高宗中兴商朝之事，却是英雄伟业。不能因为其"初吉终乱"，英雄伟业在时间的流逝中终究成为陈迹，就放弃了自身应做的努力。这种自我放弃可谓早计成败而惩羹吹齑。如此则永无成功之一日。就如不能使河无波，而亦不能使不渡河。人为的努力始终是成功的根本因素。而诸不利因素正是在努力奋进中得以扭转的。王夫之这里所讲的，是对老子的消极态度的批评，也是对被"初吉终乱"一语导入歧途的人的激励。这与他一贯倡导的以健统顺，健顺配合，自强不息，阳刚有为的文化立场和人生态度是相符合的。在对各卦爻的阐发中，这一点是王夫之不断加以提倡和强调的。

另外，王夫之对既济卦辞"小利贞，初吉终乱"所象征的小人得志导致大乱之结果所提出的救治之道，也是他既济阐发的重要之点。王夫之首先以既济、未济象征小人之道，他从这二卦的卦辞说明这一点。未济的卦辞是"未济，亨。小狐汔济，濡其尾，无攸利"。狐为媚惑之兽，为阴类。"汔济"者，将济而终未济之状。小狐未济，是因为濡湿其尾。小狐未济，对小狐是无所利，而小人之不利，正是君子之利。故卦辞判未济为亨。既济的卦辞是"既济，亨。小利贞，初吉终乱"。而其《象传》为"既济亨，小者亨也"。也是说，既济是小者之成；小者之成，则虽初吉，而终究必乱。因为小人是乱事之阶，从长时段来看，从庄子所谓"参万岁而一成纯"的眼光看，未有小人而终为吉利者。所以"未济"者，阴未济也；"既济"者，阴已济也，象与爻皆以阴为言。

此二卦既为小人之卦，则对小人须有防范、应对之道。王夫之在早年的《外传》和晚年的《内传》中，都提出对小人的遏制、阻抑之论。这表现在两个方面：其一，对阴所代表的不利因素，应如初九爻辞"曳其轮，濡其尾"所象征的，遏止不使其坐大。"曳其轮"者，止其行；"濡其尾"者，遏其济，将其扼杀、消弭于初起阶段，不使逐渐养成。

王夫之说：

> 二欲升，而初以阳刚静镇于下，制之不行，"曳其轮"也。初曳之，则二之尾濡而不得济，故虽为柔所乘而无咎。此奖阳以制阴之辞也。言"濡尾"者，于未济见之，谓狐也。取象于狐者：狐，阴邪之兽，性多疑，而妖媚以与人相乱。阴杂于阳之中则疑，与阳杂处而交应，故能媚，贱阴之辞也。[1]

这是说，阳对阴应有制驭之道。既济初九虽在六二之下，刚为柔乘，但能"曳其轮"来遏止其行，"濡其尾"而使不得济渡。爻辞即含有奖阳制阴、崇阳贱阴、镇阴不使坐大之意。故王夫之在解说初九象辞"曳其轮，义无咎也"一句时也说："阴岂可使济哉！制之不行，君子之义也。"[2]

以阳抑阴，以君子制小人，这在王夫之的《易》解中所在多有，这里仅举小过卦为例。小过卦象为艮下震上，卦辞为"小过，亨利贞，可小事，不可大事。飞鸟遗之音，不宜上，宜下大吉"。王夫之着重就卦辞进行发挥："小过"者，小小过差。有小过差是因为阴皆占据主位，此卦六二、六五居上下卦之中，初六、上六为之羽翼，将九三、九四置于进退危疑之地，且禁锢于内，此为其过错。但不像剥卦之削弱阳、否卦之摒阳于外，故其过犹小。但此卦以阴柔为主，阴柔者柔弱谨慎，能任小事不能任大事。故"可小事，不可大事"。《周易》裁抑阴之意于此可见。此外，此卦四阴在外，二阳在内，以飞鸟拟之，四阴象其双翅，二阳象其躯干。"不宜上"者，鸟飞而上，其音不为人所闻；此时躯干为翼所制驭，象征"阴恃其过以挟阳而上也"。鸟飞而下，翼随躯干而降，象征阳"敛阴以趋乎实也"，故吉。王夫之就此发论：

> 三、四虽失中而处内，一止一动皆其所主；阴虽过，可使戢其飞扬之志以顺刚而行，则大吉矣。夫失中之刚，岂能遽戢阴之拼飞哉？而圣人曰：阳固有可藉之资，犹有可为之时，小虽过，何

---

[1] 《船山全书》第一册，第494页。
[2] 《船山全书》第一册，第494页。

尝不可大吉乎？人欲行，不足以害天，则好货好色而可以王。君子存，犹足以制小人。故汲黯在廷而淮南惮，裴度得用而承宗服。大吉者终在阳而不在阴。阴之过未足以为阳忧也。呜呼！此圣人扶抑阴阳之微权也。抑唯阴非固恶，阳犹足以大吉，而异于否、剥之必凶也。①

这是说，小过艮下震上，卦德为止、为动。中二阳做主，可谓动止皆自为主，不为阴所挟持。阴虽有小过，能收敛其奋飞之志，顺阳刚而行，则为吉。当然失中之刚未必遽能控制阴之奋飞，阳仍有其可以资借的优势，犹有可以有为之时。就阴来说，能含阳于内，能载阳而行，能在有过之时顺阳刚之道，有此三善，亦可无过。故王夫之以为小过之"大吉"，终究在阳不在阴。"小过"不足为君子忧。故否之卦辞为"否之匪人，不利君子贞"，剥之象辞为"不利有所往，小人长也"，而小过则"亨利贞"。这是周易扶阳抑阴的表现。在解释小过大象辞"山上有雷，小过，君子以行过乎恭，丧过乎哀，用过乎俭"时也说："《小过》，阴之过也。阳亢阴恭，阳乐阴哀，阳丰阴俭。君子之道有过用夫阴者，唯此三者尔。不溺于怠惰，不靡于嗜欲，不流于惨杀，则皆阳以胜阴而不失过也。"②此中以阳抑阴，以君子制小人的意图是很明显的。

其二，以易之"穷理尽性以至于命"为正道，效法天地之正，以正克邪以自保。王夫之说：

> 人事之所争屑屑，而不能及天地之大者，命也。学焉而必致其精微，以肖天地之正者，性也。知其不能及天地，故君子乐天；知不能及而肖其正以自奠其位，故君子尽人。穷理尽性而至于命，亦曰防之，而岂早计以吹齑之幸免欤？③

此皆既济大象传"君子以思患而豫防之"之计。尤其第二个方面，是王夫

---

① 《船山全书》第一册，第484—485页。
② 《船山全书》第一册，第486页。
③ 《船山全书》第一册，第974页。

之反复致意强调的。王夫之认为，不管是道家对于文明弊病的抉发，还是儒家对道德必要性的维护；不管是既济的"初吉终乱"，还是未济的"辨物居方"，皆是人事之小者，远不及天地本体之大。这是无可如何之事，一种无法逃避的必然选择，一种不得不面对的当然境遇。此即王夫之所说的命。命不是使人消极的无可奈何，而是使人知其必然而积极对待的态度。知命，才能乐天而尽人为，才能掌握"命"而不是放弃努力、听天由命。此正"大人造命"之意。致其精微者，致天地之广大而尽万物之精微，以效法天地之正。此"正"，既指天地自身的原理，也指人文视野中对具体事物的哲学诠释。前者是基本的、本原的，后者是派生的、更高追求中的精神洞观。没有前者，将厚诬事物之真而搞乱万物的秩序；没有后者，将泯灭精神对万物的陶铸、诠解作用而丢弃事物之美之善，将人变为机械的摄取者。王夫之之"正"是这二者的双相合一，而肖天地之正包含了对事物自然法则的照察和对意义价值的理解。人是科学的、实证的动物，也是理解的、诠释的动物，这就是人的本性。"尽性"即穷尽地实现这一应然之命令、这一作为人的根本性质的当然之律则。"乐天"不仅是对天的适然顺受，更是对天的企慕仰爱，这是尽性至命的助缘、动力，更是肖天法天的内在需求。"尽人"不仅是对人的存在的充分尊重，更是对人的精神力量的信任。相信人对自然规律的掌握，相信人对自然事物的人文诠解能使人获得向更高境界升进的力量。这就是人在天地间应该奠立的位置。这就是易所谓穷理尽性以至于命。虽然步骤有顿渐，所得有浅深，但对天道性命的一体贯通是同一的。所谓"思患而豫防之"，不是惩羹吹齑式的消极放弃，而是穷理尽性以至于命的积极参与、与之同一。王夫之的这一路线，是与他正大昂扬、刚强不屈的文化理想和人生态度一致的。他对于老子之知白守黑、谦下不争的批判，也是出于以上基本立场。

王夫之还结合既济卦辞提出君子应该采取的正确方向：

> 君子之慎微明辨，争位于纷杂之余、正交于肆应之地者不敢惮劳，非曰永固，亦以延天地之盛于一日。则后起者弗以澌灭而不可继，固勿庸以既济为戒涂，而倒行于雌雄、黑白之间，依不盈、不

足以自保也。①

此一段话亦大有深意。"慎微明辨"者，穷理也。格物穷理是一切行为的基础，一切行动的起始。它既是一种态度，也是一种行动。"争位于纷杂之余、正交于肆应之地"者，老子之清静无为既然不可取、不可得，世间事物的纷争、肆应就是常态，就是人不得不面对的境遇。既济卦的阴阳相杂相间正好象征此种景象。在此景象中，争位、正交是人应该采取的行动。此即尽性、至命。尽性者，尽人主动探索世界、取用世界，在此活动中正德、利用、厚生之本性。至命者，充分发挥人的能动性，了达世间万物之理，掌握世间万物之法则而与之为一。既达到天道天命，也达到人之作为之极致。要做到这一点，靠的是争位与正交。穷理尽性至命就是争位与正交。争位者，争取人在与客体交往中的有利地位；正交者，面对纷繁杂乱的世界采取正确的方向和道路。王夫之不是不知道一治一乱这个历史运行的法则，但人的争位、正交正是实现一治一乱的条件。否则，世界将永世沉沦而无光明之日。不能因为始吉终乱而放弃，堕入道家之虚静无为。

结合既济卦象来说，上六爻辞"濡其首，厉"，预示着既济在"济"之极点后，必有"未济"为之接续。王夫之对此解释说：

> 阴亢居上，恃得位得应而猛于济，水淹其顶而不恤，危矣哉！阴之亨至此而极，阴之乱至此而不可弭矣。阴阳相杂，各安其所，而变化之道穷。过此而无可为者，则唯挠乱以成乎未济。阴阳向背十二位，自然之理数也。②

这是《内传》既济卦的最后一段解释，有总结前文的意思。阴爻居上，可谓阴亢，亢则有穷，为凶、厉之缘由。居上之位，而无自省自警之心，恃得位（阴爻居阴位）、得应（与九三应）有利之势，莽撞渡河而水没其顶，亦过于亢高之义。所招致的祸患亦因至极之位而无可救。从阴阳排

---

① 《船山全书》第一册，第975页。

② 《船山全书》第一册，第497页。

列整齐来说，它代表阴阳各安其位，不能争位，不能正交，处肆应之地而机械地处置，由阴阳相交杂而引起的变化万端至此而穷。变化穷则死水微澜，生气全无，只有溃乱而终。此时，阴阳十二位向背所代表的一阴一阳之道自然之理必然使之进至未济，而既济终焉。

王夫之以上诠释，表明他一个鲜明的立场，这就是出于对明亡教训的总结，出于对未来中国文化基本精神的确立，他始终高扬阳刚为代表的健动、崇实的正面价值，始终以天命在兹的文化担当与一切违背这一基本精神的学说做勇猛的战斗。从中可以看出他作为明清之际杰出的知识人在"六经责我开生面"的鼓舞下对经学解释基调的奠立，和面对亡国灭种的惨祸烈毒在思想文化方面所做的奋力抗争。

第十四章

未济卦阐发的几个维度

未济是周易之终卦,在整个卦爻系统中有特殊地位。王夫之对它的阐发包含着许多重要哲学观念。本章结合他早年所作的《周易外传》和晚年的《周易内传》,对其中的诠释维度作一论述,重点在他的贯穿始终的本体论思维,对未济何以可做终卦的解释,及对小人如何得吉的告诫等,以见出这些论述中所体现的时代关切。

一、乾坤并建与"未济"

王夫之未济卦阐发的重点之一是对本体论思维方法的强调。前文提到,王夫之的乾坤并建在他的易学系统中的重要性怎么强调都不为过。所以他时时提起,不惮重复。在未济卦中,王夫之重新强调乾坤并建的本体论,以突出天地为体,万物为用,乾坤父母产生六子(八卦中其余六卦)的思想。既济、未济皆三阴三阳,正好符合王夫之乾坤并建、一阴一阳之道产生万物的本体论观念。在《周易内传》对既济卦的解释中,王夫之对乾坤并建在他的解易系统中的重要地位作了较前更为全面、深入的说明:

> 周易乾坤并建以统全易，阴阳之至足，健顺之至纯，太极本然之体也，而用行乎其间矣。乾以易而知险，坤以简而知阻，阴阳不杂，自絪缊以成化，天下之物、天下之事、天下之情，得失吉凶，赅而存焉，而不忧物变事机之或轶乎其外。乃就一时一事而言之，大化无心而听其适然之遇。……然而造化之妙，以不测为神；阴阳之用，以杂而不离乎纯者为正。故象虽诡异，而道以不限于方所者为无穷之大用。其曰一阴一阳之谓道者，阴阳十二皆备，唯其所用之谓也。非一阴而即间以一阳，一阳而即杂以一阴，一受其成型终古而不易之谓也。①

王夫之解易以"乾坤并建"为纲宗，以之统贯全易。乾坤合撰，阴阳至足，健顺至纯，此一阴一阳之道。此"道"也可以叫作"太极"。王夫之所谓"太极"与朱熹不同。朱熹的太极是"总天地万物之理"，是具体事物之理的抽象、统合。而王夫之的太极是阴阳合撰之万物本身，是总体而观的天地万物。王夫之所谓道，所谓太极，是将具体事物的物质性存在、法则、规律、条理、运行涵括为一，它重在物质存在、运动义，不像朱熹的太极侧重理则、逻辑根据义。王夫之的道，是本体，是於穆不已、无一息或停的万物之总体，自然包含万物于自身之内。它与万物的关系是"道，体乎物之中以生天下之用者也"②，道与万物是体用关系，有则一时皆有，道表现为万物，万物为道的展开，二者一体两面，即体即用，不是道家宇宙论的道。

此义在王夫之的各种著作中论之甚多，在既济卦阐发中着重表达的是，乾坤和万物的关系既然是本体论的，其展现为万物就是自然的、适然而遇的、随机呈露的，不是有顺序的、机械的、外力安排的。这恰好表现了天道生物的神妙不测，不疾而速，不行而至，符合易道"神也者，妙万物而为言者也"（《说卦传》），"无思无为，寂然不动，感而遂通天下之故""为道也屡迁，变动不居，周流六虚，上下无常，刚柔相易，不可为

---

① 《船山全书》第一册，第 490 页。
② 《船山全书》第一册，第 821 页。

典要，唯变所适"（《系辞》下）的特性。王夫之最看重的，就是道的这一点，他认为天地之所以长久、之所以广大，全在它的生物不测。万物皆直接源自道，并非他物造成。虽然具体事物的产生和发展，皆有其理则，有其根据，非杂乱无章，凭空而有，但从根本上说，具体事物的根据、理则皆是道的一部分；具体事物的各个方面，其存在，其法则，皆可以从道得到说明。如果不是从道找根据，而是从他物找根据，则物的产生有顺序，有因缘，有安排，这就违背了天道自然，无目的、无意志、无造作的本性。

在对未济卦的阐发中，王夫之也着重申明这一点。他是由具体事物与道的关系来说明的，他说：

> 若夫天地之所为大始者，则道也，道固不容于缺也。不容于缺，必用其全。健全而乾，顺全而坤，因是而山、泽、雷、风、水、火，皆繁然取给于至足之乾坤，以极宇宙之盛，而非有渐次以向于备。何也？道无思而无为。渐次以向于备，则有为吝留，有为增益，是且有思而有为，其不足以建天地之大也久矣。[①]

天地本无终始，但如果必须从某一点起始的话，则莫若从道开始。道是宇宙的全体。这个全体不是抽象的理构成的"洁净空阔的世界"，这个世界包括了所有的所以然之故和所当然之则，是活生生的、於穆不已的变化大流。在这个大流中，万物的物质存在及其理则、运动通一无二。用中国哲学的术语说，性体、命体、道体、心体统合为一。此整全的存在以天地包笼之，天者刚健，地者柔顺，乾坤并建而健顺和合。此为本体，山、泽、雷、风等具体事物皆是这个本体的局部表现，皆取给于此本体。而所谓取给不是老子的"道生一，一生二，二生三，三生万物"式的宇宙论的生，而是一时皆有，直接取足于本体的"生"。而且这种生是自然而然的，内不由于己，外不由于造物者。如果是渐渐完备的，则存在整体就是有意志、有思虑、有造作的，不足以为道体。所以王夫之说：

[①] 《船山全书》第一册，第976页。

> 震、巽、坎、离、艮、兑，男女之辨，长少之差，因气之盈缩而分老壮，非长先而少后也。终古也，一岁也，一日也，一息也，道之流动而周给者，动止、散润、暄说皆备于两间，万物各以其材量为受，遂因之以有终始。始无待以渐生，中无序以徐给，则终无耗以向消也。其耗以向消者或亦有之，则阴阳之纷错偶失其居，而气近于毁。此亦终日有之，终岁有之，终古有之，要非竟有否塞晦冥、倾坏不立之一日矣。①

这是说，乾坤所生之六子震、巽等，按《说卦传》的说法，有老少、男女的差别，而实际上其差别是因得气之多寡、强弱，非其生有时间上的先后。道的供给万物是普遍的、无私的。它流动至一切处，无远弗届。它本身就有运动或停止、延扩或收缩、湿润或干燥、暄腾或翕聚等品格。震之动、艮之止、坎之润、离之暄、巽之散、兑之悦，只是各以其本身的容量接受天地间的气而有的特性而已。从具体事物说，其接受气有不同的时空点，故受气量不同，从这个意义说事物有不同、有先后；但其接受气并不受外在条件的限制，也不是逐渐向完备发展，也没有既定的次序，也不会逐渐消耗而归于无。具体事物的消耗是时时发生的，但绝无人消物尽天地倾坏之时。具体物此消则彼长，彼消则此长，就万物全体说，就道之运行说，所消者与所长者适相均等。人口若过多，必有兵燹、饥馑、瘟疫、疾病为之消耗。虽鸟兽草木，具体之生与消或幽暗难明，但生物之相生相食其总体为平衡，是可以想见的。这就像夏昼冬夜之长短暗移一样，其结果是平衡势均。天地以其自然任具体物之生消。所以王夫之归结说："要其至足之健顺，与为广生，与为大生，日可以作万物之始。有所缺，则亦无有一物而不备矣。无物不备，亦无物而或盈。夫惟大盈者得大虚。今日之不盈，岂虑将来之或虚哉？故易成于既济而终未济。未济之世亦乾坤之世，而非先后之始终也。"②本体论思维是王夫之哲学的出发点，也是他关于未济卦解释的思想基础。

---

① 《船山全书》第一册，第976页。
② 《船山全书》第一册，第976页。

王夫之的本体论思维方法，是中国哲学发展到明清之际的必然结果。本体论与宇宙论是两种不同的思维方法。宇宙论侧重于对宇宙源头的追寻，是一种带有科学性质的较为实证的陈述和说明。中国古代哲学往往本体论和宇宙论区分不很明确，这是因为古代宇宙论有很大的猜测、玄想的成分。对宇宙论最有兴趣的是道家。而道家对宇宙源头的追寻主要是为它的根本法则虚静、守柔等找出逻辑根据。本体论则主要注目于本体和它的作用、表现的关系，是一种纯粹的理论设定和阐释，它代表哲学家的识度、洞见，是完全的哲学活动而非哲学和科学的混杂体。中国哲学经过宋明理学特别是阳明心学的洗礼，经过儒释道三家互相渗透、影响所导致的融会贯通，完全向外探寻的趋向，被向内探究精神活动的深厚含蕴这一哲思趋势所淘洗与改铸，宇宙论大大褪色。王夫之要站在时代的高度阐释他对于哲学根本问题的见解，特别是他所用的主要理论工具易学本身的阐释性质，更使他采取本体论的进路。所以他在研究周易的初期即定下了本体论的基调。作于早年的《外传》起首第一句就是"道，体乎物之中以生天下之用者也"，规定了他对道体的探寻方式：本体论。他解易最根本的义理如乾坤并建、四圣一揆、占学一理、象爻一致等皆在此基础上展开。乾坤并建即天地为本体，世间一切皆是它的展现，理为实际事物的条理和法则。本体并非虚廓飘渺。万物之间的联系为实，为有。人的本性源于天，天性即人性。天地万物日新不已，生生不息。太极有易而有于易，相摄互涵，既有普遍必然性又有可经验性。既有下学又有上达。既是可利用的实际事物又是供人做形上升华的觉解媒介。这些二相归一的性质，决定了王夫之必定采取本体论的进路。

二、未济何以可做终卦

未济何以可做六十四卦之终？王夫之在对未济卦的阐发中对此有所涉及，于中可见他崇尚健动，崇尚生生，崇尚事物的丰富与多样性的哲学思想。在晚年所写的《内传》中，王夫之只是顺《周易》原典随文作注，对这一有深厚意蕴的哲学问题没有多论及，而在早年的《外传》中，对此有多重阐发。《外传》因作于明亡后不久,王夫之心中愤懑、怨恨、忧虞之气萦绕不去,他的阐发,也因而与他对导致明亡的诸多因素的反省、思考有关。

首先是对象数易学的批评。王夫之继承了程颐以来的义理传统,对象数学多有批评,即使对他素所尊仰的朱子的解易方向与旨趣,也严厉批评,不稍宽贷。对周易之外的占筮书也不信从。《外传》对未济的阐发首先从此入手,王夫之说:

> 水火之为功,不及天地之盛,因是而为害亦不如阴阳亢战之穷。逊其可大,故其成也小;让其可久,故其毁也不长。故天地而无毁也。藉有毁天地之一日,岂复望其亥闭而子开如邵子之说也哉?成之小者不足以始,故易首乾坤而不首坎离(自注:据"天一生水"则当首坎矣);毁之长者不可以终,故易终未济而不终坤。①

未济卦内坎外离,故先从水火起论。王夫之认为,周易乾坤二卦为始,既济、未济二卦为终。坎离所象征的水火其产生万物的重要性,当然不及天地之大。其所招致的危害也不及天地之大。所谓危害,指乾之"亢龙有悔",坤之"龙战于野,其血玄黄""龙战于野,其道穷也"。而既济、未济之害,不过"初吉终乱","无所利"而已。故其与乾坤相比,其成就小,其毁坏也不长。而天地实无毁坏之一日,"乾坤毁则无以见易",天地的存在是恒久的,无始无终的。对天地终始的象数论解说,如邵雍所谓"天开于子,地辟于丑"之说,实为"鬻技之小数"。王夫之由此对朱熹之解易方向有严厉批评:

> 朱子学宗程氏,独于易焉尽废王弼以来引伸之理,而专言象占,谓孔子言天、言人、言性、言德、言研几、言精义、言崇德广业者,皆非羲、文之本旨,仅以为卜筮之用,而谓非学者之所宜讲习。其激而为论,乃至拟之为《火珠林》卦影之陋术,则又与汉人之说同,而与孔子《系传》穷理尽性之言,显相牴牾而不恤。由王

---

① 《船山全书》第一册,第975页。

弱以至程子，矫枉而过正者也，朱子则矫正而不嫌于枉矣。①

当然朱子并非像王夫之批评的那样，仅以易为卜筮之用，而不讲天人、性德。这个问题所含摄的内容甚为广泛，这里不详辨，只指出王夫之对象数学的批评；由对象数的批评，带出对杂占的批评；由对杂占的批评，显出对《周易》的唯一信从，及对解易的义理方向的遵守。王夫之对《连山》《归藏》之类杂占之书，皆不信用，尝说：

> 秦焚书，而易以卜筮之书，不罹其灾，故六经唯易有全书，后学之幸也。然而易之乱也自此始。孔子之前，文、周有作，而夏商《连山》《归藏》二家杂占之说，犹相淆杂。孔子删而定之，以明吉凶之一因于得失，事物之一本于性命，则就揲策占象之中，而冒天下之道。乃秦既夷之于卜筮之家，儒者不敢讲习，技术之士又各以其意拟议，而诡于情伪之利害。汉人所传者非纯乎三圣之教，而秦以来杂占之术纷纭而相乱。②

这里王夫之认为，《周易》是纯乎儒家圣人之教的典籍，《连山》《归藏》虽亦为筮人之书，但杂而不纯。《周易》是讲天人性命之书，儒家根本之道，就包含在象占之中。周易以乾坤二卦为首，体现的是乾坤并建，天地为体，为能生之母；万物为用，为所生之子的思想。为他定立天地之理，以理为法则、规范，穷理尽性，极深研几，即象见理，以理为得失准则的根本意旨服务。所以水火为小，不足以为天地之始。《连山》首艮、《归藏》首坤，皆为后世杂占之书，不足以与周易并列。而"天一生水"之说，以坎为首，也为不经之谈。天地万物并不像象数家所说的有始点，有终点。即使是像周易这样刻画天地万物的变化的典籍，其中必须有卦爻之序列，也不能从水火二卦构成的既济、未济开始，而只能以既济、未济告终。

另一点理由是，如上述，王夫之是以本体论方法批评宇宙论方法，所以就万物之总体说，既无盈满过多之时，也无短缺不足之时，代表万物总

---

① 《船山全书》第一册，第653页。
② 《船山全书》第一册，第652页。

体变化的"易"就是"既济"和"未济"并存的。既济代表已成，未济代表未成。已成者往矣，未成者方来；已成者向未成转化，未成者向已成行进。乾坤所生之一切，并世而在，盈缺互存，共同构成宇宙健动不息之大流。所以既济、未济亦乾坤之世，乾坤之用，既济之后必有未济，二者彼此抵消，平衡互济，否则有盈满或不足之患。

而在既济与未济二者中，未济为何殿后，王夫之亦有说，他从未济卦的卦象加以说明。王夫之首先从阴阳相交之完备程度着眼：

> 阴阳之未交也，则为乾坤。由其未交，可以得交。乃既交而风、雷、山、泽亦变矣。其尤变者，则莫若水、火。一阳而上生一阴，一阴而上生一阳以为离。一阴而上生一阳，一阳而上生一阴以为坎。互入以交，三位相错，间而不纯。既或以为坎，或以为离矣，因而重之：离与坎遇，离三之阳上生一阴，因以成坎，而为既济。坎与离遇，坎三之阴上生一阳，因以成离，而为未济。互交以交，六位相错，间而不纯，阴阳之交，极乎是而甚。故此二卦者，乾坤之至变者也。由其尽交，非有未交，交极乎杂，无可复变，是故有终道焉。①

这是说，从三画卦说，坎离阴阳间隔，一阴而即有一阳，乃阴阳相交之极致。由六画卦说，既济、未济皆三阴三阳相间而成，而二卦皆由代表物质元素之极至的水火相叠而成，故代表阴阳之交的极致。极至者到此而止。六画卦，阴阳相交之程度最深，形式最高，至此无可变之余地。故在本无终始的宇宙本体中权且寻得一逻辑终点——既济、未济。

而在此二卦中，王夫之继续从其卦象及所象征的事物关系中寻找其最后的终点。王夫之说：

> 既济得居，未济失居。杂而失居，伤之者至矣。水胎阳而利降，火胎阴而利升。既济水升火降，升者有余位以降，降者有余位以升。未济水降火升，降极而无可复降，升极而无可复升。性流于

---

① 《船山全书》第一册，第977页。

情，情孳于生，交极位终，则既济成而未济终。固一日之间，一物之生，皆有此必终之理行乎阴阳，听万物材量之自受，则未济亦可以一终矣。①

所谓既济得居、未济失居，是说既济六爻皆当位，未济六爻皆不当位。不仅如此，未济上卦为离，下卦为坎，坎卦阳爻在中，阴爻在外，且水性为降下。既济反之，上卦为坎，下卦为离，离卦阴爻在中，阳爻在外，火性为升上。既济水升火降，象征水火交用共成一物。而未济水降火升，本降者继续下降而穷，本升者继续上升而亦穷。二者皆穷而物无成功之日。故就成物之功言，既济愈于未济。既济已成而完满，未济未成而有缺。在价值上既济在先而未济在后。另外，未济上下卦听其本性泛滥而无节，只顾满足自身的本能需求。用理学家的惯用语言说，则"性流于情，情孳于生"。从世俗的眼光看，可谓一生极尽享乐。但既济代表理想之完成，未济代表世俗之极致，从理想的角度，未济亦未成而有缺。既济、未济所代表的两种发展趋向存在于世间，万物由于自己的才量、机缘而各有所得。未济之作终卦，亦自然之结果。王夫之这里是先从天然、自然的角度论证万物在交往中表现出的本性，以为他的理想之境张本。

王夫之继续申论：

> 然而交则极也，阴阳则未极。阴阳之极者，未交则乾坤也，已交而得居则泰也，已交而失居则否也。乾坤之极，既已为始，否之极又不可终，非乾则坤，非坤则乾，十二位之间，向背而阴阳各足。既不容毁乾而无坤，毁坤而无乾，又不得绝否之往来以终于晦塞。惟夫往来皆杂，十二位相错而未有纯者，则未济遂足以一终。②

这是说，既济、未济一阴一阳相交之全面、彻底在六十四卦中达于极点，但三阴三阳之阴阳自足则未至极。其至极者，阴阳未交则为乾坤，已交则为泰否。按王夫之的解释，泰者，大也，安也。表示天地施化广大所以安

---

① 《船山全书》第一册，第977页。
② 《船山全书》第一册，第978页。

泰。且泰，乾下坤上，乾为阳刚清朗之气，势用是上升的；坤为沉浊重拙之气，势用是下降的。在乾的上升、坤的下降中，二气相交，广大且安泰。故泰之《彖传》说"天地交而万物通也，上下交而其志同也"。王夫之在《内传》注释此句时特别点明："天以清刚之气为生物之神，而妙其变化。下入地中，以鼓动地之形质上蒸，而品物流形，无不畅遂；若否则神气不流行于形质，而质且槁。君以其心下体愚贱之情，而奠其日用饮食之质，民且上体君心，而与同忧乐。若否则各据其是以相非，貌虽应而情相离。合天化人情而言，泰之所以施化盛大而亨者见矣。"[①] 对泰之欣悦赞佩之意溢于言表。以万物本体说，乾坤已做了开始，泰否二者为错卦，但否卦《彖传》"天地不交而万物不通，上下不交而天下无邦"，《象传》"君子以俭德辟难，不可荣以禄"，否塞不通之物，不能做终卦。算来阴阳相交、阴阳至足者，只有既济、未济二卦，而既济代表以往，未济代表方来；方来者无穷尽，表示万物之生机盎然，生生不息，能彰显泰之天地交而万物通之理想。唯未济符合往来皆杂，十二位相错（显者为未济，隐者是与它相错的既济，两卦合为十二位）而未有纯者的标准，故可做终卦。这里标举的是，阴阳各足，阴阳间杂而不纯，才足以代表万物之本体，才足以与奠立开始之基的乾坤相配合、相应和。这是王夫之以未济为终卦的一个理由。

可以看出，王夫之作为起始的，是天地万物之总体，健动不息，生生不已，健顺互涵，相辅相成。作为终结的，是经过事物充分绽开之后的阴阳相交达于极致，打通阻隔闭塞，潜藏着未来无穷生机，招致未来丰富多样性的个体。此个体是逻辑终点，是并不离开整全的本体的个体。王夫之为未来建立文化理想的苦心于此可见。

三、小人之"亨"与"贞吉悔亡"

按王夫之的解易原理，乾坤并建为体，其余六十二卦为用。而造化

---

① 《船山全书》第一册，第142页。

神妙不测，万物以阴阳杂糅、杂而不离乎纯为正。所以卦象之杂越，正代表万物之无有方所、不可典要。而既济、未济皆三阴三阳间隔整齐，非天地万物杂然并陈、阴阳随机组合之本然。虽亦有承有乘，阴阳相应，似为上吉之卦，实则与阴阳不测之机相违背，故王夫之说：

> 若其一炎一寒、一润一燥、一上一下者，皆形而下之器，滞于用而将消者也。由此言之，则既济、未济为人事已谢之陈迹，而非乾元乘龙、坤元行地之变化，明矣。自不知道者言之，则曰爻有奇偶之定位，而刚柔各当其位，贞悔各奠其中，初与四、二与五、上与三各应以正，乾坤之变化至此而大定，而不知此有形之刚柔同异，不足与于不测之神也。①

以此主辅、体用不立之道处事，则小人怀土自私之道将大行，而君子之刚中之道将退缩，故不是阳刚持盈保泰之福。从万物之化生言，以水火为最显著的要素。而万物变化的结果，火熄水暵，化为气而返归太虚。而既济、未济之内卦、外卦皆由代表水火的坎离构成，此二卦又处于六十四卦之末，象征水干火灭，人消物尽，与象征万物蓬勃生发、蒸蒸日上的乾坤正好相反。从卦辞看，既济为"小利贞，初吉终乱"。其《彖传》曰："既济亨，小者亨也。"未济为"小狐汔济，濡其尾，无所利"。狐为媚惑之兽，为阴类。二卦皆以阴为主，故二卦皆为小人之卦。所以王夫之以为，既济者，阴之济，未济者，阴之未济，既济未必可喜，未济未必可悲，因为"二卦皆小人之道，衰世之象也"。②

王夫之既以阴、以小人定未济之基调，所以他对未济整个卦的解释趋向就是贬抑的。他认为，未济初、三、五皆阴爻，皆不当位，且其升进，遭到二、四、上三阳爻的阻遏、掩覆，不能达于上，所以"未济"。而此"未济"未必非君子之福。从内外二卦说，未济内卦为坎，外卦为离，水本润下，已经为下则干涸；火本炎上，已经为上则散灭，虽各遂其

---

① 《船山全书》第一册，第491页。
② 《船山全书》第一册，第492页。

情，但不相为用，没有在化生万物中发挥应有的作用，故亦"未济"。更为重要的是，王夫之认为，以阳为代表的主动的势用，内蕴着奋发、昂扬、健行的本质，而阴则不具备这样的势能，须有阳震动、鼓舞、激荡，使之奋起。王夫之说：

> 盖阳气之流行，上穷碧霄，下彻黄垆，无往而非其体之所在，无往而非其用之所行。天包地外，亦入地中，升降出入，行焉而皆得，化焉而皆成，故曰："时乘六龙以御天。"若阴之升而成功于两间，非阳袭其内以震起之，则凝滞而不足以资变蕃之生。阳覆于上，不为鼓荡以升，而阴不济矣。故既济、未济皆以阴道之成毁言，而阳不与焉。[1]

这里，王夫之扬阳抑阴，进君子而退小人，褒扬阳的主动、向上、健行、刚强诸品质，赞美其震起阴以相配合、相辅助，夹持而行的意图是很明显的。

此意在对未济卦辞"未济亨，小狐汔济，濡其尾，无攸利"的解释中也表现得很清楚。何以既言"亨"，又言"无攸利"？王夫之论证道，此中"亨"是对阴而言，六五得利好之爻位，又为上卦离之中，"离"有附丽、光明等义。六五之亨，在于能附丽于阳刚以为明，又能虚己以接受阳之震起，主动与阳配合。仍是得阳之势用为己之利。在解释未济《彖传》"未济亨，柔得中也"时王夫之也说，未济好于既济的地方在于，它六五居中，以柔为主，能虚心听命于阳，虽阴爻当令，但知柔道在奉刚为主，虚心臣服，乾刚实际上仍能做主。

但王夫之亦告诫，阴以静居听命于阳为吉，若欲有所为，将招致凶的结果，所以他认为"未济亨"下随"小狐汔济，濡其尾，无攸利"有其深意。王夫之说：

> 得位而居则亨，欲行焉则无利也。未济三阳皆失位矣，阴阳相间而阳道穷。然而阳失位而阴亦不得，则阴之不利未足以为病。

---

[1] 《船山全书》第一册，第498页。

故拟之以小狐濡尾，若有幸辞焉。狐者，淫惑之兽也。杂处以交于人，而更利于济，则为人道之患。故于其丽于明也，则迪之以君子之道，而许其亨；于其弱而无力、狂而妄逞，则明告以凶吝，而止其愿。易之所以曲为裁成也。①

其意为，六五以阴爻占据阳位，虽不当位，而能安居不为，尚不失其利；如欲有所作为，则不但无利，且将有害，故以小狐濡尾将济未济拟之。未济《象传》也说，狐之未济，是因为"未出中"，即止息于六五，未再升进而达于上爻。如其像未济内外卦所象征的（坎下离上），能附丽于光明，受君子之道熏化，尚能有亨；如果听其妄逞私欲，则陷于灾。《周易》对其曲加裁拟，明告以凶吝，目的在止其为害。这里仍是以阳抑阴，以君子教化小人，以善道监临恶行之意。王夫之主张的是以阳统阴，虽阴阳相参相合而以阳为主，此为处事之恒常法则。

此外，王夫之在《未济》卦中，对九二、九五代表君子之位者，也有明白告诫。他对九二爻辞"曳其轮，贞吉"发论曰："柔欲济，而二以刚中止之，初是以有濡尾之吝。裁阴而不使得志，得正而吉矣。"着重于对阴进行裁抑。对小象辞"九二贞吉，中以行正也"之发论，则侧重于裁抑阴使之受控御方显出阳本身之中正："居中而不过，以刚处柔，而善其闲勒，则中以得正矣。"②这些都主张对阴柔所代表的小人要加以裁抑和防范。

但王夫之又告诫，以刚断裁抑阴须持中，不能过激，否则会引起相反的结果："道宜刚断以裁抑之，而又不欲过激。二惟刚柔相剂，而以中道行之，故处于二阴之间，而不为其所忌，奚必大正以相治，而后得为贞乎！"③这里实为明末国事而发。正而不知权变，刚而不审时势，激起君子小人之激烈冲突而于国为大害，此莫甚于明末东林与魏忠贤阉党的冲突。王夫之对此有持正之论，上文已详，此处不赘。而对于阴何以自处才能得吉，王夫之也有明白剀切的指出。在对六五爻辞"贞吉无悔，君子之

---

① 《船山全书》第一册，第499页。
② 《船山全书》第一册，第502页。
③ 《船山全书》第一册，第502页。

光，有孚，吉"及小象辞"君子之光，其晖吉也"的解释中，王夫之说：

> 以柔居刚而履中，未出乎中而不求上进，安其位而知止，故得正以吉，而固无悔。处阴阳交杂之世，独能虚中以丽乎二阳，而著其文明，虽非大人之造，而允为"君子之光"。君子者，以位言，则守成而不徼功之令主；以德言，则希圣而不躐等之纯儒。以是而孚于阳，虽用异而志同，阴之以不求济而得吉者也。……资阳为德而不自求成，所谓"鲁无君子，斯焉取斯"。[①]

也在强调阴思不出其位，安而知止，不造作，不躁进，资取阳之令德为己之助益，方能得相辅相益之结果。

王夫之以上对未济卦几个方面的阐发，都与他总结明亡教训，纠正当时学弊，为未来中国文化奠立健实、尚动、阔大的基调有关。王夫之深重、殷切的牗世之心于此可以概见矣。

[①] 《船山全书》第一册，第503—504页。

附录

王夫之衍《老》的旨趣及主要方面

王夫之衍《老》,一是为了拨正历来解《老》中的错误,还《老子》以本来面目,同时批评历史上因不善用《老子》而导致的祸乱。二是为了曝显《老子》之失,将它引导到儒家的正确方向上来。三是为了指出《老子》的优长之处,以与儒家融会贯通。他的诠释和发挥着重于三个方面:以道为中心的本体论,以气为中心的宇宙论,和以守一主静为中心的修身治国论。通过对《老子》的重新发挥,王夫之表达了他既批评佛老又吸取其合理思想充实儒家的诠释方向。

王夫之一生奉儒学为正,对老庄多有抨击之言。但又出于强烈的文化关怀,为在中国历史上产生了极大影响的道家典籍《老子》《庄子》《淮南子》等作注释。[①]他注解古代典籍的体例,除了主要是疏通字义、事类的"稗疏"之外,可大体分为"六经注我"与"我注六经"二类,如《周易外传》之于《周易内传》,《读四书大全说》之于《四书训义》,《庄子通》之于《庄子解》,皆此例。而关于《老子》,只有《老子衍》一种。《老子衍》之"衍",即顺其思想脉络推广其意蕴,将原文中包含的未竟之言导

---

① 嘉庆《衡阳县志》所列王夫之著作目录,其中有《淮南注》《吕览注》,但至今未发现这二种书。见《船山全书》第十六册,第1047页。

出之意。所以"衍"不同于旁征博引、纵横议论之"说"。"衍"多就原文推论,"说"则多离开原文议论。王夫之之子王敔的一段话点明了此书的注疏特点:

> 亡考(按指王夫之)慨明统之坠也,自正嘉以降,世教早衰,因以发明正学为己事,效设难作折,尤其于二氏之书,入其藏而探之,所著有《老子衍》《相宗》(按指《相宗络索》)、《论赞》(按指《八识规矩颂论赞》),以为如彼之说,而彼之非自见也。①

这里最可注意的是最后一句话,意思是按照释老原意说出,其缺失自然就显现出来。今详味王夫之对《老子衍》的解说,可证王敔所言不差。王夫之确实是顺《老子》原文推论其意,让老子自显其短,而非着意提揭和批评其不足。

一、衍《老》旨趣

《老子衍》作于王夫之 37 岁(1655 年)时,关于作此书的旨趣,王夫之在《老子衍》自序中有清楚的剖白:

> 昔之注《老子》者,代有殊宗,家传异说,逮王辅嗣、何平叔合之于乾坤易简,鸠摩罗什、梁武帝滥之于事理因果,则支补牵会,其诬久矣;迄陆希声、苏子由、董思靖及近代焦竑、李贽之流,益引禅宗,互相辗合,取彼所谓教外别传者以相糅杂,是犹闽人见霜而疑雪,洛人闻食蟹而剥螃蜞也。……夫之察其悖者久之,乃废诸家,以衍其意;盖入其垒,袭其辎,暴其恃,而见其瑕矣,见其瑕而后道可使复也。②

从这里可以看出,王夫之作《老子衍》首先是要抉发《老子》原义。他认为,历代著名的《老子》注疏多歪曲《老子》原义,如何晏、王弼以玄学

---

① 王敔:《大行府君行述》,《船山全书》第十六册,第 73 页。
② 《船山全书》第十三册,第 15 页。

注老,鸠摩罗什、梁武帝以佛教义理注《老》,陆希声、苏辙等以禅宗注《老》。王夫之不满意此等方式,他自定的原则是,深入《老子》之中,研究其真实思想,找出老子著作此书的缘由,并说出其缺失何在,而说出其缺失则正道自见。他这里的正道指儒家之道。

在《老子衍》中,王夫之做的最多的是"见其瑕"的工作,就是曝显《老子》的缺失。《老子》的最大缺失在什么地方?王夫之在《老子衍》自序里说:

> 夫其所谓瑕者何也?天下之言道者,激俗而故反之,则不公;偶见而乐持之,则不经;凿慧而数扬之,则不详。三者之失,《老子》兼之矣。故于圣道所谓文之以礼乐以建中和之极者,未足以与其深也。[1]

这是说《老子》的缺失最重要的是三个方面,一是老子有见于凡俗之鄙陋、浅薄,故意提出相反之论,以显出自己的超脱。因为有激而故反之,所以又陷入相反的一偏,而有陷溺就不公。二是老子对一些方面偶有所见,就将此偶见持为一般原理,以为宇宙人生的根本道理。因所倚所持多为偶然之见,非为正道,故"不经"。三是老子历记成败教训,有一些慧识,而穿凿之以为历史通则并数数张扬,这将招致祸害。王夫之认为,总的说,老子之道貌似玄奥,历来研究它的人也以玄奥的文理诠释它,但实则老子之术比起儒家之道来甚浅。儒家之道的核心,在王夫之这里,就是"文之以礼乐以建中和之极"。中和之极是儒家的形上学,是治人事天的最高原则,其依据则为太极、天、皇极、命、道、理、中和等哲学范畴。礼乐是它的具体表现。礼乐贯彻于上至国家,下至家庭、个人的行为,就是所谓"文"。此文统指文治、文采、人文化成等。在王夫之看来,这些方面才是真正深刻的,这个深刻表现在从天道到人事、从知到行、从物到心的一切方面,是老子所梦想不到的。

从这里看,王夫之向往和崇奉的是儒家。儒家之道正大中和,可以

---

[1] 《船山全书》第十三册,第15页。

纠正以上老子之失。但王夫之又指出，儒家大正中和之道在俗儒陋儒的运用中尽变其本来面目，世道的不竞正是由对儒家之道的歪曲运用引起的，他批评这种现象说："世移道丧，覆败接武，守文而流伪窃，昧几而为祸先，治天下者生事扰民以自敝，取天下者力竭智尽而敝其民。"① 就是说，随时世的推移，儒家之道丧失了，不遵儒家正道以妄行，故覆国败家种种恶果接踵而至。从事文字之道的人流而为作伪剽窃，不明事几的人因愚蠢而招致灾祸，治理天下的人因生事扰民而还以自扰，取天下的人竭尽智、力而结果是使人民陷于穷困疲敝。这些恶果若究其根源，都是离弃了清净无为的原则，为私利而妄逞造作造成的。如果懂一点老子之道，少一些妄逞造作，让万物按其本性自然运行，结果要好得多。王夫之举例说，历史上的文景之治，就是汉初明君有见于天下扰害已久的局面，采取老子的清净无为、与民休息作为治国原则，结果国家大治。此外，老子使人功成身退，免遭亢至之祸。历史上许多明哲之士奉老子之道，急流勇退，清虚自守，才得以全身远害。如汉之张良、晋之孙登等人。

王夫之还把同是提倡虚静自守的佛教和老子之道作了比较，他的结论是，佛教主张空掉一切，不容丝毫保留，以致为了破除对外境的执着，敌视人的耳目感官，诋之为"六贼"。为了破除人对自身的执着，憎恨身体，视为最不净之物。为了引人出世，臆想出种种高远缥渺之境如三十三天等。此等皆违背人的常识，所以佛教实"荒远苛酷"。为了说明其义理，佛教又造出种种名相，浩繁汗漫，入其中如缠荆棘。而对儒家所究心的人情物理，皆以为虚幻之假有而抛弃，唯恐不尽。所以主张守柔谦下、清净自守的老子哲学要比佛教高明而有用。②

那么王夫之认为《老子》之旨究在何处？他认为，司马迁的一句话"老聃无为自化，清净自正"庶几近之。王夫之在《老子衍》中对老子的解说与评论，多就此点发挥。进一步说，老子之旨具体表现为"大道泛兮，其可左右"的本体论，"冲气以为和"的宇宙论，和"载营魄，抱一

---

① 《船山全书》第十三册，第15页。
② 见《老子衍》自序，《船山全书》第十三册，第16页。这里关于老子与佛教的比较，代表了他前期的思想。他后期在一些著作中对老子和佛教的比较评论与此有异。

无离"的修身治国论，这三个方面是《老子》对自己宗旨的诠释。如果用庄子的话来为《老子》宗旨做注脚，则"为善无近名，为恶无近刑，缘督以为经"一语即可概括。这些方面，是王夫之解说《老子》的注目所在，也是王夫之认为可与他所奉守的儒家之道相通的地方。

王夫之最不喜老子者在什么地方？以上所说多从老子学说的形式着眼，若从内容说，则在"知白守黑""欲取先与"这个方面，王夫之将此视为阴谋权诈之术。这一点在《老子衍》中虽未明确道出，但在他晚年解说《庄子》时，在老与庄的对比中数次称说此意。如《庄子解·天下》评论说：

> 庄子之学，初亦沿于老子，而"朝彻""见独"以后，寂寞变化，皆通于一，而两行无碍，其妙可怀也，而不可与众论论是非也；毕罗万物，而无不可逍遥；故又自立一宗，而与老子有异焉。老子知雄而守雌，知白而守黑，知者博大而守者卑弱。其意以空虚为物之所不能距，故宅于虚，以待阴阳人事之挟实而来者穷而自服；是以机而制天人者也。《阴符经》之说，盖出于此。以忘机为机，机尤险矣！若庄子之两行，则进不见有雄白，退不屈为雌黑；知止于其所不知，而以不持持者无所守。……其高过于老氏，而不启天下险侧之机，故申、韩、孙、吴皆不得窃，不至如老氏之流害于后世。[1]

详味此段大有深意的话可知，第一，庄子之学出于老子而胜于老子。王夫之认为，庄子之学本沿老子守柔谦下、清净自守之学。但庄子抛弃了老子的道的超越性，对老子的理想人格加以体悟、提升，作为本体的指代符号，即所谓"朝彻""见独""寥天一""未始出吾宗"等。庄子将此超越的本体与现象界的事物打通为一，使它们体现于一人之上，此之谓"寂寞变化，皆通于一"。寂寞是本体界，变化是现象界。"真人"是既寂寞又变化的，精神寂寞而身处庸众之中，这就是"两行"：既"超乎象外"，又

---

[1] 《船山全书》第十三册，第472页。

"处其环中"。因有两行为基,所以不"与众论论是非",身处万物中而不碍其逍遥。这一点与老子不同。

第二,老子为阴谋机诈之权术,而庄子因有"两行"为其植基,所以不用机诈。关于老子是否为权谋机诈之术,历来看法大异。[1] 王夫之的看法是,老子是一个有历史智慧的人,历记成败,深得取与擒纵之妙术。故知雄守雌,知白守黑,可谓"笑嘻嘻地,便是个退步占便宜底人"(朱熹语)。其知博大而守在卑弱,即是为了"以柔弱胜刚强"。老子看到空虚至卑至弱,但却能胜实有之至高至强,故自守空虚而待实有发展至穷尽而自返于空虚。老子此术制天制人,无之不制。看似平淡,其机极深。故老子之心阴险难测。而庄子则无机诈,雄白雌黑一切不问,虽自守卑弱,但不为胜物;虽自处虚空,但不为致物;忘却有我而不犯外物,视天下物皆处其天然自有之均平,无物无我,逍遥适性。如果讨究庄子之学所自来,则可以说来自"浑天",庄子就是一个不离于浑天之宗的人。庄子所谓"内圣外王之道",即合于浑天之精神。以此精神观百家之学,可以说皆褊狭之言。立此精神以为根基,则老子的"以深为根,以物为纪"之学在不屑为不屑用之列。而老子之学流害于后世,申韩之苛酷,孙吴之机诈,皆攘窃了老子的一个方面。故庄子之学高于老子之学。

从以上的论述可以看出,王夫之之衍《老》,一是为了拨正历来解《老》中的误释,还《老子》以本来面目;二是为了曝显老子之失,为归正于儒家立其基础。所以《老子衍》中虽少有批评老子之言,却与后来阐发儒家思想的著作有一贯之精神,这就是"导二氏入于儒家之正"。

二、衍《老》所注目的三个方面

王夫之在《老子衍》自序中认为老子之旨可用三句话概括:"载营魄,抱一无离","大道泛兮,其可左右","冲气以为和"。这三句话代表了王夫之所认为的老子的本体论、宇宙论和修身治国论。

---

[1] 见陈鼓应:《老子注译及评介》,中华书局1984年版,第15—22页。

1."大道泛兮,其可左右"

王夫之之所以将这句话作为老子本体论的概括是因为这句话符合王夫之关于宇宙本体的根本见解,在他看来,道即宇宙本体,它是无所不包的绝对,从范围来说,它广大无边,无有一物在其外。从内容来说,它自然而然,不自曝显而天然适性。从性质上说,它无生无死,为一永恒的整体。这些特点,符合王夫之破除一偏之见,破除自骄自伐,破除恃恩傲物等方面的理想;道所具有的性质,正是王夫之的理想人格所应有的品格。在评述老子那段著名的话:"有物混成,先天地生……"时王夫之说:

> 形象有间,道无间。道不择有,亦不择无,与之俱往。往而不息于往,故为逝,为远,与之俱往矣。往而不悖其来,与之俱来,则逝、远之即反也。道既已如斯矣,法道者亦乘乘然而与之来。而与之往来者,守常而天下自复,盖不忧其数而不给矣。"载营魄,抱一而不离",用此物也。近取之身,为艮背而不为机目;远取之天地,为大制而不为剖割,故可以为天下王。①

这段话,很好地说明了他所谓"大道泛兮,其可左右"的意思。"大道泛兮",重点在说道的无所不包,惟其无所不包,它才成为超绝有限的无限,不与具体对待的绝对。"其可左右",重在说道又表现为具体物、驾乘于具体物而与物不隔。这就是王夫之的本体的意思:超越而又内在,绝对而又相对。超越故宽广,内在故亲和。道不同于具体物,又不离具体物,故虽"无间"而"不择有无",虽"独立"而乘物往来,虽与之往来而守其常不与之变,能供给万物而不忧其多。此道有常,但又不与倏忽起灭的具体事物同其生死。此道有制,可为万物之主宰,但又不伤害物之自足。这就是王夫之心目中的道。这种即内在即超越的性质,与老子原意重在说道"先天地生""寂兮寥兮"等超越的一面有一定距离。老子的道只有实在性,没有价值性。王夫之以儒家精神改造了的道则是即实在即价值的。

但王夫之这里所说的"道"又不同于宋代理学所说的"理"。理是一

---

① 《船山全书》第十三册,第32页。

种从实存中提纯出的价值性预设,而道是实存性本身,在这个实存性上表现出价值性。从这里也可以看出前后期理学关于道的不同理解。前期理学强调的是"理"的绝对性、普遍性,如二程、朱熹对理气关系的规定。后期理学则不离实存而言价值。如明代中后期到王夫之所说的道多指这种本体实存性的道,而不指抽象的道理。这可以看作一种思维方式上的改变,明清之际的理学家已经不像朱熹那样为强调理的绝对性而离气言理,而是多以理气滚为一片,在气上说理,故有这种形态的道。又如王夫之在解说《老子》第三十四章"大道泛兮,其可左右,万物恃之以生而不辞,功成不名有,爱养万物而不为主"时说:

> 谁能以生恩天地乎?则谁能以死怨天地?天地者,与物为往来而聊以自寿也。天地且然,而况于道?荒荒乎其未有畔也,脉脉乎其有以通也;故东西无方,功名无系,宾主无适,己生贵而物生不逆。诚然,则不见可欲,非以窒欲也;迭与为主,非以辞主也。彼亟欲成其大者,恶足以知之![1]

在这段解说中,王夫之顺《老子》的语脉,说明道的即有为即自然的性质。道生灭万物,长养万物,有功而不居,有恩而不恃。道随物为往来而自己独立不改。就其独立不改一面,可以说荒远难见,无有边畔。就其随物往来一面,可以说顺然与物相通。物有方所而道无方所,事有功有名而道无功无名,事物有具体目的而道无目的。道无知无欲而非窒塞万物之欲,道的一切表现都是自然的,不知其然而然,非隐藏在万物之后秘制其命。道虽非在万物之后秘制其命,但万物无不仰给于道。由这种关系看,道类似一贷者,万物为告贷者,道之贷予物即与物为体,但借与贷皆自然而成,道非故贷予万物,所以无功可居,无名可立。王夫之在解说《老子》第四十一章时对这种关系解说道:

> 有善贷者于此,则人将告贷焉,而彼非执物以赐之也。夫道,亦若是而已矣。然我未见物之告贷于道也。何也?物与道为体,而

---

[1] 《船山全书》第十三册,第37页。

> 物即道也。物有来有往，有生有反，日饮于道，而究归于未尝或润；日烛于道，而要反于未之有明。无润无明，物之小成；不耀不流，道用自极。故欲勤而莫致其力，欲行而不见其功。①

所谓贷者与借者，亦不得已而喻之，道与万物并无借贷之实，因为物即道，道即物，万物虽从道得到其存在和性质，但道并无心于赋予。此即物之往来于道、生死于道，一切皆自然，因此亦可说物无借于道，道无赋予物，这正是道之为道处。

道之性质与运作如此，则道为一不可析不可见之体，任何欲析之、见之、言之者都将陷于一偏，对于道的把握，只能是体证了悟，所谓"至道不在言，感触可尔"。②王夫之在解说庄子的"道"时，对此意亦有论及：

> 道合大小、长短、天人、物我而通于一，不能分析而为言者也。有真知者，并其通为一者而无朕。……自有适有，而各据为心之所得，见为德而守为常以立其封，发若机括而留如诅盟，皆八德（按《庄子·齐物论》："有左有右，有伦有义，有分有辩，有竞有争，此之谓八德。"）之为也，道未始有之也。故老子曰："道失而后有德。"③

此亦"大道泛兮，其可左右"之意。真知者，体其通，体其一，而又不废其具体之运。析大道之一而执其一偏以为道者，皆不能见道。王夫之指出，庄子此意《老子》时时讲说，《老子》第一章劈头即教人不能以可道可名者为道，道不可以言语文字得。如果将道据守为能言说者，则道亦具体物矣。道供给万物而不自以为仁，遍历众物而不为所伤。知万物之情实而不强使万物奉己。万物亦皆不执于一偏而妨害变化日新。道有如上之性质，而其表现又自然而然，不见其功，故可为"众妙之门"。

---

① 《船山全书》第十三册，第42页。
② 《船山全书》第十三册，第43页。
③ 《船山全书》第十三册，第110页。

总之，王夫之理解的道，重在以道御物，无偏无党，而又自然天成，不落痕迹，一之于万，舒卷自在之意。这就是王夫之从老子这里得到的形上学。这种形上观广泛地影响了他对儒家的理解。写于同年的《周易外传》中对道的描述，就吸收了《老子衍》中的很多观点但趋向不同。

2．"冲气以为和"

王夫之认为《老子》的又一旨趣是"冲气以为和"。此句出《老子》第四十二章："道生一，一生二，二生三，三生万物。万物负阴而抱阳，冲气以为和。"按王夫之文中夹注[①]，此"一"即和气，意为由道生出的混沌未分之气天然和谐。"二"即此和气演化为有阴有阳之气，然后和气与阴阳之气为二。"三"为阴阳二气与和气而为三。万物本身为阴阳，阴阳之运不违其本有之冲气，故万物和谐。万物由和气生，在具体运化中又保有此和气，和气非阴阳之外的气，而即阴阳之气之本，由其和谐而为和气。《老子》这段话传统上皆以宇宙论解释，而王夫之则以本体论解释。他的意思是，道即一，一即和。当其和时，和与阴阳为二，并不失其自身而转为阴阳，故与阴阳为二。当其二时，为阴阳二气，和气与二气为三。故和气贯彻始终，不化为阴阳之气而自消。此中"二"与"三"皆形式概念，即和气与阴阳之气不离不杂之意，非截然为二物。故和气既为其自身，又表现为阴阳。这与道的既超越又内在同一思路。这一思路在王夫之对《老子》下面这段话的解说中亦可见出：

> 当其为道也，函"三"以为"一"，则生之盛者不可窥，而其极至少。当其为生也，始之以"冲气"而终之于"阴阳"。阴阳立矣，生之事繁，而生之理亦竭矣。又况就阴阳之情才，顺其清以贪于得天，顺其浊以坚于得地，旦吸夕餐，呕酢充闷以炫多，而非是则恶之以为少，方且阴死于浊，阳死于清，而讵得所谓"和"者而仿佛之乎？又况超于"和"以生"和"者乎？有鉴于此，而后知无已而保其少，损少致"和"，损"和"得"一"。夫得一者无一，致和者无

[①] 旧本有以为文中夹注为王夫之之子王敔所纂者，但岳麓书社版《船山全书》编校者认为王夫之自撰，详细辨证见《老子衍编校后记》，《船山全书》第十三册，第77页。

和。散其党，游其宫，阴阳在我，而不叛其宗，则"益"之最盛，何以加哉！①

"道一函三"化《易纬·乾凿度》之语而言之，其中说气"清轻者上而为天，浊重者下而为地"。王夫之此处借用，以说明道与阴阳的关系。道函三为一是说，道包含和气与阴阳之气在其自身之中，实际上是说，道即三即一。因其为一，内蕴生生之理，因尚未发露于外，故潜藏而不可见。因其凝于一，故数极少而敛极深。当其发露为生生之时，最先是混沌之和气，终衍至阴阳。如无和气，阴阳一立而生生不止。生生之事繁多而几乎衰竭，生生之理亦废。并且顺清轻之气之性而升为天，顺浊重之气之性而凝为地。天地间万物各顺其性，充长而不知搏节，各炫多斗富，物将皆毙于其性，天地也丧失和谐。冲气尚不可得，何况于道？道有鉴于此，故不得已而保其少，唯少才可以和。唯和才可得一，由一而得道。此虽落脚于《老子》"物或损之而益""强梁者不得其死""柔弱胜刚强"之意，但王夫之的意思却甚明白：道为物之搏节，道为和之准则。道作为万物之所从出是万物趋赴的价值标准。离开了道，道内蕴的冲气之和就无法实现。就这一点说，王夫之所看重老子的，就在于其"和"。

和本是中国思想中源远流长的观念，儒释道三家都非常重视和，《老子》之"和"，王夫之既以冲气解释，也以万物的和谐解释。在以万物的和谐释和方面，王夫之引入庄子"和之以是非而休乎天均"的思想。如《老子》第六十二章"道者，万物之奥，善人之宝，不善人之所保"一句，王夫之解释说：

> 由此验之，则有道者不必无求，而亦未尝讳罪耶？无求则亢，讳罪则易污，有道者不处。天下皆在道之中，善不善者其化迹，而道其橐籥。是故无所择，而聊以之深其息。……时有所求，终不怀宝以自封；或欲免罪，终不失保以孤立。和是非而休之以天钧，天

---

① 《船山全书》第十三册，第43页。

下皆同乎道，而孰能贱之！①

《老子》这句话是说，道无所不包，净者有之，秽者亦有之。不如此不足为"万物之奥"。王夫之则以此来说明有道者不必无求和未尝讳罪。意思是，有道者，一个符合道的品格的理想人物，应有广大包容之心胸。他不必无求于外。如无求于外，则太亢直，亢直则易折。亦不必自讳其罪，讳罪则太高洁，高洁则易污。天下无所不有，有道者亦应含容宽大，净秽皆有。道如橐籥，动则愈出，善不善皆从中生出，故无所择。得道者应把无所择看作"聊以之深其息"，即扩大其心体容量的媒介，无所不包，无所不给。善人有所求，即与之以宝；恶人有所求，则为之师保以使之改过。这样的含容宽大，就能"和是非而休之天钧"。"休之天钧"本是庄子的重要观念，即善恶、是非等物论，皆由之而不加辨别，保持万物本有的分际与自然均平，则道之总体和谐。天下物皆在道的范围中，平均齐同。这里王夫之明显是以庄释老。

相同的例子还见于《老子》六十四章之解说。此章中有"合抱之木，生于毫末；九层之台，起于累土；千里之行，始于足下"的话。本意是大物必起始于小，故必在物始生未大时从事之，易收事半功倍之效。而王夫之对此三句的注释是："既合抱而仍有毫末，既九成而仍资累土，虽千里而不过足下。"意思是，大木仍不辞小枝，九成之台仍需累土，已行千里仍需前行。老子之意在小处着手，以小制大。王夫之的解释则完全是庄子的道无所不包，故大不碍小，小无加于大之意。老子教人"为之于未有"，未雨而绸缪，王夫之却易其意而用之，强调不以将迎之心处物。无将迎，则事物的征兆未显时不逆虑，祸福已至时不持守，王夫之说：

> 夫有道者，不为吉先，不为福赘。"未有""未乱"而逆治，其事近迎。"几成"而"慎"有余，其事近随。迎、随之非道久矣，非以其数数于往来而中敝耶？孰知夫往者之方来，而来者之方往也？又孰知夫往者之未尝往，而来者之未尝来也？戒其随，始若迎之；

---

① 《船山全书》第十三册，第56页。

戒其迎，始若随之。又孰知夫迎随之可避，而避迎随之亦可戒也？或敝或避，因物者也。兼而戒之，从事其易者，因道者也。因物者不常，因道者致一。一无所倚，迎几"早服"，此以"恃万物之自然而不为"。①

老子所讲的"为之于未有""治之于未乱"，都是逆虑，相当于庄子所说的物未至而先拟议之"迎"。已几于成之事仍戒慎恐惧，常提不放，则相当于庄子所说的事已过心仍系念不放之"随"。"迎"与"随"皆戕害正道，因为它们"憧憧往来"于胸中而扰害心之本始宁静。

王夫之又以庄子之是非无定之意，破其"迎"与"随"：我欲逆虑之方来之事，谁知不是已往？已往之事不是方来？往来是无定的。又谁知所谓往者根本就未尝往，来者未尝来？动静是无定的。止其"随"，则堕入"迎"；止其"迎"，则堕入"随"。避其"迎""随"而此"避"亦一可戒之事。不管是为物所扰还是规避迎随，都是因物而起。若能将"迎"与"随"、"扰"与"避"尽皆祛除，因道而观，则是掌握了最简易的方法。因循于物者见不到万物之"常"，因循于道者则能以一为统御。以一为统御，于物无所倚重，则"迎""随"皆可灭熄。这就是"恃万物之自然而不为"。王夫之此处的确是以庄子的"心斋"解释老子的"自然无为"，以老子的"大道泛兮"引出庄子的"此亦一是非，彼亦一是非"。老庄互释，证成其义。

此外，王夫之在解说《老子》第八十一章时，以老子的"大道泛兮"糅合庄子的"天均""以有涯随无涯，殆矣"等意思，来改变老子知白守黑、以少胜多之意。王夫之认为《老子》此章盛张"既以为人，己愈有；既以与人，己愈多"，确有机诈擒纵之意，他对此章的解说加入了庄子之意：

> 以所有为人，则人有而己损；以多与人，则人多而己贫。孰能知无所为者之为人耶？无所与者之与人耶？道散于天下，天下

---

① 《船山全书》第十三册，第57页。

广矣，故不积。道积于己，于是而有美，有辩，有博。既美且辩，益之以博，未有不争者也。乃其于道之涯际，如勺水之于大海，挥之，饮之，而已穷。俯首而为，恶知昂首而争？不问其利利自成，恶与害逢？能不以有涯测无涯者，亦无涯矣。"休之于天均"，奚为，奚与，又奚穷哉！①

王夫之不同意老子"既以为人，己愈有；既以与人，己愈多"，而是认为，既以己之所有与人，则人有而己损。既与人以"多"，则人"多"而己寡。这些都是具体的"与"，具体的"多""寡"。还有一种不可见的"与"的方式，这就是道的"与"。道广泛给予万物而不见其形，天下之物得道之"与"，因其"自然"与"天均"，故无有过与不及，万物得道之"与"而不积。如得道之"与"者既得"美"与"辩"，又望"博"，则争斗起。实际上道无偏私，万物不求其"利"而"利"自成，这样的利自不遭逢"害"。能不以己之有限而望道之无限，自无不足。此自足即是"无限"。这样的"与"不见其形而自然成就，可谓"休之以天均"，何必要那些琐屑的"为"和"予"呢？这里王夫之说明了他的和的方式：安于"天均"而不有意地去"取""与"，不要有过分之想，这就是和。自然的和是摆脱了利益的争斗的。这里并不是让人们放弃努力，而是要人在对待"得"上，服从天然的均平。处于机诈而有的"为"，为了"得"而做出的"与"，都违背了自然法则，都是扰攘多事、心劳日拙而终于无成。

王夫之的理想是"冲气以为和"，是"道"与"物"两行，各极其至，但又"乘道以游物"，以致其和。王夫之在解说《老子》第十四章时说：

物有间，人不知其间，故合之，背之，而物皆为患。道无间，人强分其间，故执之，别之，而道仅为名。以无间乘有间，终日游，而患与名去。患与名去，斯"无物"矣。夫有物者，或轻，或重，或光，或尘，或作，或止，是谓无纪。一名为阴，一名为阳，

---

① 《船山全书》第十三册，第69页。

而冲气死。一名为仁，一名为义，而太和死。道也者，生于未阴未阳，而死于仁义者与！[①]

这是对于老子"混而为一""复归于无物"的解说。王夫之的意思是，先要明物与道的分际。物是个别，是具体的经验；道是一般，是超越的绝对。人不知物之间的分际，故不管是对物的符合还是背离，物对人都是祸患。而对于道，不知其浑一，强以认识物的方法去认识，故执持之，分别之，这样，道失其义而仅为名称。乘道以游物，则二者皆存而不相害，二者皆得其所而不相混。这样，物之患与道之名皆可不起，这种状态可称为"无物"。"无物"是在道的观照下的一种境界与识度，此时物各付物，无名无故，自然无文，故可称为"无物"。如达不到这样的识度，必执一隅之物而为道。此可谓"无纪"，即不得要领。"无纪"则道陷于一偏之见而道死。道死则冲气之和无由得致。《老子》此章原意是要人返于"其上不皦，其下不昧，绳绳不可名"的无物状态。而王夫之的解说则要人乘道以游物，在道的视野下、境界下观照物，这种境界中的物不是混沌，而是物各付物；不是"空无一物"，而是"道纪"。在这样的眼界下、观照下反对仁义等，实际上是反对假仁假义，小仁小义，或貌似仁义而实则残贼仁义。这是王夫之对"和"的说明，也是用"大道泛兮，其可左右"之道抨击一偏一曲之道的具体例证。

3．"载营魄，抱一无离"

"冲气之和"的获得要靠某种精神境界和心理状态，这种状态王夫之认为可用老子的"载营魄，抱一无离"来形容。这句话的重点在"抱一"。王夫之对这句话的解释是，老子所说的"载营魄"，营是经营，这句话是说经营、宰制魄的是魂，承载魂的是魄。魂主精神，魄主身体的知觉作用。王夫之发挥道：说"载营魄，抱一，能无离乎？"则意味着载者（魄）与被载者（魂）已离而为二。老子说"专气致柔，能婴儿乎？"气而需"专"，柔而需"致"。则气已分散，非能达到专一、凝聚的婴儿状态。老子说"涤除玄览，能无疵乎？"须有所涤，有所除，则意味着未能达于玄

[①] 《船山全书》第十三册，第24页。

览而有疵病。爱民治国而欲有为，亦破坏了民熙熙皞皞的本然状态。"天门开阖""明白四达"，都是失道而有的不得已的办法，非道之自然最上乘。忘其二而为自然本有之一，忘其离而为自然本有之合，忘其为而为自然本有之"无为"，才符合道，才是理想状态。此即"两俱无猜，妙德之至也"。可见所谓"抱一"，指不得已而恢复自然本有之一。抱一是造道的基本条件。

抱一者，可以致虚守静。此意王夫之在对《老子》第十六章"致虚极，守静笃，万物并作，吾以观其复"一段的解释中说道：

> 最下击实，其次邀虚。最下取动，其次执静。两实之中，虚故自然；众动之极，静原自复；不邀不执，乃极乃笃。……是故邓林之叶，可无筹而数；千里之雨，可无器而量。犹舍是而有作，其不谓之妄乎？故无所有事，而天下为我用，其道不用作而用观。①

这是说，一般人所追求的，是实事实功。胜于此者，追求虚寂。一般人皆喜动，胜于此者喜静。而"实"将自然而然地归于虚，"动"将自然而然地复于静。最上乘是连虚也不求归，静也不求复的，因为只有在不特意追求中，才可致本然之一。本然之一是虚静的，执虚静之一以阅众物，可不致而自达。离一而有所作，则所作皆妄。执一自可御万，故无所作而天下为我所用。对于此一，是用识度观得，不是由作为取得。故"抱一无离"，其用广矣。

《老子》崇奉"一"的作用，第三十九章说："天得一以清，地得一以宁，神得一以灵，谷得一以盈，万物得一以生，王侯得一为天下贞。"这里的"一"就是道，道是天地万物赖以成就的根据，王夫之对"得一"解说道：

> 愚者仍乎"一"而不能"以"，智者曰"以"之，而不能"一"。"以"者失"一"也，不"一"者无"以"也。"一"含万，入万而不与万为对。"以"无事，有事而不与事为丽。而况可邀，而况可执

---

① 《船山全书》第十三册，第26页。

> 乎？……我不得"一"而姑守其浊，以为之筐橐，而后"一"可致而不拒。夫贵贱高下之与"一"均，岂有当哉？乃贵高者功名之府，而贱下者未有成也。功立而不相兼，名定而不相通，则万且不尽，而况于"一"？故天地之理亏，而王侯之道丧。以大"舆"载天下者，知所取舍久矣。①

这是说，愚者因循乎道，而不能运用具体物得到积极结果。智者与此相反，以其小智获得所追求的功利而不知大道。而不知大道的人终究得不到他所追求的。因为道与物是体用关系，得道的人晓得道一而含万，道即体现于物，道与物是不即不离的关系；既不可视道为可经验、可执持之物，求道又不离具体事物。王夫之接着发挥说，按老子之意，天得一以清，地得一以宁，神得一以灵，谷得一以盈，万物得一以生，侯王得一为天下贞，天下之物因得道而名实皆正，天下物在道面前是均平的。但在世俗社会中，高贵者乃是功名之府库，卑贱者未有以功名成者，此为"不均"。皆因离开了道，故"天地之理亏，而王侯之道丧"。王夫之提醒有国者，于此抱道守一与逐物求名二者，须慎加取舍。这里王夫之借解说《老子》，对当时政治暗寓讽戒之意。对世人之热衷名利，朝廷之名爵太监，社会之贵贱贫富不均都有批评之意。

王夫之对于老子，十分欣赏他守静一之本而灭熄众器这一面，所以对《老子》第二十六章"重为轻根，静为躁君"这些话，不是取其"居轻取重，居静制动"的纵横捭阖、机诈权谋之术，而是以"轻"与"静"箴规世人趋赴乐利荣观、人君淫佚失度的弊病。他的目的是要归到老子"抱一无离而治天下"上来，他对《老子》此章解释说：

> 有根则有茎，有君则有臣。虽然，无宁守其本乎！一息之顷，众动相乘，而不能不有所止。道不滞于所止，而因所止以观，则道之游于虚，而常无间者见矣。惟不须臾忍，而轻以往，则应在一而违在万，恩在一隅而怨在三隅，倒授天下以柄而反制其身。……以

---

① 《船山全书》第十三册，第41页。

> 仁援天下而天下溺，以义济天下而天下陷，天下之大，荡之俄顷，而况吾身之内仅有之和乎？[1]

这里，王夫之要人们"守本"。瞬息万变的世界无时无刻不在动，而众动之根在静。万物皆动，唯道不随动而处虚静以观众动，不执静而执动，则"授人以柄"，反为众动所制。只有执静执一才能保"和"。失"和"之事，常以仁义之名始而以陷溺天下终。

王夫之这段话重在发挥《老子》"轻则失根，躁则失君"的道理，基本上是顺《老子》原文解说，与作于同年的《周易外传》之重动、重实正相反。可以说，在关于天地万物的根本性质上，王夫之重动，重刚健有为。而在心统御万物、照察万物并因而反观自己这个层面，王夫之以静为主。在王夫之这里实际上有两个层次，一个主用，一个主体。就主用来说，"体用胥有而相需以实""乾坤并建""太极有于易以有易"，体用一如，通体皆动。这是用为主而体从之。而就超越于众用之上的体来说，则体为静，用为动，静以制动。前一个体用关系是就同一层次的不同方面着眼，或说于动的内核、动的本质着眼，故体用皆动。后一个体用关系是就两个不同的层次着眼，超越者为静，具体者为动。静是动的统御者、管辖者。如果将这两个不同的体用还原成其思想方式，则前者可以说是本体和现象的关系，后者可以说是抽象和具体的关系。前者将本体和现象二者设想为在时空中同生同灭的浑合体，后者则是处在不同世界中的不同存在方式。前者是自在同时自为的，后者则自在（体）与自为（用）在观念中被设想为分处于不同的层次。后者是老子式的。王夫之采用或说接受了老子这种思维方式并顺其思想脉络作解说，目的是"暴其恃，见其瑕"，而"复道"。这就是王夫之所说的"天下有所不治，及其治之，非正不为功。……夫无事者，正所正而我不治，则虽有欲为奇者，以无猜而自阻，我乃得坐而取之。彼多动多事者则不然。"[2] 这段话或可为以上第二个层面作解释，也可为船山为何撰写《老子衍》作注脚。

---

[1] 《船山全书》第十三册，第32页。
[2] 《船山全书》第十三册，第53页。

王夫之《庄子解》《庄子通》对庄子的改铸

——以《人间世》为中心

庄子是一个洞见人世的险恶而欲栖息于"无何有之乡"以全身远害的人,不得已而入世,则"为善无近名,为恶无近刑,缘督以为经"以游世。他对人世间的种种凡心习态的观察与描述可以说无人出其右。王夫之一生以儒学为正,不喜二氏之学。[①]但强烈的文化关怀使他遍读各家重要典籍,并以儒家观点对它们进行注释和评论。王夫之关于老庄的注释,于老子有《老子衍》,于庄子有《庄子解》《庄子通》,在其他著作中论及老庄处亦复不少。他认为《老子》一书最可取者在以道为主干的形上学,抱一冲和的人生态度和无为自化、清净自正的政治哲学。《庄子》一书的精髓在以天道为宗而去名去知,这些方面与儒家有相通之处。他为《老》《庄》作注的目的,是会通老庄与儒学,并借庄子的"以卮言为曼衍",吐露其不可为常人道的心胸。这反映出王夫之晚年复杂的思想情感和广阔的学术视野。

[①] 如刘毓崧《王船山先生年谱》引《家世节录》说:"先君(按指王夫之)终身未尝向浮屠老子像前施一揖。甲申岁,以寇退遗骸满野,募僧拾而瘗之,使修忏摩法,仍曰:此亦神道设教之意,汝曹勿谓我佞佛而或效之。"见《船山全书》第十六册,第163页。

一、"不能言之心"和"不相涉之世"

在《庄子》的应世哲学中,本有《逍遥游》的"居无何有之乡"和《人间世》的处浊乱之世两个方面。对于前者,王夫之借高远的意境、瑰丽的想象、跌宕奇幻的文字对之畅为解说。对于后者,王夫之在经历乱离之痛而有的感发中,更是曲畅旁通,切中肯綮。在他眼里,《庄子》不是仅教人在奇丽的幻想中逃离现实,而更多的是教人"以出世的精神做入世的事业",以"彷徨乎无何有之乡"的境界入世,去除世间粘滞,于世而出世。王夫之将正大刚健的儒家理想寄托于冷峻而酸楚的《庄子》之文,本有大不得已。对《庄子》的诠释可以看出他此时踉跄于乱兵之中情志之所寄。王夫之在《庄子通》自序里说:

> 己未春,避兵楂林山中,麛鹿之室也。众籁不喧,枯坐得以自念:念予以不能言之心,行乎不相涉之世,浮沉其侧者五年,弗获已,所以应之者,薄似庄生之术,得无大疚愧?然而予固非庄生之徒也。有所不可,"两行",不容不出乎此。因而通之,可以与心理不背。……心苟为求仁之心,又奚不可!①

这段话中尤可注意者为"不能言之心"与"不相涉之世"。这是王夫之当时的处境,也是他议论的背景。"不能言之心"表明,王夫之有强烈的明遗民情结,虽明祚倾覆已三十多年(按该书写于1679年),而忠于明朝之心未尝变。他不愿自处为清朝臣民,心中仍是对明朝的忠贞之恫。而对明朝又"怒其不争"。王夫之曾参加南明桂王政权,后感其在残山剩水间仍不免党争倾轧的旧习,对南明兴复的责任和能力失去信心,故挂冠而去,隐居于家乡的丛山中专力著述。心中悲愤之情难与人道。唯将此一腔悲情泄之于笔端。此"不能言之心"也。

所谓"不相涉之世",可有三层意思。一是,此世为清世,为明遗民仇敌之国。清兵下江南之时,残酷杀戮,汉人士民未附,对异族统治有相

---
① 《船山全书》第十三册,第493页。

当普遍的抵触情绪,各地复明的活动并未止息,相当多的人心中尚怀复明之心。王夫之所履之世虽为清世,而犹做明土想。故以此世为"不相涉之世"。二是,当时正当三藩乱起,湖南受灾最重,兵连祸接,不遑宁处。潘宗洛《船山先生传》中说:"先生之未没也,盛名为湖南之冠。戊午春,吴逆(按指吴三桂)僭号于衡阳,伪僚有以劝进表属先生者。先生曰:'某本亡国遗臣,扶倾无力,抱憾天壤。国破以来,苟且食息,偷活人间,不祥极矣。今汝亦安用此不祥之人为?'遂逃之深山。"①王夫之此时"避兵楂林山中",外边乱兵之世,几与庄子所描述的战国乱世相同,亦"不相涉之世"。三是,王夫之栖心高洁,以儒者自命自励,拿《庄子通》对于人世间种种凡心习态的鄙夷与嘲弄相对照,当世亦污浊之世,与其理想不谐。不相谐而不得已身处其中,亦混迹而已。故王夫之对于庄子处不相涉之世的种种方式与心态感悟皆入木三分!他认为庄子即是一"以不能言之心,行乎不相涉之世"之人。在这一点上,二人上下千年,其心若一。

处此不相涉之世有道乎?王夫之认为,庄子处"人间世"的办法,或可以作为处此不相涉之世的应对之方,故"薄似庄生之术"。但王夫之骨子里是一个儒家,他本儒家而有的处世之道,在《读四书大全说》《周易外传》《张子正蒙注》等书中所描述甚多。但处此乱世,正人君子之法格于形势,不得而用。但以正人君子用庄生之术,心中有所不甘,故王夫之对此"有大疢愧"。他声明自己"固非庄生之徒",就是说明这种不甘不忍的愧疢。儒者自有其理想,自有其事业,庄生之术,不得已而用之,非经也,权也。儒家理想存于心,为立身行世之本,而以庄子之术应对不相涉之世,此之谓"两行"。两行者,各有各的用处,各有各的适用之所,"心行"与"身处"两不相妨。以儒家准则衡量此处世之术,则"有所不可"。而身处乱世,所交者多匪人,所以庄子之术不容不出。出亦不得已。在此"两行"而又愧疢的情形下,故有《庄子通》之作。此"通"字可有数义,一是以庄子通儒家之道,尤其是在理想人格所具有的精神境界

---

① 《船山全书》第十六册,第89页。

上。庄子的理想人格是"真人""至人""神人",这种类型的人能破除对待,超乎有待而达乎无待,这一点与儒家理想人格超乎世俗的桎梏而"上下与天地同流"者,在表现形态上相通。也就是说,儒家的圣人与庄子的"真人"等,都可以说是"异于人而同于天"的"畸人"。在儒家圣人的境界体证下反观庄子的"真人"等,难怪王夫之有这么多相应相得的论说!王夫之认为在这二者间作类比非不相宜,所以他说:"凡庄子之说,皆可因以通君子之道,类如此。故不问庄生之能及此与否,而可以成其一说。"①实际上王夫之隐含的意思是,庄子所谓"真人"尚不能同儒家圣人相比,因为儒家圣人所包含的内容要广大得多,真人其心之"忘",其志之"凝",其胸襟之能"怀",皆圣人心胸的外在形态。而圣人的"民胞物与"之仁与"博施济众"的功业尚非庄子所可梦见。但王夫之仅就二者之同处立能"通"之基,故在二者的外在形态上有相同的表述。

"通"的第二义在于,《庄子》书中描述的超然世表而德粹心凝的人,正是王夫之此时所向往的。尤其是那些肢体支离而精神充实的人,正能契合王夫之此时的心境。所以王夫之说:"颜渊、蘧伯玉、叶公之行,叔山无趾、哀骀它之貌,凡以通吾心也。心苟为求仁之心,又奚不可?"②颜渊、蘧伯玉等人,皆《庄子·人间世》中所描述的不得不履危地、处乱国、交乱人并且"端而虚、勉而一"的寻常处世之方不可行者,这与王夫之不得不处"不相涉之世"的处境相同。叔山无趾、哀骀它之体貌缺失,正与王夫之为拒张献忠部征召而自伤肢体,因而"自视肢体缺然"的心境相同。据刘毓崧《王船山先生年谱》:"武夷先生(按即王夫之之父)为逻者所得,贼质之以召先生兄弟。……自刿面刺腕,傅以毒药,为重创状,舁至贼所,贼不能屈。次日,父子俱以计得脱。"③但他又以求仁之心为根本,认为在儒家基本原则之下,可以作某些行为方式上的变通。

王夫之认为,庄子与儒家圣人最大的不同在于,儒家圣人心怀道而身处庸众之中,是"极高明而道中庸"。"高明"是其理想,"中庸"是其

---

① 《庄子通》叙,《船山全书》第十三册,第493页。
② 《船山全书》第十三册,第493页。
③ 《船山全书》第十六册,第161页。

现实道路，"道中庸"是儒者自愿选择的实现理想的方法，不是为免于"羿之彀中"不得不然的被动适应。而庄子是在"方今之世，仅免刑焉"的情形下的自保之术。庄子身处其中，有苦楚而难向人道，但在乱世中又不能不如此。王夫之心怀儒家之道而不得已苟活于世，故"有大疚愧"，在这种心境下的通《庄》实际上是表明儒家与庄子的异同，而求"与心理不背"。因此，王夫之通《庄》的最终目的是在儒道两家的对比中显出庄子之失，并最后引导庄子入于儒家之正。这一点，王夫之的儿子王敔曾经说："《南华》去其外篇杂篇呵斥圣门之讹妄，其见道尚在狂简之列。……更别作《庄子通》，以引漆园之旨于正。"[①]尤可见出其中真实情状。

二、人间世与无何有之乡

基于以上见解，王夫之认为，通《庄》首先要确立对人间世的看法，因为对人所处的环境的认识是一切行为的出发点。在这一点上，王夫之的基本思想是，人必须入世，无何有之乡只是人们为寄托美好理想而幻想出来的虚无缥缈之境。人世可入，但须知处世之难，方可以入而能出，即入即出。王夫之在《庄子解·人间世》的解题中说：

> 人间世无不可游也，而入之也难。既生于其间，则虽乱世暴君不能逃也。乱世者，善恶相轧之积，恶之轧善也方酷，而善复挟其有用之材，以轧恶而取其名。名之所在，即刑之所悬矣。唯养无用而去知以集虚，则存于己者定而忘人。生死可外，而况于名？物不能伤，而后庶几于化。此篇为涉乱世以自全而全人之妙术，君子深有取焉。[②]

人既然生于世间，就无所逃于此世间，这是人不能违抗的宿命，即使是乱国暴君之世也不能不居。而世道可以说是暴君乱臣相寻，儒家所颂扬的尧舜治世从来就没有真正实现过。乱世的基本标志，或者说乱世所以致之

[①] 王敔：《大行府君行述》，《船山全书》第十六册，第74页。
[②] 《船山全书》第十三册，第126页。

由，最根本的就是善与恶互相倾轧。此倾轧之势积聚越久，此世之乱的程度越深。善类当道，恶人自然退避是从来没有的。恶既为恶，则它必以恶取容当道，取容当道后必倾轧善类以自保。而善既自以为善，必挟易胜之资以与恶争，以求善之实胜、善之名立。此善恶所以常争而无休止。但与恶相争之时，正是善自伤之时，从古至今并无例外。善能否避恶之锋而韬晦、避让？王夫之从道义上似乎认为善不必避让，只有不避让且与之抗争才能变成"成纯"之因素而积淀于历史理性中，这一基本认识在他许多阐发儒家之道的著作中反映出来，尤其是《读通鉴论》《读四书大全说》中的诸多论述，如斥义儿冯道，鼓励民族气节诸论都可以看出。但王夫之也认为，从策略上看，许多激烈的党争多激于名而起。善非不可立，但矫于意气，激于声名，出于义忿的许多争论，善类多被恶人啮龁以死。虽善恶之争不可无，但为求名、为求虚胜而起的争斗，却所在多有。王夫之主张"惟养无用而去知以集虚"。此处"无用"，可解作勿汲汲于求名而为世所用。"去知"是去掉知识上夸多斗富，炫己轻人从而招祸这类事情。"集虚"也并不是如道家所谓"离形去知，同于大通"，而是贞定自己的志向，不殉名而丧我，保持恬淡的天性。所以"惟养无用而去知以集虚，则存于己者定而忘人"。这是入世的心理准备。世间就是一大名利场，对此把握不定而能入世，难矣哉！

王夫之此类话语，是鉴于明末东林党人在外患方炽（满人觊觎边境）和内忧正殷（李自成起事已渐成势）时不先以军国大事、民族大义为重而断断争党派之善恶意气，及南明桂王政权中"五虎"与奸恶王化澄争而反为所伤等情事有感而发。在乱世中，要做到保全自己，不为暴君污吏所伤，首先在"去名""去争"。王夫之在《庄子·人间世》《庄子·养生主》等篇的评论中，多强调"去名""去争"，可证王夫之必深激于名之害事而于此再三致意。去名、去争而自处淡然是王夫之《庄子通·养生主》的主旨，他详论此旨说：

"以无厚入有间"者，不欲自王其神。……天下之心知无涯而可以一二縻，终其身于忧患而不与忧患牾，无他，有经而已矣。经者裂也，裂者正也，正者无厚者也。反经而不与天下争于智数，孰谓君子之王其神为樊雉也哉！①

这里用"不欲自王其神"来概括《养生主》一篇的主旨。"以无厚入有间"，"无厚"与"有间"都指恬淡寂寞、无名无知的状态。"王其神"是其反面：自曝显于世、自张大于世。在王夫之看来，自曝显于世，则世人亦乐得此自显之人而相为有功有名。于是善亦曝显，恶亦曝显。善恶相争无已。故自古及今君子陷于此善恶相争之中而不能逃者多矣，天下所以沸腾喧闹而无所止。只有极少数洞见先机之士见功名之害，思欲远之避之，不欲"以有涯之生随无涯之知见"，故处此乱世而能全身远害。能做到去名、去争，就可以天下炎炎吾独冷，天下扰扰吾独微，不与世争名利而为名利所牢笼。所以，王夫之告诫人们，欲入世，必先破名利关。此为"游"人间世之第一义。

破名利的目的在保持自我，即王夫之所谓"存诸己"。《庄子》中有一重要概念"心斋"，王夫之对它的解释是，心斋就是保存自己。以保存自己的立场游世，是托于不得已；以托于不得已之心与世俗相处，就能存己而存人。王夫之对此解释说：

> 夫游亦岂有必游之心哉？亦寓于不得已尔。生亦可游也，死亦可游也。忘生忘死，养其存诸己者，则何至溢言（按溢言指于事实有增益之言）、迁令、劝成（指迁改其辞令、劝人成事）以偾事？然则所以报君之命者，至于忘生死而已极，又何必有功有名以为报邪？故以无事无心事其心者，可以忠报君，可以孝报父，而不尸其名，不居其功。非无己、无功、无名之人，孰能与于此？②

处人间世首先遇到的是忠孝等人伦。唯以不得已之心而游，故无往而非游。生可游，死可游，忘生忘死，即为存诸己。存诸己，则不居其功，不为其名，以无事无心而处有事有心之世。报君以忠而不知其为忠，报父以

---

① 《船山全书》第十三册，第498页。
② 《船山全书》第十三册，第137页。

孝而不知其为孝，唯此可以游人间世。在此游世之术的观照下，一般世俗所设定的方法、原则，如颜回的"端虚勉一"等皆不可恃。照王夫之的意思，所谓端虚勉一，皆既成之处世格套，人皆以此为立于不败之地的利器。但一与世交，则以仁义喻世而自恃其仁义，此时自奉为虚者非虚，一者非一。某些自定的处世原则，如既独立又从众的"内直外曲"，不直接干预世事而比附古人的"成而上比"等，皆导致人"多其术于心，杂扰而无定。……心之纯一者散，而杂其心知"①，皆不能为处人间世之不败良方。庄子假借孔子训诲颜回，提出"心斋"的观念。按《庄子》的解释，心斋即将心调节到精一无杂的状态："无听之以耳，而听之以心；无听之以心，而听之以气。听止于耳，心止于符。气也者，虚而待物者也。唯道集虚，虚者心斋也。"（《庄子·人间世》）首先是驱除对外在经验的摄取，保存独立意识；再去除独立意识而还于心之至虚。唯心至虚，才能使道集于此虚中，所谓"虚其心，则至道集于怀也"。②

  王夫之关于心斋的解释不同于《庄子》原意，也不同于郭象的解释，他所谓"心斋"，重在保持心中的和气的调谐状态，不以处世之杂扰败坏此调谐。他结合以上《庄子》原话详细解释"心斋"说：

> 心斋之要无他，虚而已矣。气者生气也，即暤天之和气也。参之以心知而气为心使，心入气以碍其和，于是乎不虚。然心本无知也，故婴儿无知，而不可谓无心。心含气以善吾生，而不与天下相构，则长葆其天光，而至虚者至一也。心之有是非而争人以名，知所成也。而知所自生，视听导之耳。……以耳之所听为心而师之，役气而从之，则逼塞其和，而一触暴人年壮行独之戾气，遂与争名而灾所不恤矣。游人之樊而寓于不得已者，澄其气以待物尔。耳可使听，而不可使受；心可使符乎气之和，而不符乎耳；将暴人狂荡之言，百姓怨诅之口，皆止乎化声而不以荡吾之气，则与暤天之虚以化者，同为道之所集，外无耦而内无我，庶可以达人之心气而俟

---

① 见《船山全书》第十三册，第131页。
② 郭象注语，见《南华真经注疏》，中华书局1998年版，第82页。

其化；虽有机有阱，有威有权，无所施也。此游于人间世之极致，至于未始有我而尽矣。①

此段大有深意，不仅可以看作王夫之通过解庄而改铸庄子的绝好材料，亦可视为他应对人间世的具体办法。

王夫之认为，"心斋"就是保持心的虚，但此虚不同于传统解释中以无物无理、绝对空寂为虚，他以气为基础来解释虚。气指生生不穷之气，此生生不穷之气本自和谐。虚即气的和谐状态，非谓心乃一空的框子，虚乃此空框中无一物、虚无寂灭的状态。不知葆其和谐而气为之使，丧失和谐故不虚。心本含气，故人有生命；如不与外物相劘相斗，但葆其本来之光，至虚至一，是为本真。不与外物相劘相斗不是不接触外物，而是在接触万物中保持本来之真。视听不能无，但视听不能夺其本有之明，故虽接物而犹无接于物。耳目有受而心随之分别是非，这就是役使自己本有的和气而从于外，这样就破坏了本有的和气。世人游世实际上是游于樊笼之中。能以不得已之心对待之，心虽使而符乎气之本和，外来之伤害皆视为造化之自然，不以之荡灭我本有之和气，则心虚而与道为一。既无外攘，则"机阱""威权"皆无所施于我。这是游人间世的极致。王夫之并且认为，这种方法合于天之化生万物：无心无物而物自化生，无伤于己而任物自为。

他的以上观念在解释庄子所谓"虚室生白""坐驰"等概念时也表现得很清楚，如他说：

一其宅者，心斋之素，不以听乱也，不得已而寓于鸣，心守其符之寓庸也。如是以入游其樊，知道之所知，而不以心耳生知，其知也，虚室之白，已养其和而物不得戾。若然者，凝神以坐，而四应如驰；即有不止者，亦行乎其所不得不行。则有鸣可也，不鸣亦可也。……圣狂在彼，而虚以待之者存乎我；瞬天之所以化物，伏羲、几蘧（按皆《庄子》中假托的得道之人）之所以化民，皆此而已矣。②

---

① 《船山全书》第十三册，第132页。
② 《船山全书》第十三册，第133页。

就是说，所谓"虚室"，即保持以上所说的心斋状态；与外物应，则视之为不得已之应迹。这也就是"寓庸"。"寓庸"是王夫之的一个重要观念，在对《庄子》的阐释中到处可见。"寓"即寄，"庸"即众。"寓庸"即随所遇之物而寄寓其中，不以所遇动其心，伤其天和。有"寓庸"的识度就可以游人间世之樊笼。这样，就能以道驭耳目，以不变应万变。这就是所谓"坐驰"。坐驰不是如传统的解释那样，坐于室中而心驰骛四方，而是"凝神以坐，而四应如驰""端坐而神游于六虚"；物来感我，而我虚以待之。也就是《庄子》所谓"形莫若就，心莫若和""乘物以游心，托不得已以养中"。这是天化物，圣人教民的要诀。

王夫之借庄子"无用之术"对"寓庸"的另一个解释是"不挟其有用以用于人"，王夫之说：

> 有以者，皆有用也。寓诸庸者，非无用，而不挟所以，以自伐其美以为用。故以翼飞而或弋之矣，以知知而必灾之矣。唯不挟其有用以用于人，则时而为社，亦不得已而寓诸庸，毁之不怒，誉之不喜，暴人日操斧斤以相灾，而与之相忘，唯其虚而已矣，天下皆用实，而无能用虚。人所不能用，人所不能灾也。[①]

所谓"以"即人的倚恃、人的依凭。人所依凭的多是其有用之能。所谓寓诸用，实有将己能消泯于所遇之物中而不现的意思。不现己能，则"不自伐其美"，不自伐其美而与物俯仰，则能"与之相忘"，与之相忘则集虚，这样就能"人所不能灾"。

以上解说，多据《庄子解》随文评论而发。从这些解说中，似乎可以得出结论说，王夫之得《庄子》游世三昧以应世，似乎其刚健有为的儒家处世态度一变而为"滑头哲学"。须知王夫之对古代典籍的注释方向有二，一是随文生解，疏通旨意，这种解释多顺本文评说。一是借原典抒发己见，于中将自己的真实义指道出。《庄子通》就属于此类。王夫之对《庄子》的抉发与改铸，在《庄子通》中看得更为清楚。

[①] 《船山全书》第十三册，第143页。

三、庄子与儒家

在《庄子通·人间世》中，王夫之首先讨论应对人间世的第一道关口耳目与心，并与"师心""师古""师天""师物"等观念相比照。王夫之认为，人有耳目，必接受见闻；耳目所得到的见闻，必经由综合、推论等心理活动而后形成某种见解。这就是"耳目受物，而后心治物"。应对的方法是《庄子》所谓"徇耳目内通，而外于心知"。王夫之对这句话的解释是"徇犹使也。耳目听于虚气，不以心知阆乱之"[1]。意思是，耳目虽视听，但可以使心知对耳目所得到的经验"视若罔闻"，保持心知本有之和气充塞。心无外扰，故能不"师心"。但"徇耳目内通"是理想状态，需要很高的修养境界方可达到。如不得已而求其次，则"师心不如师古，师古不如师天，师天不如师物"[2]。师古者以古人为师，与今世相隔辽远。栖心于古，心的扰乱稍轻。师古犹胜于师心，而师古不如师天。天者自然，无心无故。顺天之自然以应物，对心的扰害更少。但人必须面对人间世。人间世表现为无数"日夜相代于前"的具体物。物有善恶，人不得不面对之，而处之有道，则天下物皆可师。王夫之说：

> 将欲涉于人间世，心者所以涉，非所涉也。古者前之所涉，非予涉也。天者唯天能以涉，非予所以涉也。今予所涉者，物而已矣，则何得不以物为师也耶？卫君之暴，齐楚之交，蒯聩之逆，皆师也，而天下何不可师者哉？[3]

人一定得师物，师物是人不得不面对的必然结局。庄子有见于人世间种种贪婪、狡诈、虚伪等性习，由此对人间世充满畏惧、厌倦、逃避，甚而无可奈何的情绪，所以他悲叹处人世之难。王夫之对此有同感，比如他说：

> 抑尝流观天下而慨人世之难矣。庸人之前，直说拙于曲说；忮

---

[1] 《船山全书》第十三册，第133页。
[2] 《船山全书》第十三册，第133页。
[3] 《船山全书》第十三册，第499页。

人之前，讽言危于正言。"不材之木"，无故而受伐者亦数数然。"无用之用"，亦用也，用斯危矣。[1]

不仅言语交流难，行为也难；不仅用世难，避世亦难；不仅雄长难，退避亦难。处此难世的办法是"不挟心"。不挟心即不倚恃某种固定之心应对随遇而变化之事，时时与物宛转，时时不见隔阂。师心不如师物，但必"殉耳目内通而外于心知"，才能师物。师物者而有"挟"心，则与师心者同。有"挟"则不能"外于心知"，其所挟正所以与外物为相牵引之门，有门就有害。有挟心则阖门而禁锢其心使成死物，开门而为外物所引而不保其真，开阖皆不得其正。故处事原则其核心是一"虚"字，所以王夫之历举历史上因有"挟"而遭杀身之祸的人以明"虚"的意思：

> 韩非知说之难，而以说诛；扬雄知白之不可守，而以玄死。其用心殊而害均，则胡不寻其所以害乎？履危世，交乱人，悲身之不幸而非不材，斯岂可以计较为吉凶之准则哉？有道于此，言之甚易，行之不劳，而古今之能知者鲜。故李斯叹东门之犬，陆机怨华亭之鹤，而龙逢、比干不与焉。无他，虚与不虚而已矣。[2]

韩非有《说难》一篇，说尽了游说人主之难，但仍不免于游说秦皇而被鸩死于秦之狱中。说韩非死于游说并不为过。扬雄知老子"知白守黑"之术，并仿《周易》作《太玄》，可谓深通玄妙，而无先机之见，竟作"剧秦美新"之文，替新莽说好话，最终以祸败亡。二人一取攻势，一取守势，用心正相反，而皆死于其术。原其所以被害，皆在于不能"虚"。履危世，交乱人，可谓身之不幸。在此不幸之世中，只要不能虚，材也死，不材也死。材与不材非可计较为吉凶之准则。而人皆计较之，故"知道者鲜"。此道即"虚"。能虚与不能虚正所以判古今人物之高下。

王夫之在《庄子通·人间世》的最后一段，点出他所谓游人间世所凭恃的心理准备，即虚。不过此段所说的"虚"，是确有所指，不是泛

---

[1] 《船山全书》第十三册，第499页。
[2] 《船山全书》第十三册，第499页。

说，他说：

> 天下皆不足为实之累，而实填其"生白"之"室"以迷闷而不知"吉祥"之"止"者，生死已尔，祸福已尔，毁誉已尔，□□（按疑为"是非"）已尔。此八实者，填心之积也，古今之奉为师而不敢违者也。八者虚而天下蔑不虚矣，故物皆可游也。规规然念物之可畏而避之，物不胜避矣。物不胜避，而况天之生杀乎？"何暇至于说生而恶死"？龙逢、比干所以与不材之木同至今存也。[①]

意思是，"实"是能带来当下利益的现实物，故实可累积叠加而心不嫌其多，因为此八者是人间世所追求的最高价值。人心本是"生白之室"，即本自光明的处所，故人心本虚。充积、填塞本虚之心的，是自外而来的"实"。实乃无穷，数其大者，有生死、祸福、毁誉、是非八者。此八者填塞人心使气迷闷，丧失其吉祥之止。能虚此八者，天下事无不能虚。虚此八者以为心，则天下之物无不可游。能虚此八者，则无暇顾及人世间一切能伤我者，也即不必规规然畏避天下之物。最后一句，乃王夫之意之所寄：龙逢、比干非全身远害之人，他们犯颜直谏为暴君所杀。龙逢、比干是儒家处人间世以践履道德原则而不惧死亡的典型。"不材之木"是庄子在乱世中全身远害所设的比喻，所谓"无所可用，故能若是之寿"。王夫之说二者"同至今存也"，即是说龙逢、比干代表的儒家精神虽其肉体可灭，而其精神长存。龙逢、比干以"虚"为精神境界，生死、祸福、毁誉、是非在他是视同无物，故不避生死，不同于庄子的"不材之木"之避物、避世。这里王夫之实有吸取道家的长处而纳于儒家之中的意思。儒道二家都要忘此八者，儒家忘的目的是不避人间世之祸害，面对此祸害履行自我期许的职责，完成道德人格。道家是在人间世中全身远害。王夫之欣赏庄子对人间世的穿透力及持以游世的精神境界。他在《庄子解·逍遥游》的前言中对"逍遥"解释说：

> 寓形于两间，游而已矣。无小无大，无不自得而止。其行也

[①] 《船山全书》第十三册，第500页。

> 无所图，其反也无所息，无待也。无待者：不待物以立己，不待事以立功，不待实以立名。小大一致，休于天均，则无不逍遥矣。逍者，向于消也，过而忘也。遥者，引而远也，不局于心知之灵也。故物论可齐，生主可养，形可忘而德充，世可入而害远，帝王可应而天下治，皆吻合于大宗以忘生死。无不可游也，无非游也。①

王夫之与庄子一样，以在世为游世。王夫之的游世重在屏除名利等对精神境界的妨害，虽浮沉于世而人格理想不变。以这样的人格入危邦、居乱世，是即入世即出世的。而道家的游世是不得已苟活于世的手段，是欲全身远害而采取的一种消极应对方式，是畏避人间世而躲藏之。二者在所采取的手段和对生死、祸福、毁誉、是非等的看法上很多地方是相同的。但迹同而心不同。王夫之对于"逍遥"的阐发上也与庄子有相同之点，故以万物各适其性、各得其天然之分际为逍遥。此外，王夫之与庄子在消除局部的小知对于大知的束缚这一点上也是相同的，但王夫之的重点在跳出经验的局限而达到广大高明之境地，他认为知识是智慧的障蔽，同时也是智慧的由藉。而庄子一概屏除知识，以知识为人保有"虚白之室"的障碍。王夫之同意《庄子》内七篇处人间世的诸步骤，这表明他认为达到儒家的精神境界，也需要整齐物论，颐养生主，充其德而忘其形，应和帝王而不丧失自己，以此为合于天地间之"大宗师"之旨。但在最高境界的内容与在此境界指导下的具体行为的意义上，二者就不一致了。所以王夫之对《庄子》中表示最高精神境界的概念，如"寥天一""照之以天""圣人怀之""参万岁而一成纯""未始出吾宗"等等多采取之，但赋予其以儒家意义。又如，对于天下之物论，儒墨道法诸家之是非等，庄子主齐一。王夫之则指出，《庄子·天下》篇"首引先圣六经之教，以为大备之统宗，则尤不昧本原，使人莫得而摘焉"②。以此篇合于儒家之旨。所以他认为《庄子·天下》篇乃一部《庄子》之总结，在此总结中庄子才道出其真意：

---

① 《船山全书》第十三册，第 81 页。
② 《船山全书》第十三册，第 462 页。

附录　王夫之《庄子解》《庄子通》对庄子的改铸　323

庄子于儒家之说，并非毫无所知之人，但所谓者，非是之一言之一甚矣，以为中道，而至乐之事也。……故庄子自以为儒者也，其体甚不明而显元为外来，而儒者之所谓隐明之道以为天宗矣，所以王之一类，当以体其所从来。……乃是非之于无本者，皆于天壤之对立，着其所者，非其所非也。……乃是非之于无本者，如遂其长者，而措其是非之况，皆以是且出之之发气，即以释隐于出于天之对之立者，非其隐而反者，光者故意着出佛教视之者。①

由是者说，庄子于所持非的儒者，着非一方所的儒者，是着是而不通的儒者，非是以王以对儒家，庄子于所非，着其上着非佛法，家即于上是其不为他者，"无本以为体"。庄子于是非上者是诸儒家之说以为宗者，而其家之非其为他者，"无本以为体"。庄子于是非上者是诸儒家之说以为宗者，而其家之非是以对比诸以为是其是，其若目其因而于其非非，称着"是其所是而非其所非"。庄子因目其因而子非之非者以相其出于天之家，就在其是其出于大其，"因是因出"，彼彼之经，谁则论谨之者。其若《庄子》书中对儒家圣人的论辨非虚，也有横示之间的深浅，彼此小异而极大殊。

王夫之论庄子与儒家关系之为儒者，其目的只有一个，就是以《庄子》在被落归回上合于儒家之域，若根茎微瘦细了，任乎不可消不为儒者者，他甚至以为庄子："外化襄之其间"，故为天下之人者所不持为物，则儒道元亦有难倡，则亦出于其所之为之所，而以能持不得其所倡，且属也，而非以以鼓物，是披其出于物之继者，与天下而体乎之拘之所得之，非的以光横水元之化，以体物之自体也。终精乘其所有者，是乎之矣。……着似以死倡而亲之之入其物，当讽内道之主之间有目出也。"②

其亲修生于的涵溢涌于正出中。

---

① 《船山全书》第十三册，第 465—466 页。
② 《船山全书》第十三册，第 473 页。

王羲之的皇帝世界 | 张春田

儒家政治哲学新论 | 干春松

新学术视角下的先秦儒家《诗》学研究 | 孟庆楠

道家政治哲学发微 | 郑 开

日本近世皇帝研究 | 王 鑫

王 博 主编

北大中国哲学研究丛书